utb 5574

Eine Arbeitsgemeinschaft der Verlage

Brill | Schöningh – Fink · Paderborn
Brill | Vandenhoeck & Ruprecht · Göttingen – Böhlau · Wien · Köln
Verlag Barbara Budrich · Opladen · Toronto
facultas · Wien
Haupt Verlag · Bern
Verlag Julius Klinkhardt · Bad Heilbrunn
Mohr Siebeck · Tübingen
Narr Francke Attempto Verlag – expert verlag · Tübingen
Psychiatrie Verlag · Köln
Ernst Reinhardt Verlag · München
transcript Verlag · Bielefeld
Verlag Eugen Ulmer · Stuttgart
UVK Verlag · München
Waxmann · Münster · New York
wbv Publikation · Bielefeld
Wochenschau Verlag · Frankfurt am Main

Grundstudium Erziehungswissenschaft

herausgegeben von
Sabine Seichter

Bislang in der Reihe erschienen:

utb 4874	Jörg Zirfas: *Einführung in die Erziehungswissenschaft*
utb 4859	Roland Reichenbach: *Ethik der Bildung und Erziehung*
utb 5243	Winfried Böhm, Ernesto Schiefelbein, Sabine Seichter: *Projekt Erziehung – Eine Einführung in pädagogische Grundprobleme*
utb 5036	Marcelo Caruso: *Geschichte der Bildung und Erziehung*
utb 5568	Jörg Zirfas: *Pädagogische Anthropologie*
utb 5257	Rita Casale: *Einführung in die Erziehungs- und Bildungsphilosophie*

Phillip Knobloch

Studienrichtungen und Berufsfelder der Erziehungswissenschaft

Eine Orientierung

BRILL | SCHÖNINGH

Der Autor:
Phillip D. Th. Knobloch ist Akademischer Rat a.Z. am Institut für Allgemeine Erziehungswissenschaft und Berufspädagogik der TU Dortmund. Seine Arbeitsschwerpunkte liegen im Bereich der Erziehungs- und Bildungstheorie, der Vergleichenden und Internationalen Erziehungswissenschaft, der Interkulturellen Pädagogik, der Historischen Bildungsforschung sowie der Pädagogischen Anthropologie.

Die Herausgeberin:
Sabine Seichter ist Professorin für Allgemeine Erziehungswissenschaft an der Universität Salzburg. Ihre Arbeitsschwerpunkte sind Geschichte und Theorie von Erziehung und Bildung, Anthropologie und Pädagogik der Person.

Umschlagabbildung:
Foto von Phillip D. Th. Knobloch

Bücher, Online-Angebote oder elektronische Ausgaben sind erhältlich unter **www.utb.de**

Bibliografische Information der Deutschen Nationalbibliothek

Die Deutsche Nationalbibliothek verzeichnet diese Publikation in der Deutschen Nationalbibliografie; detaillierte bibliografische Daten sind im Internet über https://dnb.de abrufbar.

www.brill.com

Herstellung: Brill Deutschland GmbH, Paderborn
Einbandgestaltung: siegel konzeption | gestaltung

UTB-Band-Nr: 5574
ISBN 978-3-8252-5574-9
eISBN: 978-3-8385-5574-4

Inhalt

Einleitung

Zusammenhang von Studienrichtungen und Berufsfeldern der Erziehungswissenschaft

Mit diesem Buch soll in den Zusammenhang von Studienrichtungen und Berufsfeldern der Erziehungswissenschaft eingeführt werden. Es richtet sich explizit an Studentinnen und Studenten im Bachelor für Erziehungswissenschaft. Vermittelt werden soll ein grundlegender und exemplarischer Einblick in Ausrichtungen des erziehungswissenschaftlichen Studiums, deren Anschlussfähigkeit an pädagogische Berufsfelder hinterfragt und aufgezeigt werden soll. Dies ist insofern ein wichtiges Thema, als damit Verbindungen zwischen Studium und Beruf hergestellt werden.

Die Erziehungswissenschaft ist an den Hochschulen und Universitäten in verschiedene Studiengänge eingebunden. Grundsätzlich unterscheiden lässt sich dabei zwischen Studiengängen, die auf außerschulische Berufsfelder vorbereiten, und solchen, die für das Lehramt an Schulen qualifizieren. In Hinblick auf außerschulische Berufsfelder kann zwischen Tätigkeiten innerhalb und außerhalb der Wissenschaft unterschieden werden. Außerhalb der Wissenschaft eröffnen sich verschiedene Berufsmöglichkeiten und Tätigkeitsgebiete in Institutionen und Organisationen des Erziehungs-, Bildungs- und Sozialwesens, in Stiftungen, Verbänden und Vereinen, in Museen, Kulturzentren oder in der Wirtschaft. Dabei sind es vor allem höhere und leitende Tätigkeiten in den Bereichen Organisation, Verwaltung, Planung, Beratung, Vermittlung, Evaluation, Dokumentation und Information sowie Lehre, die von Studienabsolventen der Erziehungswissenschaft ausgeübt werden. Dies schließt nicht aus, dass in diesen Berufsfeldern auch direkt erzieherische Aufgaben übernommen oder aktiv Bildungsarbeit geleistet wird. Unterscheiden lassen sich grundsätzlich pädagogische und nicht-pädagogische Berufsfelder. Wo genau hier die Grenze gezogen wird, ist wiederum abhängig von dem zugrundegelegten Begriffsverständnis von Pädagogik und den gewählten Kriterien.

Lehramt

Wissenschaft

pädagogische und nicht-pädagogische Berufsfelder

In diesem Buch wird ausschließlich der Zusammenhang von Studienrichtungen der Erziehungswissenschaft und pädagogischen Berufsfeldern in den Blick genommen. Damit ist zunächst gemeint, dass der Fokus auf Studiengänge der Erziehungswissenschaft gerichtet wird, die nicht auf das Lehramt an Schulen vorbereiten. Dies erklärt sich dadurch, dass der Zusammenhang zwischen einem Lehramtsstudium und dem Lehrberuf an Schulen keiner näheren Erläuterung bedarf. Das Berufsfeld ist in diesem

Studienrichtungen der Erziehungswissenschaft

pädagogische Berufsfelder

Fall klar abgegrenzt, unabhängig davon, welche Schwerpunkte oder Studienrichtungen in den erziehungs- bzw. bildungswissenschaftlichen Studienbereichen angeboten oder belegt werden. Die Fokussierung auf Ausrichtungen des Studiums für Erziehungswissenschaft begründet sich auch dadurch, dass dieses Buch der Orientierung während eines solchen Studiums dienen soll. Keiner größeren Begründung bedarf auch die Feststellung, dass ein Studium der Erziehungswissenschaft anschlussfähig an das Berufsfeld der Erziehungswissenschaft ist. Daher wird auch dieser Zusammenhang in diesem Buch nicht thematisiert. In der Konsequenz konzentriert sich die Auseinandersetzung auf den Zusammenhang zwischen Studienrichtungen der Erziehungswissenschaft und pädagogischen Berufsfeldern.

Um das hier anvisierte Thema systematisch in den Blick zu bekommen, ist eine Klärung der beiden zentralen Begriffe notwendig. Eine erste Untersuchung von älteren und neueren Studiengangsbeschreibungen führte zu dem Ergebnis, dass in Hinblick auf den Begriff der Studienrichtung grundsätzlich zwei Verständnisweisen unterschieden werden können. Im ersten Fall beschreibt der Begriff ein Forschungsfeld oder eine Fachrichtung der Erziehungswissenschaft, die mit einem gleichnamigen Berufsfeld korrespondiert. Ein solches Verständnis lag den früheren

Diplompädagogik

Studiengängen für Diplompädagogik zugrunde. Hier wurde im Hauptstudium ein Bezug zu pädagogischen Berufsfeldern durch die Studienrichtungen Erwachsenenbildung/Weiterbildung, Sonderpädagogik, Sozialpädagogik, Pädagogik der frühen Kindheit und Schulpädagogik hergestellt. Diese Begriffe bezeichnen sowohl eine Studienrichtung als auch ein Berufsfeld.

Bachelor- und Master-Studiengänge für Erziehungswissenschaft

Betrachtet man aktuelle Bachelor- und Master-Studiengänge für Erziehungswissenschaft, so zeichnet sich jedoch ein deutlich komplexeres Bild ab. Denn dort werden nicht immer und nicht in einheitlicher Art und Weise Studienrichtungen ausgewiesen. Dafür findet man neben Studienrichtungen u.a. auch Profile, Schwerpunkte und Module, die auf Möglichkeiten hinweisen, in bestimmten Bereichen der Erziehungswissenschaft Studienschwerpunkte zu setzen und sich zu spezialisieren. Dieses Feld reicht jedoch sehr weit, und umfasst neben den zuvor genannten Studienrichtungen auch Teilbereiche der Erziehungswissenschaft, die sich nicht direkt mit einem spezifischen pädagogischen Berufsfeld identifizieren lassen. Dies betrifft beispielsweise Studienbereiche, Schwerpunkte und Module die sich auf die Disziplinen Allgemeine Erziehungswissenschaft, Historische Bildungsforschung, Erziehungs- und Bildungstheorie, Interkulturelle

Pädagogik, Medienpädagogik oder Vergleichende Erziehungswissenschaft beziehen und entsprechend bezeichnet sind. Darüber hinaus lassen sich auch Studienrichtungen, Studienschwerpunkte und Module finden, deren Bezeichnungen nicht direkt auf erziehungswissenschaftliche Subdisziplinen verweisen, sondern vielmehr auf Themenfelder, wie beispielsweise Erziehungs- und Bildungstheorie, Bildungstheorie und Bildungsforschung, Kultur und Erziehung in Migrationsgesellschaften, Heterogenität, Kultur und Politik, oder die sich auf unterschiedliche Forschungsmethoden beziehen.

Zusammenfassend lässt sich sagen, dass die aktuellen Studiengänge für Erziehungswissenschaft in Hinblick auf ihre Struktur und die dort zum Einsatz kommenden Denominationen sehr vielfältig und heterogen sind, und in jedem Einzelfall zu diskutieren wäre, welche Bereiche als Studienrichtungen zu bezeichnen sind. Fraglos ließe sich eine sehr lange Liste an Studienrichtungen oder Studienschwerpunkten erstellen, die einen großen Teil der erziehungswissenschaftlichen Fachdisziplinen abbilden würde, aber auch viele weitere Themenfelder, die in der Erziehungswissenschaft behandelt und gelehrt werden.

Studienrichtungen

Studienschwerpunkte

Für das vorgelegte Buchprojekt ergaben sich zwei Möglichkeiten, mit diesen Befunden umzugehen. Zum einen hätte man sich ausschließlich auf jene Studienrichtungen beziehen können, die, wie schon in den früheren Diplomstudiengängen, direkt auf pädagogische Berufsfelder verweisen. Eine mögliche Bearbeitung des Themas wäre gewesen, auf der einen Seite einen Einblick in die Theorie, die Lehre und die Forschung zu diesen Berufsfeldern zu vermitteln, und auf der anderen Seite auf die Felder selbst einzugehen, beispielsweise auf ihre Geschichte, auf Orte, Institutionen und Organisationen.

Zum anderen können gerade solche Studienrichtungen, Themen oder Schwerpunkte in den Blick genommen werden, bei denen der Bezug zu einem Berufsfeld nicht so deutlich, oder zumindest nicht so eindeutig ist, wie bei den Studienrichtungen/Berufsfeldern. Zwangsweise wird man dann jedoch mit dem Problem konfrontiert, die Zusammenhänge erst noch herstellen bzw. herausarbeiten zu müssen – weshalb hierin auch eine wichtige Aufgabe gesehen werden kann. Darüber hinaus ist eine derartige Suche nach Anschlussmöglichkeiten und Verknüpfungen auch im Studium geboten, wenn man den praktischen Sinn der Theoriearbeit in diesen Gebieten erschließen will.

Zusammenhänge

Anschlussmöglichkeiten

Verknüpfungen

Der Autor entschied sich für den zweiten Weg, der fraglos innovativ, aber alles andere als risikolos ist. Exemplarisch wurden dafür vier aktuelle Studienrichtungen bzw. Themenfelder der Erziehungswissenschaft ausgewählt, die in unterschiedlicher Nähe zu spezifischen Berufsfeldern stehen. Dabei handelt es sich um (1.) Medienpädagogik und Medienbildung, (2.) Ästhetische Bildung und Kulturelle Bildung, (3.) Interkulturelle Pädagogik und Interkulturelle Bildung und (4.) politische Bildung.

Medienpädagogik und Medienbildung

Ästhetische Bildung und Kulturelle Bildung

Interkulturelle Pädagogik und Interkulturelle Bildung

politische Bildung

Dis einzelnen Kapitel bauen aufeinander auf und beinhalten Rückbezüge, weshalb es sich empfiehlt, die Reihenfolge zu beachten. Dadurch kann deutlich werden, dass die einzelnen Kapitel und Themen zusammenhängen und aufeinander bezogen sind. Darüber hinaus werden Verbindungen zwischen allgemeinem und themenspezifischem pädagogischen Denken aufgezeigt. Zu diesem Zweck wurden beispielsweise sowohl klassische Texte und Theorien als auch aktuelle Beiträge aufeinander bezogen. Mit dieser Vorgehensweise soll vor allem daran erinnern werden, dass es sich bei einem akademischen Studium um keine Berufsausbildung handelt. Das bedeutet jedoch nicht, dass in einem erziehungswissenschaftlichen Studium keine berufsqualifizierenden Kenntnisse und Kompetenzen vermittelt werden. Eine zentrale Qualifikation dürfte jedoch auf der Fähigkeit beruhen, allgemeine Einsichten auf spezifische Fälle beziehen zu können, und aus der Auseinandersetzung mit spezifischen Themen allgemeine Einsichten zu gewinnen.

akademisches Studium

Berufsausbildung

Die Fokussierung auf Zusammenhänge und Verknüpfungen brachte es mit sich, dass die Gedankenführung stellenweise sprunghaft und assoziativ ist, und die Form mitunter essayistisch. Die Auseinandersetzung mit den Studienrichtungen folgt keiner einheitlichen Struktur, ist weitgehend heuristisch und greift auf unterschiedliche Textsorten zurück. Die Kapitel sind in sich weitgehend unsystematisch verfasst, was auch daran liegt, dass die Fallstudien in der Form eines fortlaufenden Textes verfasst wurden, und die Zwischenüberschriften nachträglich eingefügt wurden. Dies alles hat zur Folge, dass es sich um keine wissenschaftliche Abhandlung im herkömmlichen Sinn handelt.

Kapitel 1

Das Buch gliedert sich in vier Kapitel über die Erziehungswissenschaft, gefolgt von vier Kapiteln über exemplarisch ausgewählte Studienrichtungen und Berufsfelder. Kapitel 1 setzt sich mit dem Selbstverständnis der Erziehungswissenschaft auseinander. Hier werden verschiedene wissenschaftstheoretische Beiträge vorgestellt, die versuchen die verschiedenen Bereiche der Erziehungswissenschaft auf abstrakter Ebene zu ordnen. Eine zentrale Frage hierbei ist, welche Bedeutung es hat, wenn zwischen Pädagogik und Erziehungswissenschaft differenziert wird. Gezeigt wird, dass es unterschiedliche wissenschaftstheoretische Konzepte gibt, die sich teilweise überschneiden, teilweise jedoch auch deutlich voneinander unterscheiden. Dies verweist einerseits auf die Aufgabe, auch im Studium ein geordnetes Gesamtbild zu erarbeiten, und zeigt andererseits, dass es immer auch andere Ordnungsmöglichkeiten gibt. Alle wissenschaftstheoretischen Konzepte haben ihre eigene Berechtigung.

In Kapitel 2 findet eine Auseinandersetzung mit der Tatsache statt, dass in den wissenschaftstheoretischen Diskussionen nicht nur zwischen Pädagogik und Erziehungswissenschaft unterschieden wird, sondern mittlerweile auch die Begriffe Bildungswissenschaft, Bildungswissenschaften, Bildungsforschung und Erziehungsforschung Verwendung finden. Diese Begriffe werden auf ihre Bedeutung hin befragt. Darüber hinaus werden die Educational Governance-Forschung, die bildungstheoretisch fundierte Bildungsforschung und die pädagogische Hermeneutik thematisiert. Kapitel 2

In Kapitel 3 werden die Themen Globalisierung und Weltkultur angesprochen und Formen der Bearbeitung dieser Phänomene in der Erziehungswissenschaft vorgestellt. Daran anschließend wird eine Verbindung zum Konzept Bildung für nachhaltige Entwicklung hergestellt, das ein relativ junges pädagogisches Praxisfeld konstituiert. Kapitel 3

In Kapitel 4 findet eine Auseinandersetzung mit dem Zusammenhang von Studienrichtungen und Berufsfeldern der Erziehungswissenschaft statt, in der sich einige Gedanken dieser Einleitung wiederfinden. Dabei wird argumentiert, dass im engeren Sinne nur die Erziehungswissenschaft selbst als erziehungswissenschaftliches Arbeitsfeld bezeichnet werden kann. Dies führt zu der Schlussfolgerung, dass in diesem Buch der Zusammenhang von Studienrichtungen der Erziehungswissenschaft und pädagogischen Berufsfeldern untersucht wird. An diese grundlegenden und einführenden Kapitel schließen die vier Fallstudien zu ausgewählten Studienrichtungen bzw. Handlungs- oder Berufsfeldern an. Kapitel 4

Kapitel 5 bezieht sich auf die Medienpädagogik und die Medienbildung. Die Überlegungen haben grundsätzlichen und allgemeinen Charakter. Anhand von Beiträgen aus der Historischen Bildungsforschung sowie unter Bezugnahme auf die Bildungstheorie von Wilhelm von Humboldt wird ein allgemeines Verständnis der Begriffe Medien und Bildung bzw. von Bildungsmedien und Medienbildung entwickelt. Gezeigt wird, dass man auch von dieser Seite her wichtige Erkenntnisse über die Bedeutung von Medien für Erziehungs- und Bildungsprozesse gewinnen kann. Kapitel 5

Kapitel 6

In Kapitel 6 stehen die ästhetische Bildung und die Kulturelle Bildung im Zentrum. Zunächst findet eine grundsätzliche Auseinandersetzung mit den Begriffen Bildung und Kultur statt, danach wird der Zusammenhang von Erziehung und Kultur thematisiert. In Bezug auf Friedrich Schiller wird gezeigt, wie zwischen ästhetischer und kultureller Bildung unterschieden werden kann. Einbezogen werden auch aktuelle Fachbeiträge aus dem Bereich der Kulturellen Bildung.

Kapitel 7

Kapitel 7 widmet sich der Interkulturell Pädagogik und der Interkulturellen Bildung. Es findet eine Auseinandersetzung mit den Begriffen Theorie und Praxis, Kultur, Interkulturalität und Transkulturalität statt. Vorgestellt wird die Kritik am modernen Kulturbegriff, an spezifischen Sprechweisen in Migrationsgesellschaften, sowie am Sprechen über Sprachen. Abschließend wird unter Bezugnahme auf Johann Gottfried Herder der Frage nachgegangen, welche Bedeutung der Kulturgeschichte für die interkulturelle Bildung zugeschrieben werden sollte.

Kapitel 8

Kapitel 8 bezieht sich auf die politische Bildung. Zu Beginn wird der Erziehungsbegriff von Immanuel Kant vorgestellt und werden die Themen Aufklärung, Mündigkeit und Moralisierung angesprochen. Es folgt eine Auseinandersetzung mit Fachbeiträgen, die sich auf das Berufsfeld der politischen Bildung in Deutschland beziehen. Abschließend wird ein Beitrag zur Bedeutung von Diskursivität und Kontroversität in der politischen Bildung vorgestellt.

Theorie und Praxis

Die Frage nach dem Zusammenhang zwischen Studium und Beruf wird in der Pädagogik traditionellerweise unter Rückgriff auf die Begriffe Theorie und Praxis diskutiert. Formal lässt sich der Zusammenhang so beschreiben, dass es sich bei der pädagogischen Theorie um eine praktische Theorie handelt, weil sie sich auf die Praxis bezieht und diese orientieren will. Der Begriff der Praxis verweist demgegenüber auf ein Handeln, bei dem sich die handelnde Person an der Theorie orientieren soll. Obwohl Theorie und Praxis klar unterschieden werden können, hängen sie doch untrennbar zusammen. Die Überlegungen in diesem Buch schließen an diese Gedanken an und übertragen sie auf das Gebiet der Empirie von Erziehungswissenschaft und Pädagogik. Hier ist nun nicht mehr von der Theorie die Rede, sondern von verschiedenen, aktuell existierenden Studienrichtungen der Erziehungswissenschaft, die aber ebenso als pädagogische Theorien bezeichnet werden können. Statt von der Praxis wird nun von verschiedenen existierenden Berufsfeldern ausgegangen, die aber auch als Praxisfelder bezeichnet werden könnten. So gesehen ist das hier vorgelegte Konzept gar nicht so innovativ, wie es auf den ersten Blick erscheinen mag. Aktuell ist es jedoch vor allem, da mit der Frage nach dem Verhältnis von Studienrichtungen der Erziehungswissenschaft und pädagogischen Berufsfeldern nicht weniger als ein pädagogisches Grundproblem angesprochen wird.

Kapitel 1: Zum Selbstverständnis der Erziehungswissenschaft

Erziehungswissenschaft

Wissenschafts- und Selbstverständnis

Will man sich mit Studienrichtungen und Berufsfeldern der Erziehungswissenschaft auseinandersetzen, so ist es naheliegend, sich zunächst darüber zu verständigen, was mit dem Begriff der Erziehungswissenschaft gemeint ist. Diese Frage ist insofern nicht banal, als in der Erziehungswissenschaft selbst immer wieder Diskussionen über das eigene Wissenschafts- und Selbstverständnis aufkommen, die teilweise sogar äußerst kontrovers geführt werden. Derartige Diskussionen verweisen darauf, dass das Selbstverständnis der Erziehungswissenschaft durchaus umstritten ist, und selbst innerhalb der Disziplin längst kein Konsens über die Beschreibung des eigenen Arbeitsgebiets besteht.

Fraglos sind derartige Diskussionen trotz oder gerade aufgrund der unterschiedlichen Auffassungen wichtig, und sie zu führen kann daher als eine zentrale Aufgabe der Erziehungswissenschaft bezeichnet werden. Diese Annahme liegt allein deshalb nahe, da diejenigen, die in der Erziehungswissenschaft arbeiten, wissen müssen, was sie tun.

Selbstverständnisdiskussionen

Nun liegt es wohl auch nahe, dass diese Selbstverständnisdiskussionen vor allem von denen geführt werden sollten, die am besten wissen, was unter Erziehungswissenschaft zu verstehen ist: nämlich von den Erziehungswissenschaftlerinnen und Erziehungswissenschaftlern selbst, also von denjenigen Menschen, die im Bereich der Erziehungswissenschaft arbeiten und sich als Mitglieder dieser Disziplin begreifen. Denn welche Wissenschaft könnte sonst eine fundierte und relevante Auskunft über die Aufgaben und die Gegenstandsbereiche der Erziehungswissenschaft geben?

Eine erste Antwort auf die Frage, was in der Erziehungswissenschaft eigentlich genau gemacht wird, kann daher wie folgt lauten: Die Erziehungswissenschaft versucht ihr eigenes Selbstverständnis zu klären. Diese Beschreibung des Aufgabenfeldes dieser Disziplin ist natürlich insofern ein bisschen merkwürdig, als es so klingt, als wenn sich die Erziehungswissenschaft ganz um sich selbst dreht, indem sie sich selbst zu ihrem zentralen Forschungsgegenstand erhebt. Damit wäre ihre gesellschaftliche Bedeutung aber fraglos sehr gering, wenn überhaupt vorhanden. Denn wozu braucht man eine Wissenschaft, die nur sich selbst erforscht?

Allein deshalb kann man davon ausgehen, dass die Erziehungswissenschaft auch noch andere Aufgaben hat, als ihr eigenes Selbstverständnis zu klären. Dennoch kann man aus den bisherigen Überlegungen den Schluss ziehen, dass es ratsam ist, sich mit einschlägigen erziehungswissenschaftlichen Beiträgen zu diesen Selbstverständnisdiskussionen auseinanderzusetzen, wenn man wissen will, was die Erziehungswissenschaft ist und macht. Verkürzt könnte man wohl auch sagen: Wenn man wissen will, was Erziehungswissenschaft ist, sollte man Erziehungswissenschaft studieren.

Aus unseren bisherigen Überlegungen geht auch hervor, dass die Auseinandersetzung mit dem Selbstverständnis der Erziehungswissenschaft wohl für diejenigen besonders wichtig ist, die im Bereich Erziehungswissenschaft arbeiten. Aus dieser Feststellung lässt sich dann auch der Schluss ziehen, dass ein Studium der Erziehungswissenschaft insbesondere für solche beruflichen Tätigkeiten qualifiziert, die im Bereich der Erziehungswissenschaft liegen. Das Berufsfeld, für das das Studium der Erziehungswissenschaft qualifiziert, wäre demnach in erster Linie die Erziehungswissenschaft selbst.

Studium der Erziehungswissenschaft

Berufsfeld Erziehungswissenschaft

Zu diesem Schluss kamen auch Heinz-Hermann Krüger und Thomas Rauschenbach (2012), wie sie in der Einleitung zu ihrer Einführung in pädagogische bzw. erziehungswissenschaftliche Arbeitsfelder bemerkten. Trug das Werk zunächst den Titel „Einführung in die Arbeitsfelder der Erziehungswissenschaft“, so änderten sie diesen dann ab der dritten Auflage und nannten ihr Buch „Einführung in die Arbeitsfelder des Bildungs- und Sozialwesens“. Dabei begründeten sie die Veränderung im Titel folgendermaßen: „Folgt man neueren kategorialen Differenzierungsversuchen, die zwischen der Erziehungswissenschaft als wissenschaftlicher Disziplin, die im Hochschulsystem angesiedelt ist und die pädagogische Praxis beobachtet einerseits, und der Pädagogik als eine unscharfe Sammelbezeichnung für die Wissensformen, Tätigkeiten und Handlungsfelder der pädagogischen Akteure andererseits unterscheidet [sic] [...], so können zu den Arbeitsfeldern der Erziehungswissenschaft in einem so verstandenen Sinne nur die erziehungswissenschaftliche Forschung und die Ausbildung von pädagogischen Expertinnen und Experten im Wissenschaftssystem gerechnet werden“ (Krüger/Rauschenbach 2012, S. 9).

Die Titeländerung ist also durchaus nachvollziehbar, und zwar nicht nur, weil das vornehmlich an Hochschulen angesiedelte berufliche Arbeitsfeld der Erziehungswissenschaft in Bezug auf die Zahl der dort arbeitenden Personen relativ klein ist, sondern vor allem, weil eine Einführung in das akademische Arbeitsfeld der Erziehungswissenschaft dann eigentlich kaum etwas zu berichten hätte – außer der Feststellung, dass das Arbeitsfeld der Erziehungswissenschaft die Erziehungswissenschaft ist. Sinnvoller wäre es dann wohl eher, eine Einführung in die Erziehungswissenschaft zu schreiben, um eine Orientierung für dieses Arbeits- und Berufsfeld zu vermitteln.

Auch wenn man selbst Erziehungswissenschaft nicht oder noch nicht studiert hat, so wird man gegenüber dieser Einengung der beruflichen Verwertbarkeit dieses Studiums vermutlich einwenden können, dass es bekanntlich durchaus Berufsfelder jenseits der Wissenschaft gibt, für die ein erziehungswissenschaftliches Studium qualifiziert oder zumindest qualifizieren sollte. Denn sind es nicht vor allem pädagogische Berufsfelder, so ein naheliegender Einwand, für die ein Studium der Erziehungswissenschaft qualifiziert? Und existiert die Erziehungswissenschaft nicht allein deshalb, weil es pädagogische Berufe gibt, für die eine spezielle akademische Bildung bzw. Ausbildung notwendig oder zumindest hilfreich ist? Ist es also letztlich nicht die pädagogische Praxis, die mit Hilfe der Erziehungswissenschaft verbessert werden soll?

pädagogische Berufsfelder

pädagogische Praxis

Eine eindeutige Antwort auf diese Fragen zu geben, fällt zumindest dann schwer, wenn man sich dabei an den bereits angesprochenen Diskussionen innerhalb der Erziehungswissenschaft über das eigene Selbstverständnis orientiert. Denn dort werden durchaus entgegengesetzte Position in Bezug auf diese Fragen vertreten. Während manche Mitglieder der erziehungswissenschaftlichen *community* durchaus die Ansicht vertreten, dass das von der Erziehungswissenschaft hervorgebrachte Wissen in erster Linie der pädagogischen Praxis zur Orientierung dienen soll, argumentieren andere, dass dieses Wissen vor allem zur Weiterentwicklung der Erziehungswissenschaft hervorgebracht wird.

1.1 Erziehungswissenschaft und Pädagogik

Derartige Diskussionen über den Wissenschaftscharakter der Erziehungswissenschaft haben gerade im deutschsprachigen Raum eine lange Tradition und wurden dort mitunter auch durchaus vehement geführt. Dabei lässt sich ein zentraler Streitpunkt dieser Diskussionen durch die Gegenüberstellung von zwei unterschiedlichen Wissenschaftskonzepten bzw. Wissensformen verdeutlichen, die oftmals einerseits als Pädagogik und andererseits als

Wissenschaftskonzepte

Pädagogik

Erziehungswissenschaft

Erziehungswissenschaft bezeichnet werden. Eine derartige Unterscheidung zwischen Pädagogik und Erziehungswissenschaft lässt sich etwa bei Wolfgang Brezinka finden, der schon vor Längerem den „Übergang von der traditionellen Pädagogik zu einer theoretischen Realwissenschaft von der Erziehung" (Brezinka 1968, S. 331) forderte. Da Brezinkas wissenschaftstheoretische Überlegungen auch heute noch geeignet sind, grundlegende Fragen über das Verständnis von Erziehungswissenschaft und Pädagogik anzustoßen, soll nachfolgend ausführlich auf sie eingegangen werden.

Ausgangspunkt der Überlegungen Brezinkas war die Feststellung, dass es zu seiner Zeit äußerst umstritten war, ob „und in welchem Sinne die ‚Pädagogik' als Wissenschaft angesehen werden kann" (Brezinka 1968, S. 317). Strittig war der wissenschaftliche Status der Pädagogik vor allem auch deshalb, wie Brezinka bemerkte, da damals „zwischen wissenschaftlichen und nicht-wissenschaftlichen Theorien, zwischen Entdecken und Begründen, Sein und Sollen noch nicht genau unterschieden" (ebd., S. 321) wurde. Eine derartige Unterscheidung erschien ihm aber wichtig, vor allem um dadurch zwischen unterschiedlichen Teilbereichen der Pädagogik bzw. zwischen unterschiedlichen pädagogischen Aussagensystemen präzise differenzieren zu können. Dabei war das Ziel aber nicht, zwischen wissenschaftlichen und nicht-wissenschaftlichen pädagogischen Aussagensystemen zu unterscheiden, um letzteren die Legitimität zu entziehen. Denn auch den nicht-wissenschaftlichen pädagogischen Aussagensystemen sprach Brezinka große Bedeutung zu, weshalb er sich vor allem für eine präzise Differenzierung und gegen die Vermischung wissenschaftlicher und nicht-wissenschaftlicher Bereiche aussprach.

pädagogische Aussagensysteme

Die Pädagogik und die von ihm geforderte (wissenschaftliche) Erziehungswissenschaft unterscheiden sich für Brezinka vor allem dadurch, dass sich die Erziehungswissenschaft mit Tatsachen und Wahrheiten, die Pädagogik demgegenüber mit Normen und Werturteilen auseinandersetzt. Während es der Erziehungswissenschaft darum gehe, in Bezug auf den Bereich der Erziehung zu klären, wie die tatsächlichen Zustände oder Sachverhalte *sind*, wolle die Pädagogik klären, wie sie sein *sollen*. Daher müsse man streng zwischen den Bereichen der Pädagogik bzw. zwischen den pädagogischen Aussagensystemen unterscheiden, die sich mit dem *Sein*, und denen, die sich mit dem *Sollen* beschäftigen, wobei für Brezinka jedoch nur einer an den Tatsachen orientierten Erziehungswissenschaft der Status einer Wissenschaft zukommt: „Der Unterschied zwischen Sein und Sollen ist logisch nicht zu über-

Sein
Sollen

brücken. Deshalb muss innerhalb der Wisseschaft auf Werturteile verzichtet werden. Von einem wissenschaftlichen Aussagensystem wird nicht mehr und weniger gefordert, als daß es Informationen über die Wirklichkeit enthält" (ebd., S. 324).

Dem Wissenschaftsverständnis Brezinkas zufolge ist es also nicht möglich, in Bezug auf pädagogische Phänomene mit Hilfe wissenschaftlicher Verfahren Werturteile zu fällen, Normen aufzustellen oder auch Erziehungsziele festzulegen. Wie gesehen begründete er das damit, dass sich die Erziehungswissenschaft als Realwissenschaft bzw. Erfahrungswissenschaft nur mit Tatsachen und Wahrheiten auseinandersetzt, also eben mit Sachverhalten, über die, ganz ähnlich also wie im Bereich der Naturwissenschaften, eindeutig Auskunft gegeben werden kann. Die so ermittelte pädagogische Wirklichkeit zu bewerten und Schlussfolgerungen daraus zu ziehen sei jedoch nicht Aufgabe dieser Art von Erziehungswissenschaft.

Dennoch gab Brezinka zu bedenken, dass Erziehung ohne die Festlegung von Erziehungszielen und die Orientierung an Werten, Normen, Weltanschauungen oder gar Ideologien überhaupt nicht möglich sei. Diese Feststellung der „Wertgebundenheit der Pädagogik" (ebd.) überzeugt bis heute insoweit, als man durch Erziehung immer etwas erreichen will, sich beim erzieherischen bzw. pädagogischen Handeln also an gewissen Zielen, Wünschen, Werten oder Normen orientiert. Zumindest wäre es äußerst irritierend, von dem Gegenteil auszugehen.

Wertgebundenheit der Pädagogik

Verdeutlichen lässt sich diese geradezu notwendige Ausrichtung der Erziehung auf Ziele an zwei sehr allgemein gehaltenen Beispielen, die Brezinka gibt. Dabei versucht er, zwei Vorstellungen von Erziehung bzw. zwei pädagogische Lehren durch deren Verhältnis zur jeweiligen Gesellschaftsordnung zu charakterisieren:

„Für eine statisch-konservative Gesellschaft dient die Erziehung in erster Linie als Mittel, um die bestehende Ordnung zu erhalten. Das gelingt am besten, wenn das Weltbild und die Lebensansicht, die ihr entsprechen, als schlechthin gültig erlebt werden" (ebd., S. 325). Das Gegenteil gelte für „dynamisch-progressive[...] Gesellschaften sowie für reformwillige bis revolutionäre Untergruppen innerhalb überwiegend konservativer Gesellschaften. Sie sehen in der Erziehung ein Mittel, um eine neue Ordnung, die als Gegenideal zur bestehenden entworfen worden ist, zu verwirklichen" (ebd.).

statisch-konservative Gesellschaft

dynamisch-progressive Gesellschaft

In Bezug auf diese beiden Beispiele könnte man nun natürlich einwenden, dass auch noch eine dritte Form von Erziehung denkbar wäre, die versucht zwischen den genannten konservativen und progressiven Positionen abzuwägen; und man könnte auch fragen, ob Erziehung immer gesellschaftspolitisch positioniert und orientiert sein muss, oder ob auch ganz andere Werte, Weltanschauungen und Überzeugungen im Vordergrund stehen können. Unabhängig davon eignen sich die beiden Beschreibungen konservativer und progressiver Erziehungsziele einerseits, um exemplarisch mögliche Erziehungsziele zu skizzieren, und um andererseits zu veranschaulichen, warum Brezinka der Meinung war, dass es nicht Aufgabe einer empirisch orientierten Erziehungswissenschaft sein kann, derartige Erziehungsziele zu bewerten oder vorzugeben. Denn man kann zwar mithilfe empirischer Verfahren versuchen festzustellen, ob jemand konservative oder progressive Erziehungsziele verfolgt oder zumindest befürwortet, aber eben nicht, ob dies gut oder schlecht ist, und wie das Ergebnis der empirischen Untersuchung zu bewerten ist. Denn vom Sein führt kein Weg zum Sollen, wie Brezinka mit Nachdruck betonte.

Nun kann man sicherlich die Frage stellen, inwieweit es überhaupt möglich ist, in der Erziehungswissenschaft, oder speziell in der empirischen Erziehungswissenschaft, ganz auf Werturteile und normative Setzungen zu verzichten. Denn auch wenn jemand für seine Untersuchungen und Methoden Werturteilsfreiheit postuliert, so könnte ja allein schon die Wahl eben dieser Methode, und damit der Verzicht des Einsatzes anderer Methoden, mit Werturteilen und normativen Zielsetzungen verbunden sein. Die Rede von der Werturteilsfreiheit könnte dann vielleicht sogar als Akt der Verschleierung normativer Zielsetzungen kritisiert, oder gar als Ideologie entlarvt werden.

Werturteilsfreiheit

Unabhängig davon kann man Brezinka sicherlich zugutehalten, dass er sich für eine möglichst klare Deklarierung normativer Zielsetzungen in allen pädagogischen Sphären aussprach. Verhindern wollte er damit insbesondere auch, dass weltanschaulich inspirierte oder ideologisch ausgerichtete pädagogische Theorien bzw. Pädagogiken oder, wie er auch sagte, Erziehungslehren, Wissenschaftlichkeit für sich beanspruchen, und sich dadurch der Kritik entziehen. So könne beispielsweise der „Glaube an die geltende Werthierarchie [...] gegen aufkommende Zweifel dadurch sehr wirksam gesichert werden, daß man die Inhalte des Glaubens als wissenschaftliche Erkenntnisse ausgibt. Das braucht gar nicht gegen besseres Wissen aus rein politischen Motiven zu geschehen, sondern es ist wohl in der Regel einfach so, daß ein pädagogischer Autor die weltanschaulichen Überzeugungen seiner Zeitgenossen teilt, sie naiv als wissenschaftliche Erkenntnisse publiziert und dabei dank der öffentlichen Billigung eines sehr unbestimmten, ‚toleranten' Wissenschaftsbegriffes gegen Kritik geschützt bleibt" (ebd.).

Differenzierung unterschiedlicher pädagogischer Aussagensystemen

Letztendlich plädierte Brezinka für eine klare Differenzierung unterschiedlicher pädagogischer Aussagensysteme. Anstatt einer undurchsichtigen Mischung, wie er es bei der traditionellen Pädagogik unterstellte, sollte nun klar zwischen den Aussagensystemen der erfahrungswissenschaftlichen Pädagogik, die er abkürzend als Erziehungswissenschaft bezeichnete, sowie denen der Historiographie der Erziehung, der Philosophie der Erziehung, der Erziehungslehre und der Empfehlungen zur Erziehungspolitik unterschieden werden.

Vor diesem Hintergrund ist es sicherlich zu einfach, den Vorschlag Brezinkas auf die Forderung zu reduzieren, sich von der „traditionellen Pädagogik" zu lösen und „zu einer theoretischen Realwissenschaft von der Erziehung" (ebd., S. 331) überzugehen. Und es wäre sicherlich auch ein Missverständnis, zu unterstellen, Brezinka wollte auf normative Diskussionen und pädagogische Orientierungen in der Erziehungswissenschaft ganz verzichten und das Feld allein der empirischen Erziehungswissenschaft überlassen; denn, wie gesehen, ging es ihm eher um eine übersichtliche Neuordnung des Feldes und der Disziplin, und um eine kritische Auseinandersetzung mit dem Wert der unterschiedlichen Teilbereiche bzw. Teildisziplinen. Dadurch sollte das Selbstverständnis der Erziehungswissenschaft geklärt werden.

empirische Erziehungswissenschaft

Für eine gewisse Verwirrung sorgt jedoch bis heute die Begriffswahl Brezinkas, insbesondere die exklusive Verwendung des Begriffs „Erziehungswissenschaft" für jene Teildisziplin, die man heute wohl eher eingrenzend als empirische Erziehungswissenschaft bezeichnen würde, wobei vor allem die Fokussierung auf quantitative Methoden in diese Richtung verweist. Damit verbunden mag es zunächst so erscheinen, als ob Brezinka mit dem Ausdruck der „traditionellen Pädagogik" darauf hinweisen wollte, dass pädagogische Theorien, die man seinem Gliederungsvorschlag den Aussagensystemen der Philosophie der Erziehung und der normativen Pädagogiken zurechnen würde, generell überholt, wertlos, ja zumindest nicht wissenschaftlich und damit akademisch überflüssig seien. Wie gesehen war das jedoch gar nicht seine Absicht.

Daher ist es auch wichtig darauf hinzuweisen, dass es Brezinka gar nicht um die Begriffe an sich ging, und er kein Problem damit gehabt hätte, die Erziehungswissenschaft bzw. das, was er dann letztlich als Erziehungswissenschaft bezeichnete, Pädagogik zu nennen: „Man könnte die erfahrungswissenschaftliche Pädagogik auch ‚Pädagogik 1' nennen und die nicht-erfahrungswissenschaftlichen pädagogischen Aussagensysteme als ‚Pädagogik 2', ‚Pädagogik 3' usw. bezeichnen, wenn das die Verständigung erleichtern würde. Jedenfalls schließt der Anspruch auf den Namen ‚Erziehungswissenschaft' keineswegs notwendig ein, daß Aussagensysteme, die so bezeichnet werden, auch tatsächlich realwissenschaftlichen Charakter haben" (ebd., S. 332). Festhalten kann man daher, dass noch nicht viel gewonnen ist, wenn man die Erziehungswissenschaft begrifflich von der Pädagogik abgrenzt. Entscheidend ist vielmehr, was genau in einem spezifischen Kontext mit den Begriffen gemeint ist, und geklärt werden muss stets, inwiefern eine strickte Abgrenzung von Pädagogik und Erziehungswissenschaft sinnvoll ist, oder eben auch nicht.

Beachten sollte man auch den Hinweis Brezinkas, dass die Differenzierung zwischen den unterschiedlichen pädagogischen Aussagensystemen nicht zwangsweise mit einer analogen Eingruppierung der Personen einhergeht, die sich beruflich mit diesen Aussagensystemen beschäftigen. „Der philosophische Charakter vieler Probleme, die sich uns bei der Erziehung stellen, sowie die Erfordernisse der Ausbildung von Erziehern und der Beratung von Erziehungspolitikern bringen es mit sich, daß die meisten Theoretiker der Erziehung sich nur begrenzt der Erziehungswissenschaft widmen können, während oft der größte Teil ihrer Tätigkeit der Erziehungslehre, den Empfehlungen zur Erziehungspolitik und/oder der Philosophie der Erziehung gilt" (ebd., S. 333). Gegen diese vielseitige Betätigung gebe es auch nichts einzuwenden. Denn wichtig war für Brezinka vor allem, dass die unterschiedlichen Aussagen „nicht irreführend benannt werden" (ebd.).

1.2 Wissensformen und Reflexionsformen der Erziehungswissenschaft

Viele Jahrzehnte später hat sich Christel Adick (2008) ebenfalls mit Vorschlägen zur Ordnung und Differenzierung unterschiedlicher Bereiche der Erziehungswissenschaft auseinandergesetzt. Auch sie ging davon aus, dass man sich in der Erziehungswissenschaft nicht nur mit erziehungswissenschaftlichen Theorien und Studien auseinandersetzt, sondern auch mit Quellen aus anderen pädagogischen Bereichen. Ähnlich wie Brezinka versuchte auch Adick, die unterschiedlichen Aussagensysteme bzw., wie sie es nannte, die Wissensformen und Reflexionsebenen der Erziehungswissenschaft, klar zu benennen und zu unterscheiden. Dabei war es ihr wichtig aufzuzeigen, dass diese unterschiedlichen Wissensformen trotz ihrer Unterschiedlichkeit allesamt für die Erziehungswissenschaft von Bedeutung sind, und zwar als Gegenstände der wissenschaftlichen Auseinandersetzung. Während Brezinka nur darauf verwies, dass es neben der Erziehungswissenschaft im engeren Sinne auch andere pädagogische Aussagensysteme gibt, und diese nicht vermischt oder falsch deklariert werden sollten, betonte Adick, dass gerade auch jene Aussagenysteme bzw. Wissensformen, die im engeren Sinne nicht zur Erziehungswissenschaft zählen, zu Gegenständen der erziehungswissenschaftlichen Lehre und Forschung werden können, und wohl auch werden sollen.

Wissensformen und Reflexionsebenen

Auch wenn Adick ihr Ordnungsschema speziell für solches Wissen entwickelte, „das in der Vergleichenden Erziehungswissenschaft in jeweils verschiedener Art und Weise zur Sprache gebracht wird“ (ebd., S. 74), lässt sich doch zumindest die Grundstruktur auch auf die Erziehungswissenschaft im Allgemeinen übertragen, und zwar nicht zuletzt, weil dieses Schema im Anschluss an entsprechende Diskussionen aus der Allgemeinen Erziehungswissenschaft entstand. Mit dem von Adick entwickelten Ordnungsschema soll es möglich werden, die Gegenstände, die in der Erziehungswissenschaft behandelt, untersucht oder diskutiert werden, also vor allem Texte, unterschiedlichen Kategorien zuzuordnen. „Es geht darum (potenzielle) Wissensbestände klassifizieren zu können, um somit deren jeweilige Argumentationslogik und die damit gegebenen Typiken und Beschränkungen wahrzunehmen. Dies bedeutet beispielsweise, das Bildungsprogramm einer internationalen Organisation von einem Bericht oder einer Untersuchung unterscheiden zu können“ (ebd., S. 11).

Das von Adick entwickelte Ordnungsschema stützt sich im Kern auf vier Reflexionsebenen bzw. Wissenskategorien, wobei zwei jeweils enger miteinander in Zusammenhang stehen. Ähnlich wie Brezinka unterscheidet Adick zwischen den Reflexionsebenen der Pädagogik und der Erziehungswissenschaft, fügt dann aber noch die Ebene der Erziehung und die der Wissenschaftstheorie hinzu. Daraus ergibt sich nach diesem Schema eine Stufenfolge, die sich von der Ebene der Erziehung, über die der Pädagogik, gefolgt von der der Erziehungswissenschaft, bis zur Ebene der Wissenschaftstheorie erstreckt.

Reflexionsebenen

Erziehung

Der Reflexionsebene der Erziehung ordnet Adick *alltägliches Handlungswissen* zu, wie man es etwa in Berichten, Protokollen und Tagebüchern finden könne. Es geht hier also um Texte oder andere Quellen, in denen Menschen relativ unvermittelt über die pädagogische Praxis berichten, ihre Überlegungen dazu dokumentieren oder reflektieren.

Pädagogik

Der Reflexionsebene der Pädagogik werden dann *pädagogische Theorien* zugordnet, bzw., wie Adick (ebd., S. 75) schreibt, „Regelwissen und Modelle, Pädagogiken, Professionswissen". Zu dieser Kategorie gehören demnach Texte, die systematisch verfasst sind und der pädagogischen Praxis Orientierung geben wollen. Dieser Bereich scheint weitgehend dem der Erziehungslehren bei Brezinka zu entsprechen.

Erziehungswissenschaft

Der Reflexionsebene der Erziehungswissenschaft wird, nicht ganz überraschend, *wissenschaftliches Wissen* zugeordnet. Damit ist insbesondere „an ausgewiesenen Kriterien (explizite Fragestellung, Theoriebezug, Methodenreflexion) ausgerichtete Forschungsliteratur" (ebd.) gemeint, die sich durch die „methodisch kontrollierte Prüfung von Aussagen auf Richtigkeit (Tatsachen) und Legitimität (Normen)" (ebd.) auszeichnet. Vergleicht man dieses Verständnis von Erziehungswissenschaft bzw. von erziehungswissenschaftlichem Wissen mit dem Brezinkas, so zeigt sich ein wichtiger Unterschied. Denn die kritische Auseinandersetzung mit Normen, also beispielsweise mit Erziehungszielen, fällt bei ihm in den Bereich der Philosophie der Erziehung, während sich die Erziehungswissenschaft dort nur mit der Überprüfung von Tatsachen oder Hypothesen beschäftigen soll. Demnach spricht Adick der mit normativen Fragen beschäftigten Erziehungs- und Bildungsphilosophie, sozusagen als Teildisziplin der Erziehungswissenschaft, zumindest dann den Status einer Wissenschaft zu, wenn hier methodisch kontrolliert und reflektiert Forschung betrieben wird.

Wissenschaftstheorie

Der letzten Reflexionsebene, der Wissenschaftstheorie, wird *meta-theoretisches und methodologisches Wissen* zugeordnet. Kennzeichnend sei hier die „kritische Reflexion der Wissenschaftspraxis, ihrer erkenntnistheoretischen und gesellschaftlichen Voraussetzungen und Folgen" (ebd.). Auf dieser Ebene kann man nicht nur Adicks Überlegungen zur Ordnung der erziehungswissenschaftlichen Reflexionsebenen und Wissensformen ansiedeln, sondern auch die von Brezinka vorgeschlagene Gliederung der pädagogischen Aussagensysteme.

Referenzsysteme

Interessant ist es nun zu sehen, dass Adick diese vier Wissenstypen und Reflexionsebenen auch noch zwei unterschiedlichen Referenzsystemen zuordnet, dem System der „Erziehung" und dem der „Wissenschaft". Dabei beziehen sich in ihrem Schema die beiden Reflexionsebenen der „Erziehung" und der „Pädagogik" auf das Erziehungssystem, und orientieren sich laut der Autorin am „Handeln" und „Nutzen". Demgegenüber beziehen sich die Reflexionsebenen der „Erziehungswissenschaft" und der „Wissenschaftstheorie" auf das Wissenschaftssystem, und daher am „Erkennen" und an „Wahrheit".

Erziehungssystem

Wissenschaftssystem

Es erscheint durchaus sinnvoll, sowohl den alltäglichen Überlegungen über Erziehungsphänomene (Reflexionsebene „Erziehung") als auch den pädagogischen Konzepten und Theorien (Reflexionsebene „Pädagogik") eine direkte Nähe zur pädagogischen Praxis und damit zum Referenzsystem der Erziehung zuzuschreiben, da es ja in beiden Fällen um Dokumente geht, in denen über die pädagogische Praxis und das erzieherische Handeln nachgedacht wird, wie etwa im Falle eines Praktikumsberichts, bzw. die das Nachdenken über die pädagogische Praxis unterstützen und orientieren wollen, wie es bei pädagogischen Theorien der Fall ist. Entsprechend nachvollziehbar ist auch die Behauptung, dass sich das Wissen dieser beiden Ebenen „an den Erfordernissen des Handelns und an Nutzenerwägungen" (ebd., S. 76) orientiere.

Wenn man nun aber davon ausgeht, wie es Adicks Schema suggeriert, dass das erziehungswissenschaftliche und das wissenschaftstheoretische Wissen sich nur auf das Wissenschaftssystem, explizit jedoch nicht auf die pädagogische Praxis beziehen, gewinnt man den Eindruck, dass sich die Erziehungswissenschaft letztlich doch vor allem mit sich selbst beschäftigt. Damit wird dann aber auch wieder der gesellschaftliche Nutzen dieser Disziplin fraglich. Diese Problematik war Adick durchaus bewusst, weshalb sie ergänzend betonte, dass es doch einen übergreifenden Zusammenhang zwischen den Reflexionsebenen gibt: „Dieser resultiert [...] aus dem ihnen letztlich gemeinsamen Anliegen, praktische Probleme zu lösen. Damit wird eine zumindest letztendliche Verpflichtung des jeweiligen Tuns auf die Bewältigung menschlicher Praxis reklamiert, die sich vom Alltagswissen über das Regelwissen zum Theoretisieren wissenschaftlicher Argumentation bis hin zur wissenschaftstheoretischen Reflexion durchzieht" (ebd.).

Bewältigung menschlicher Praxis

1.3 Grundbegriffe, Theorien und Methoden der Erziehungswissenschaft

Während in dem bei Adick (2008) durchscheinenden Selbstverständnis der Erziehungswissenschaft der Bezug zur pädagogischen Praxis also nur am Rande hergestellt wird, versuchte Hans-Christoph Koller (2012a) zu zeigen, wie nützlich das Studium der Erziehungswissenschaft für die pädagogische Berufspraxis ist. Dabei argumentierte er, dass die Erziehungswirklichkeit im Grund nur mit Hilfe spezifischer Begriffe erfasst werden kann, zu deren Verständnis wiederum das Studium der Erziehungswissenschaft beitragen soll. Wichtig erschien ihm dabei insbesondere die Auseinandersetzung mit sogenannten Grundbegriffen der Erziehungswissenschaft, insbesondere mit den Begriffen „Erziehung", „Bildung" und „Sozialisation", die er selbst vertieft behandelt, oder aber auch mit anderen in pädagogischen Kontexten zentralen Begriffen wie beispielsweise „Lernen", „Unterricht" oder „Entwicklung".

Studium der Erziehungswissenschaft

pädagogische Berufspraxis

Grundbegriffe der Erziehungswissenschaft

Die Fokussierung auf erziehungswissenschaftliche Grundbegriffe lässt sich dadurch erklären, dass diese Begriffe besonders gut geeignet sind, um pädagogische Praktiken, Aufgaben und Phänomene und damit verbunden auch konkrete oder zumindest mögliche pädagogische Handlungs- und Berufs- bzw. Arbeitsfelder zu identifizieren. Anders gewendet könnte man auch sagen, dass sich pädagogische Arbeitsfelder dadurch auszeichnen, dass dort etwa Erziehungs-, Bildungs- und Sozialisationsprozesse eine wichtige Rolle spielen, die es entsprechend zu erkennen, zu deuten und zu reflektieren gilt. Von zentraler Bedeutung sind diese Prozesse insbesondere für die dort professionell Tätigen, da sie die jeweiligen Situationen und vor allem die beteiligten Menschen möglichst gut verstehen und einordnen müssen, um auf dieser Grundlage pädagogische Handlungsentscheidungen zu treffen. Dabei geht es natürlich nicht nur um die möglichst adäquate Erfassung des jeweiligen Sachverhalts bzw. der vorliegenden Situation, sondern auch um eine möglichst sinnvolle normative Ausrichtung des eigenen Handelns. Unter Rückbezug auf Brezinka (s.o.) könnte man auch sagen: es geht nicht nur um das Sein, sondern auch um das Sollen.

Erziehungs-, Bildungs- und Sozialisationsprozesse

Das Studium der Erziehungswissenschaft soll demnach ein Verständnis zumindest der wichtigsten Grundbegriffe vermitteln, damit beispielsweise vorliegende oder erwünschte Erziehungs-, Bildungs- und Sozialisationsprozesse in der pädagogischen Arbeit erkannt oder imaginiert, benannte, mitunter auch problematisiert, kritisiert sowie diskutiert werden können. Um ein tieferes Verständnis der Grundbegriffe der Erziehungswissenschaft zu entwickeln, ist es jedoch nötig, sich mit entsprechenden Theorien auseinanderzusetzen, also etwa mit Erziehungs-, Bildungs- und Sozialisationstheorien. Dabei fällt schnell auf, dass es beispiels-

Theorien

weise natürlich nicht nur *eine* Bildungstheorie, *einen* verbindlichen Bildungsbegriff und entsprechend *ein* allgemeingültiges Verständnis von Bildung gibt, sondern vielmehr eine Vielzahl an Theorien, Konzepten und entsprechenden Vorstellungen darüber, was unter Bildung oder einem anderen Grundbegriff zu verstehen ist (vgl. Zirfas 2018; Böhm/Schiefelbein/Seichter 2019).

Aber selbst in Bezug zu einzelnen Theorien lässt sich mit einem Blick auf entsprechende Diskussionen innerhalb der Erziehungswissenschaft schnell feststellen, dass meist kein einheitliches und für alle Zeiten und Orte gültiges Verständnis vorliegt. Dies liegt wiederum daran, dass zumindest die Bedeutung komplexer Theorien meist nicht eindeutig ist, und aufgrund ihrer Komplexität und Vieldeutigkeit auch gar nicht sein kann. Das bedeutet aber ebenso, dass diese Theorien immer erst interpretiert werden müssen, um zumindest ein vorläufiges Verständnis eines spezifischen Konzepts herauszuarbeiten. Darüber hinaus muss dann aber auch jede professionelle Interpretation, die etwa in erziehungswissenschaftlichen Fachartikeln und Fachbüchern zu finden ist, von den Lesern selbst ebenfalls wieder interpretiert werden, um ein Verständnis dieser Interpretation zu entwickeln.

Interpretation

Das Studium der Erziehungswissenschaft ist demnach also insofern zur Vorbereitung auf pädagogische Arbeitsfelder wichtig, als hier ein vertieftes Verständnis für jene Begriffe entwickelt wird, mit denen später im Beruf die pädagogischen Aufgaben, Herausforderungen oder auch Probleme und Konflikte der jeweiligen Arbeitsfelder möglichst adäquat benannt, begriffen, reflektiert und diskutiert, aber auch sondiert, analysiert, interpretiert und kategorisiert werden können. Daher kann man eigentlich erst dann von einem *pädagogischen* Arbeits- und Berufsfeld sprechen, wenn die pädagogischen Dimensionen dieses Bereichs mithilfe theoriegestützter pädagogischer Begriffe verdeutlicht wurden.

Vorbereitung auf pädagogische Arbeitsfelder

Koller (2012a) wies aber auch darauf hin, dass die Auseinandersetzung mit Grundbegriffen und entsprechenden Theorien der Erziehungswissenschaft nicht ausreicht, um auf die pädagogische Praxis und die pädagogische Interpretation der jeweiligen Situationen und insbesondere der Motive, Einstellungen und Dispositionen der beteiligten Menschen vorzubereiten. Vielmehr müsse man sich in diesem Zusammenhang auch mit Methoden der Erziehungswissenschaft auseinandersetzen. Unter Methoden verstand er „diejenigen Verfahren […], die in einer Wissenschaft verwendet werden, um zu mehr oder weniger systematisch geordneten Aussagen über einen Gegenstandsbereich zu gelangen. Im Mittelpunkt steht hier also die Frage, wie solche Aussagensysteme

Methoden

zustande kommen und was sie zu *wissenschaftlichen* Theorien macht" (Koller 2012a, S. 20).

erziehungswissenschaftliche Aussagensysteme

Ähnlich wie Brezinka ging auch Koller davon aus, dass es unterschiedliche pädagogische bzw. erziehungswissenschaftliche Aussagensysteme gibt. Während Brezinka zwischen den pädagogischen Aussagensystemen der (empirischen) Erziehungswissenschaft, der Historiographie der Erziehung, der Philosophie der Erziehung, der Erziehungslehre und den Empfehlungen zur Erziehungspolitik differenzierte, verwies Koller auf drei für ihn besonders wichtige Aussagensysteme bzw., wie er es formulierte, Methoden der Erziehungswissenschaft: auf den *methodischen Ansatz der Empirischen Erziehungswissenschaft*, auf den *hermeneutischen Ansatz in der Erziehungswissenschaft* und auf den *methodischen Ansatz der Kritischen Erziehungswissenschaft*.

Ein auffallender Unterschied zwischen den von Brezinka und Koller vorgelegten Klassifikationen besteht nun darin, dass bei Koller nicht nur die empirische Erziehungswissenschaft als Wissenschaft anerkannt wird, sondern allen drei von ihm genannten Aussagensystemen Wissenschaftlichkeit zugeschrieben wird. Das ist auch insofern konsequent, als er die Aussagensysteme anhand von Methoden unterscheidet, die sich zwar untereinander klar abgrenzen lassen, aber dennoch unter Berufung auf ihr jeweiliges Wissenschaftsverständnis einen Anspruch auf Wissenschaftlichkeit erheben. Daher ist es auch nachvollziehbar, warum Koller nicht von pädagogischen Aussagensystemen spricht, wie Brezinka, sondern von Aussagensystemen der Erziehungs*wissenschaft*. Demnach unterscheiden sich die empirische, die hermeneutische und die kritische Erziehungswissenschaft in erster Linie durch das jeweils inhärente Wissenschaftsverständnis.

In Hinblick auf die Vorbereitung für pädagogische Arbeits- und Berufsfelder ist die Auseinandersetzung mit den unterschiedlichen Wissenschaftsverständnissen der Erziehungswissenschaft und den jeweiligen Methoden der Erkenntnisgewinnung insofern relevant, als mit diesen Methoden, oder zumindest in Bezug auf diese unterschiedlichen Ausrichtungen der Erziehungswissenschaft, auch unterschiedliche Konzepte von Erziehung, Bildung und Sozialisation entstanden sind. Will man also beispielsweise den Erziehungsbegriff von Brezinka verstehen, so ist es äußerst hilfreich, sich auch mit dessen Konzept der (empirischen) Erziehungswissenschaft auseinanderzusetzen. Entsprechend ist es für die Auseinandersetzung mit Bildungsbegriffen, die der Kritischen Theorie nahestehen, hilfreich, sich auch mit dem methodischen Ansatz der Kritischen Erziehungswissenschaft zu beschäftigen.

Ebenso kann das von Koller (2012b) selbst vorgelegte Konzept einer transformatorischen Bildung kaum umfassend verstanden werden, wenn man sich nicht auch mit den wissenschaftstheoretischen Annahmen auseinandersetzt, auf deren Grundlage dieser Bildungsbegriff entwickelt wurde: In diesem Fall ist dies der hermeneutische Ansatz der Erziehungswissenschaft und dessen Erweiterung durch die Bezugnahme auf die Qualitative Sozialforschung (Koller 2012a; 2012b).

Fragen

1. Warum sollte man sich vor der Auseinandersetzung mit Studienrichtungen und Berufsfeldern der Erziehungswissenschaft mit dem Selbstverständnis der Erziehungswissenschaft auseinandersetzen?
2. Welche Konzepte von Erziehungswissenschaft werden im Text genannt? Nennen Sie die wichtigsten Autoren und skizzieren Sie kurz das jeweilige Verständnis von Erziehungswissenschaft.
3. Welcher Zusammenhang lässt sich zwischen Erziehungswissenschaft und pädagogischen Arbeitsfeldern herstellen?

Weiterführende Literatur

Böhm, Winfried/Seichter, Sabine (2018): Wörterbuch der Pädagogik. Paderborn: Schöningh UTB, 17. Aufl. – Umfassendes Nachschlagewerk, um einen ersten fundierten Einblick in für die Erziehungswissenschaft grundlegende Wörter und Begriffe zu bekommen.

Dörpinghaus, Andreas/Uphoff, Ina Katharina (2012): Grundbegriffe der Pädagogik. Darmstadt: WBG. – Klar strukturiertes Einführungsbuch in die Erziehungswissenschaft, in dem bedeutende Theorien der Erziehung, der Bildung und der Sozialisation vorgestellt werden.

Thompson, Christiane (2020): Allgemeine Erziehungswissenschaft. Eine Einführung. Stuttgart: Kohlhammer. – Aktuelles und vielseitiges Einführungswerk in die Erziehungswissenschaft, in dem u.a. die Begriffe Erziehung, Bildung, Lernen, Kompetenz und Sozialisation erläutert und diskutiert werden.

Zirfas, Jörg (2018): Einführung in die Erziehungswissenschaft. Paderborn: Schöningh UTB. – Klar strukturierte, aktuelle und umfassende Einführung in die Erziehungswissenschaft, die sich den Themen Theorien und Modelle der Erziehungswissenschaft, Geschichte der Pädagogik, pädagogische Institutionen und Arbeitsfelder und Pädagogische Anthropologie widmet.

Kapitel 2: Erziehungs- und Bildungswissenschaft, Bildungs- und Erziehungsforschung

Im vorangegangenen Kapitel wurde versucht exemplarisch herauszuarbeiten, welches Selbstverständnis der eigenen Disziplin in der Erziehungswissenschaft vorherrscht. Dazu wurden drei Gliederungsmodelle kurz vorgestellt und analysiert, die als Versuche verstanden werden können, einerseits grundlegende Teilbereiche der Erziehungswissenschaft zu benennen und voneinander abzugrenzen, und dadurch andererseits wiederum eine Vorstellung von der Disziplin insgesamt zu gewinnen. Dabei handelte es sich um einen Vorschlag zur Abgrenzung pädagogischer Aussagensysteme (Brezinka 1968), um ein Ordnungsschema der Reflexionsebenen und Wissensformen in der Vergleichenden Erziehungswissenschaft (Adick 2008), und um eine Darstellung und Differenzierung wichtiger methodischer Ansätze der Erziehungswissenschaft (Koller 2012a).

Trotz aller Unterschiede zwischen diesen drei wissenschaftstheoretischen Modellen, die nicht nur inhaltlich, sondern auch in Bezug auf die verwendeten Begriffe und Begriffsverständnisse bestehen, kann man eine gewisse Übereinstimmung zwischen den hier artikulierten Selbstverständnissen der Erziehungswissenschaft feststellen: Auf der einen Seite wird in allen drei Modellen die Erziehungswissenschaft explizit als Wissenschaft verstanden, und auf der anderen Seite besteht auch weitgehend Einigkeit darüber, dass es Aufgabe der Erziehungswissenschaft ist, die pädagogische Praxis zu orientieren. Gezeigt hat sich jedoch auch, dass diese doppelte Ausrichtung in den wissenschaftstheoretischen Modellen nicht immer leicht und widerspruchsfrei abzubilden ist. Dies führt letztlich zu der grundlegenden Frage, ob überhaupt im Sinne einer übergeordneten Kategorie von *der* Erziehungswissenschaft gesprochen werden sollte, die die unterschiedlichen methodischen Zugänge und Wissenschaftsverständnisse vereint, ohne die Unterschiede aufzuheben, oder ob es ratsam ist, gleich von mehreren, sich hinsichtlich ihres Wissenschaftsverständnis unterscheidenden Erziehungswissenschaft*en* im Plural auszugehen, die mehr oder weniger unvermittelt nebeneinander bestehen.

pädagogische Praxis

Erziehungswissenschaft

Noch komplizierter wird die Suche nach einem zeitgemäßen, adäquaten und allgemeingültigen Verständnis von Erziehungswissenschaft, wenn man bedenkt, dass mittlerweile nicht nur über das Verhältnis von Pädagogik und Erziehungswissenschaft diskutiert wird, sondern in den entsprechenden Selbstverständnisdiskussionen auch auf weitere wissenschaftliche Disziplinen oder Forschungsfelder bzw. -richtungen Bezug genommen wird. So ist aktuell etwa oft von Bildungswissenschaft die Rede, von Bildungsforschung oder auch von Erziehungsforschung, und auch hier stellt sich die Frage, ob es sich bei diesen Bezeichnungen um Synonyme zur Erziehungswissenschaft handelt, oder ob sie auf relevante Unterschiede in Bezug auf das jeweils zugrundeliegende Wissenschafts- und Forschungsverständnis verweisen.

Bildungswissenschaft

Erziehungsforschung

Bildungsforschung

2.1 Bildungswissenschaft und Bildungswissenschaften

Bildungswissenschaften

Bildungswissenschaft

Ewald Terhart hat bereits vor einiger Zeit die Frage gestellt, was Bildungswissenschaften (im Plural) sind und was unter Bildungswissenschaft (im Singular) zu verstehen ist. „Ist damit dasselbe wie Pädagogik, dasselbe wie Erziehungswissenschaft gemeint?" (Terhart 2012, S. 22). Eine eindeutige Antwort kann auch Terhart nicht geben, aber er unterscheidet zwischen drei Varianten des Begriffsgebrauchs, und zwar als Verlegenheitslösung, als Sammeldisziplin und als Kampfbegriff.

Verlegenheitslösung

Als Verlegenheitslösung könne man den Begriff Bildungswissenschaften etwa in Bezug auf die Lehrerbildung verwenden, um damit die erziehungswissenschaftlichen Studienelemente zu bezeichnen. „Wichtig ist hierbei, dass die Erziehungswissenschaft natürlich nicht gänzlich in diesem Element aufgeht, sondern lediglich mit denjenigen ihrer Teilbereiche vertreten ist, die von Bedeutung für das Lehramtsstudium bzw. den Lehrerberuf sind bzw. gehalten werden" (ebd., S. 28).

Sammelbegriff

Als Sammelbegriff könne man den Begriff Bildungswissenschaften verwenden, um alle Disziplinen und Teildisziplinen zu fassen, „die sich wissenschaftlich in jeder denkbaren theoretischen und methodischen Hinsicht, also auch in historischer und philosophischer Akzentuierung in Theoriebildung, Forschungsarbeit und Entwicklungsanstrengungen auf Themen, Institutionen, Prozesse, Resultate von Bildung und Ausbildung beziehen" (ebd.). Diesem weiten Verständnis nach ist die Erziehungswissenschaft nur ein Teilbereich der Bildungswissenschaften, die dann eben beispielsweise auch Bereiche der Psychologie, der Soziologie, der Ökonomie, der Politikwissenschaft, der Medizin und der Neurowissenschaften, der Philosophie oder der Geschichtswissenschaft umfasst.

Entgegen diesem sehr weiten und umfassenden Verständnis könne man mit dem Begriff der Bildungswissenschaften aber auch Forschungsrichtungen bezeichnen, die in theoretischer und methodischer Hinsicht deutlich enger bestimmt sind. Dabei unterscheidet Terhart wiederum zwischen zwei Verständnisarten: Eine Möglichkeit wäre demnach, den Begriff nur auf solche Wissenschaften bzw. Forschungsrichtungen zu beziehen, „die theoriegeleitet, hypothesengenerierend und -prüfend sowie methodisch kontrolliert Daten erheben und auswerten, um empirisch vorläufig gestützte Aussagen über Zusammenhänge zwischen Variablen zu gewinnen und so kontinuierlich zur Erarbeitung von Modellen des jeweiligen Gegenstands- oder Problembereichs beizutragen" (ebd., S. 29). Da hiermit ein „empirisch-quantitatives Programm" (ebd.) angesprochen ist, das vor allem von der empirisch-quantitativen Bildungsforschung verfolgt wird, schlägt Terhart vor, in diesem Fall besser von Bildungswissenschaft (im Singular) oder gleich von empirischer Bildungswissenschaft zu sprechen.

Im Anschluss an diese Begriffsverwendung verweist Terhart darauf, dass man den Begriff der Bildungswissenschaft nicht nur auf quantitative Forschungsrichtungen beziehen muss, sondern auch die qualitative Forschung einbeziehen kann. Ein solches Verständnis komme der zuvor genannten Begriffsverwendung als Sammelbezeichnung nahe und entspreche wohl dem „gegenwärtig am weitesten verbreitete[n] und zustimmungsfähigste[n] Begriffsgebrauch" (ebd.).

Die erste Begriffsverwendung (Bildungswissenschaften als Teil der Lehrerbildung) stellt für Terhart zwar eine Verlegenheitslösung dar, sei aber „inhaltlich [...] ebenso angemessen wie unproblematisch" (ebd., S. 30). Auch den zweiten Begriffsgebrauch (Bildungswissenschaften als Sammelbezeichnung) hält er für unproblematisch und betont, dass dieser „ebenfalls pragmatisch und genauso sinnvoll wie etwa die Bezeichnung ‚Sozialwissenschaften'" sei (ebd.). Problematisch ist für ihn lediglich die Engführung des Begriffs auf den Bereich der empirisch-quantitativen Bildungsforschung, da hier all jene Theorie- und Forschungsrichtungen ausgegrenzt würden, die nicht dem „Muster der Psychologie" (ebd.) entsprechen. „Ich halte diese Begriffsverwendung für systematisch falsch, epistemologisch riskant und darüber hinaus im sozialen System der Wissenschaften nicht durchsetzbar. Als Kampfbegriff eingesetzt hat er keine Zukunft" (ebd.). Kampfbegriff

2.2 Empirische Bildungsforschung

Vor dem Hintergrund dieser Kritik Terharts (2012) an einem engen, exklusiven und exkludierenden Verständnis von Bildungswissenschaft als empirisch-quantitativer Bildungsforschung ist es aufschlussreich auch Selbstbeschreibungen in die Diskussion aufzunehmen, die ein solches Selbstverständnis artikulieren. Dafür bietet sich etwa ein Artikel von Cornelia Gräsel (2015) an, der bereits im Titel folgende Frage stellt: „Was ist Empirische Bildungsforschung?". Bezeichnenderweise spricht Gräsel hier nicht von empirischer, sondern – großgeschrieben – von Empirischer Bildungsforschung. Das legt die Vermutung nahe, dass es sich hierbei um einen Eigennamen handelt und damit um eine ganz bestimmte Art empirischer Bildungsforschung.

Empirische Bildungsforschung

Bildungsbegriff

Da die Empirische Bildungsforschung den Bildungsbegriff im Namen trägt, versucht Gräsel (ebd., S. 15) dem naheliegenden Missverständnis vorzubeugen, dass diese Forschungsrichtung Bildungsprozesse untersucht. Zumindest verstehe man unter Bildung nicht das, was „Personen mit geisteswissenschaftlichem Hintergrund" üblicherweise mit dem Bildungsbegriff verbinden. Denn die Empirische Bildungsforschung setze sich weder mit der Entwicklung von „Urteilskraft und Reflexivität", noch mit der „Entwicklung eines Selbst- und Weltverhältnisses durch die Begegnung mit verschiedenen kulturellen Traditionen", und auch nicht mit der „Persönlichkeitsentwicklung" (ebd.) auseinander. Vielmehr verfolge die Empirische Bildungsforschung einen „engeren und an den Sozialwissenschaften orientierten Bildungsbegriff" (ebd.).

Eine präzise Bestimmung dieses an den Sozialwissenschaften orientierten Bildungsbegriffs liefert Gräsel jedoch nicht. Denn die Hinweise, dass die Empirische Bildungsforschung die „Bildungsrealität" untersuche und danach frage, „wie Bildungsprozesse verlaufen" (ebd.), klären nicht, was hier unter Bildung verstanden wird. Demgegenüber verdeutlicht Gräsel in diesem Zusammenhang, was für sie die Aufgabe der Empirischen Bildungsforschung ist. Diese Frage etwa danach, „wer welche Qualifikationen und Kompetenzen im Bildungssystem erwirbt, wovon dieser Qualifikations- und Kompetenzerwerb abhängig ist und welche Auswirkungen er hat" (ebd., S. 15–16). Sollte dies bedeuten, dass mit dem Begriff Bildung hier ausschließlich der Qualifikations- und Kompetenzerwerb bzw. erworbene Qualifikationen und Kompetenzen gemeint sind, wäre es – um Missverständnisse zu vermeiden – eigentlich naheliegend, von einer Empirischen Qualifikations- und Kompetenzforschung zu sprechen.

Empirische Qualifikations- und Kompetenzforschung

Auch wenn sich die Empirische Bildungsforschung von einem an die geisteswissenschaftliche Tradition anschließenden Bildungsbegriff deutlich distanziert, hält sie vermutlich am Begriff der Bildung bzw. Bildungsforschung fest, um die Verbundenheit mit einer anderen Tradition zu demonstrieren. Gemeint ist damit das Verständnis von Bildungsforschung, wie es der Deutsche Bildungsrat 1974 skizzierte. Dessen Definition gibt Gräsel in ihrem Text wieder, um darauf aufbauend „drei zentrale Merkmale der Bildungsforschung" vorzustellen, „die bis heute Gültigkeit haben" (ebd., S. 16): Problemorientierung, Interdisziplinarität sowie die Verwendung empirischer Forschungsmethoden.

Bildungsforschung

Unter dem Stichwort „Problemorientierung" beschreibt Gräsel den Sinn und Zweck der Bildungsforschung: „Die zentrale Aufgabe der Bildungsforschung wurde und wird darin gesehen, wissenschaftliche Erkenntnisse zu gewinnen, die zu einer Analyse und der Verbesserung des Bildungswesens beitragen. Bildungsforschung sollte rationale Begründungen für bildungspraktische und -politische Entscheidungen anbieten" (ebd.) Dabei wird insbesondere auf den Bereich der Schule, aber exemplarisch auch auf den Hochschul- und Weiterbildungsbereich Bezug genommen.

Problemorientierung

Unter dem Stichwort „Interdisziplinarität" verweist Gräsel darauf, dass die Bildungsforschung „aus verschiedenen Disziplinen theoretische und methodische Anregungen" übernehme, sie „auf ihren Forschungsgegenstand" (ebd.) beziehe und weiterentwickle.

Interdisziplinarität

Während sich die beiden Charakteristiken der Problemorientierung und der Interdisziplinarität nicht nur auf das Selbstverständnis der Empirischen Bildungsforschung beziehen, sondern auch auf die vom Deutschen Bildungsrat (zitiert nach Gräsel 2015, S. 16) als „theoretisch oder empirisch" forschend beschriebene Bildungsforschung beziehen lassen, wird mit dem dritten Merkmal – die Verwendung empirischer Forschungsmethoden – das Spektrum möglicher Forschungsformen deutlich eingeschränkt. Denn laut Gräsel kommen in der Empirischen Bildungsforschung vor allem quantitative empirische Forschungsmethoden zum Einsatz, also „Messoperationen", deren Ergebnisse dann „mathematisch-statistisch" (Gräsel 2015, S. 17) ausgewertet werden; teilweise würden aber auch qualitative Forschungsmethoden eingesetzt, womit „die Erhebung und interpretative Auswertung nicht-standardisierter Daten (z.B. bei Interviews, Beobachtungen)" (ebd.) angesprochen sind.

quantitative empirische Forschungsmethoden

Denkt man an dieser Stelle an Wolfgang Brezinkas Ausführungen zur empirischen Erziehungswissenschaft zurück (vgl. Kapitel 1), so überrascht insbesondere die von Gräsel angeführte Aufgabenbeschreibung der Empirischen Bildungsforschung. Während Brezinka noch betont hatte, dass mithilfe empirischer Methoden nur Tatsachen (Sein) festgestellt, aber keine Normen und Ziele (Sollen) bestimmt werden könnten, erhofft sich Gräsel von der Empirischen Bildungsforschung beides: Das Bildungswesen soll sowohl empirisch analysiert als auch verbessert werden – und das ausschließlich unter Rückgriff auf (vorwiegend quantitative) empirische Forschungsmethoden, wie mit dem dritten Merkmal betont wird. Kann man also doch direkt vom Sein aufs Sollen schließen?

Auch wenn sicherlich immer noch gilt, dass pädagogische und bildungspolitische Zielsetzungen nicht direkt empirisch ermittelt werden können, und daher fraglos auch weiterhin diskutiert und argumentiert werden muss bzw. werden sollte, welche pädagogischen und politischen Zielsetzungen wünschenswert sind, verweist die Empirische Bildungsforschung darauf, dass sie Informationen und Argumente für derartige Diskussionen und Debatten liefert. „In den aktuellen bildungspolitischen Debatten [...] werden Ergebnisse der Bildungsforschung als Argumente verwendet bzw. die Stellungnahmen entsprechender Wissenschaftler eingeholt" (Gräsel 2015, S. 17). So habe es etwa die PISA-Studie ermöglicht, „erstmalig in Deutschland ein umfassendes Querschnittsbild über den Status Quo des Bildungssystems" zu liefern, „dessen Befunde eine empirisch orientierte Diskussion über die Qualität von Bildungsprozessen ermöglichen" (ebd., S. 18).

In Bezug auf das Verhältnis von Erziehungswissenschaft und Empirischer Bildungsforschung weist Gräsel darauf hin, dass seit „den 1970er Jahren" thematisiert wird, „ob Empirische Bildungsforschung eine Teildisziplin der Erziehungswissenschaft, ein interdisziplinäres Feld oder eine eigene Disziplin ist" (ebd., S. 27). Auch wenn viele Professuren, die der Empirischen Bildungsforschung zugerechnet werden können, an den Universitäten dem Bereich der Erziehungswissenschaft zugeordnet sind, betont Gräsel, dass die „in der Bildungsforschung verwendeten Theorien [...] in der Regel keine genuin erziehungswissenschaftlichen, sondern vorrangig in der Psychologie oder in der Soziologie, aber auch in anderen Disziplinen beheimatet" (ebd.) sind. Da auch die Entwicklung der Forschungsmethoden durch „Impulse [...] aus verschiedenen Sozialwissenschaften" (ebd.) beeinflusst werde, kommt Gräsel zu dem Schluss, dass es insgesamt „aufgrund der theoretischen, methodischen und normativen Unterschiede [...] nicht sinnvoll" sei, von einer Empirischen Bildungsforschung als Teildisziplin der Erziehungswissenschaft" (ebd.) zu sprechen. Vielmehr bestehe in der Empirischen Bildungsforschung das „Selbstverständnis eines interdisziplinären Arbeitsfeldes" (ebd.). Darüber hinaus könne man in Hinblick auf die umfangreiche Expansion und die methodische Weiterentwicklung diagnostizieren, dass die Empirische Bildungsforschung immer stärker die Gestalt einer eigenständigen Disziplin annehme.

Zusammenfassend lässt sich bis hierher einerseits festhalten, dass sich die Empirische Bildungsforschung ihrem Selbstverständnis nach nicht (bzw. immer weniger) mit der Erziehungswissenschaft identifiziert und nicht als eines ihrer Teilgebiete verstanden wissen will. Andererseits ist auch deutlich geworden, dass aus Perspektive der Erziehungswissenschaft dieser Abkopplungsprozess problematisiert und kritisiert wird. Nicht übersehen werden sollte vor dem Hintergrund der hier ersichtlichen zunehmenden Entfremdung beider Forschungsrichtungen und Disziplinen, dass sich zwar die Empirische Bildungsforschung anscheinend immer weniger für die Erziehungswissenschaft und für pädagogische Themen und Theorien interessiert, dies jedoch andersherum nicht gilt. Denn spätestens seit dem Erscheinen der ersten PISA-Studien wird diese Art von Forschung von Seiten der Erziehungswissenschaft intensiv studiert, diskutiert, problematisiert und kritisiert, kurz: als Forschungsgegenstand behandelt.

2.3 Educational Governance-Forschung

Folgt man einschlägigen Publikationen und Fachdiskussionen, so kann behauptet werden, dass sich mittlerweile sogar eine eigene Forschungsrichtung entwickelt hat, die sich ausschließlich mit der Empirischen Bildungsforschung und deren Studien, etwa mit der bereits angesprochenen PISA-Studie, auseinandersetzt. Geboten erscheint die wissenschaftliche Untersuchung dieses Feldes bzw. dieser Disziplin insbesondere deshalb, weil die Empirische Bildungsforschung sogenanntes Steuerungswissen für den Bildungsbereich produziert, dies zumindest vorgibt, oder – wie es Gräsel (2015, S. 26) ausdrückt –, weil die „Abnehmer" (gemeint sind wohl vor allem Regierungen) der Forschungsergebnisse „ein Bedürfnis nach Steuerungswissen" haben. Diese auf die Untersuchung von Steuerungsprozessen im Bildungsbereich fokussierte Forschungsrichtung bezeichnet sich selbst

Steuerungswissen

Educational Governance-Forschung

oft als Educational Governance-Forschung, bzw. es wird in diesem Zusammenhang von einer Governance-Perspektive der Bildungsforschung gesprochen.

Als eines der wichtigsten bisherigen Forschungsergebnisse dieser neuen, auf die Empirische Bildungsforschung fokussierten Forschungsrichtung kann sicherlich die Feststellung gelten, dass Regierungen nicht die einzigen Akteure sind, die an diesen Steuerungsversuchen im Bildungsbereich mitwirken und an entsprechendem Steuerungswissen interessiert sind. „Es gibt viele explizite und implizite ‚Steuerleute', die die Entwicklung eines Systems intentional beeinflussen, und zwar nicht nur an der Spitze der Hierarchie, sondern an vielen Stellen. ‚Steuerung' ergibt sich aus den Transaktionen aller relevanten Systemmitspieler/innen, die sich mit unterschiedlichen Interessen und durchaus unterschiedlicher Gestaltungs- und Verhinderungsmacht an der Gestaltung und an der Leistung ihres Systems beteiligen" (Altrichter/Maag Merki 2016, S. 3).

Zu den Akteuren, die an den komplexen Steuerungsprozessen, -versuchen und -phänomenen, beteiligt sind oder sein können, über die die Educational Governance-Forschung aufklären will, werden nicht nur Bildungsministerien, Schulen, Lehrerinnen, Lehrer und Schüler gezählt, sondern auch sogenannte neue Akteure. Zu diesen werden etwa inter- und transnationale Akteure wie internationale Regierungs- und Nichtregierungsorganisationen, multinationale Korporationen, nationale und internationale Stiftungen sowie Akteurskonstellationen und Netzwerke gezählt (Parreira do Amaral 2016, S. 463–468).

inter- und transnationale Akteure

Zu den neuen Akteuren, die aus der Governance-Perspektive verstärkt in den Blick genommen werden, zählt unter anderem die OECD mit ihren PISA-Studien, da seit dem sogenannten PISA-Schock 2001 „der Druck auf Bildungspolitik und -verwaltung, rasch wirksame Schulreformen zu setzen, deutlich zugenommen" (Altrichter/Maag Merki 2016, S. 3) hat. „Der daraus entstandene Reformdiskurs wird mehr und mehr als ein ‚Steuerungsdiskurs' geführt: Nicht nur die Frage, wie denn die Bildungsreform zu ‚steuern' wäre, beschäftigt die Bildungsreformer/innen. Vielmehr werden [...] die Steuerungsmodi im Bildungswesen [...] selbst in den Fokus genommen. Im Zentrum steht dabei die Leitfrage: Wie kann die Steuerungsstruktur des Schulwesens [...] rasch und zielgerichtet so verändert werden, dass qualitätsvolle Ergebnisse – und bessere Ergebnisse als bisher – ökonomisch erbracht werden können?" (ebd.).

Neben neuen Akteuren wie der OECD rückt daher auch die Empirische Bildungsforschung bzw. die Governance-Forschung selbst in den Fokus der Untersuchungen zur sogenannten Neuen Steuerung im Bildungssystem, da diese Forschungsrichtungen „selbst Teil des [...] sozialen Systems"(ebd., S. 20) sind, die aus der Governance-Perspektive analysiert werden. Verkürzt kann man behaupten, dass Akteure wie die OECD und die Empirische Bildungsforschung etwa Kompetenzmodelle entwickeln, die in ihren eigenen Untersuchungen wie der PISA-Studie dann eingesetzt werden, um im großen Maßstab Kompetenzen auf Seiten der Schüler zu messen und statistisch auszuwerten. Die Ergebnisse werden dann der Bildungspolitik und -administration gemeldet, damit diese Akteure Maßnahmen zur Verbesserung einleiten. Um festzustellen, ob diese Maßnahmen mit Veränderungen oder erwünschten Verbesserungen der Leistungen einhergehen, müssen dann erneut Kompetenzmessungen durchgeführt werden, und die neuen Ergebnisse müssen erneut an Politik und Administration rückgemeldet werden. So entsteht gewissermaßen ein rückgekoppeltes Testsystem, das maßgeblich auf die Bildungspolitik Einfluss nimmt bzw. diese eventuell sogar weitgehend ersetzt – weshalb durchaus mit guten Gründen von einer neuen Art der Steuerung im Bildungsbereich gesprochen werden kann.

Testsystem Bildungspolitik

Denkt man nun an die von Brezinka (vgl. Kapitel 1) imaginierte klare Trennung von wertfreier empirischer Erziehungswissenschaft auf der einen, und normativ sowie diskursiv ausgerichteter Pädagogik auf der anderen Seite zurück, so scheint diese Trennung im Zuge der Etablierung und Expansion von Empirischer Bildungsforschung und Educational Governance-Forschung tendenziell aufgehoben. Diesen Schluss lassen zumindest Selbstbeschreibungen aus diesem Bereich zu: „Governance Studien untersuchen Handlugen von Akteuren in sozialen Systemen mit dem Ziel, normative Konzepte mit den empirischen erfassten Wirkungen und Umsetzungsmodi zu konfrontieren sowie Wissen über die Implikationen von Koordinierungskonstellationen zur Verfügung zu stellen, das es erlaubt, begründete Vorschläge solcher Konstellationen im Feld zu formulieren" (Altrichter/Maag Merki 2016, S. 19). Bedenkenswert ist nun die Feststellung, dass die Governance-Forschung nicht nur die normativen Perspektiven und Interessen der verschiedenen Akteure untersucht, sondern auch selbst „begründete Vorschläge" (ebd.) zur weiteren Gestaltung der untersuchten sozialen Systeme unterbreitet. Da sich die „aktuelle Form und Arbeitsweise sozialer Systeme [...] durch die Auseinandersetzung interessengeleiteter Akteure" (ebd.) ergebe, wurde entsprechend etwa der „Selbst-Anspruch an die Governance-Perspektive" formuliert,

„ihr Wissen um die Prozesse dieses ‚bewussten Ringens', auch in Gestaltungsvorschläge umzumünzen" (ebd.). Es ist daher nur konsequent, dass diese Art der Forschung nicht nur die normativen Perspektiven der anderen Akteure, sondern auch die eigenen normativen Intentionen zum Forschungsgegenstand erhebt. So wird zumindest gefordert, auch die eigene Rolle der Governance-Forschung „in Metaanalysen in regelmäßigen Abständen" (ebd., S. 20) zu untersuchen. Derartige Untersuchungen könnten ihren Fokus etwa darauf richten, „welche Fragestellungen in den Blick genommen und welche anderen vermieden werden" (ebd.).

Verwickelt in diesen neuen Formen der Steuerung sind also nicht nur neue Akteure wie die OECD und die dabei mitwirkenden Akteure der Empirischen Bildungsforschung, sondern auch weitere Akteure der Empirischen Bildungsforschung, die selbstständig ähnliche oder auf diesen Themenkomplex bezogene Studien durchführen; verwickelt sind aber auch all jene Akteure, die eine Governance-Perspektive einnehmen, um die Strukturen und Netzwerke der Neuen Steuerung zu analysieren. Dabei gibt es wiederum in der Governance-Forschung solche Akteure, die sich selbst der Empirischen Bildungsforschung zugehörig fühlen (vgl. Altricher/Maag Merki 2016), und solche, die sich eher mit der Erziehungswissenschaft identifizieren (vgl. Parreira do Amaral 2007, 2011, 2016; Amos/Radtke 2007; Amos 2009) oder eine interdisziplinäre Perspektive einnehmen (vgl. Schrader et al. 2015). Erwähnt werden muss auch, dass diese an die Konzepte der OECD angelehnten bzw. dort beteiligten Formen von Bildungsforschung und Bildungssteuerung vor allem in Hinblick auf damit einhergehende Tendenzen einer sogenannten Ökonomisierung der Bildung in der Kritik stehen (vgl. u.a. Gräsel 2015, S. 26–27; Radtke 2015).

2.4 Bildungstheoretisch fundierte Bildungsforschung

Wie gesehen versteht sich die Empirische Bildungsforschung unter anderem deshalb nicht oder zumindest zunehmend nicht mehr als Teildisziplin der Erziehungswissenschaft, weil sie sich nicht an dem in der Erziehungswissenschaft gängigen Vorstellungen von Bildung orientiert (Gräsel 2015, S. 15–16; S. 27). Jedoch hat sich mittlerweile auch eine andere Form empirischer Bildungsforschung etabliert, die sich selbst innerhalb der Erziehungswissenschaft verortet und in ihren empirischen Forschungen auf den klassischen Bildungsbegriff Bezug nimmt, bzw. mit solchen

Bildungsbegriffen operiert, die im Anschluss an oder Ausgang von jenen Bildungstheorien entwickelt wurden, die für Pädagogik und Erziehungswissenschaft traditionell zentrale Bezugs- und Orientierungspunkte darstellen. Während sich die Empirische Bildungsforschung vor allem quantitativer Methoden bedient, ist für die erziehungswissenschaftliche empirische Bildungsforschung eine Orientierung an Methoden der qualitativen Sozialforschung charakteristisch.

Die Entwicklung dieser qualitativ-empirischen Bildungsforschung knüpft insofern an die Überlegungen von Brezinka zur Differenzierung zwischen empirischen (Sein) und normativen (Sollen) pädagogischen Aussagensystemen an (vgl. Kapitel 1), als hier die Frage nach dem Verhältnis von Bildungstheorie und empirischer Bildungsforschung erneut aufgeworfen wurde. Ausgehend von der Kritik einerseits, dass klassische Bildungstheorien, wie etwa die Wilhelm von Humboldts, nicht an empirische Forschung anschlussfähig seien, und der Diagnose andererseits, dass empirische Bildungsforschung lange Zeit ohne Bezüge zur Bildungstheorie betrieben wurde, wurde versucht, Empirie und Theorie sinnvoll zu verbinden. Vor diesem Hintergrund entwickelte sich eine bildungstheoretisch fundierte Biografieforschung, „die den Anspruch erhebt, die philosophische Reflexion über Bildung mit der qualitativ-empirischen Erforschung von Bildungsprozessen zu verknüpfen" (Koller 2012b, S. 139).

bildungstheoretisch fundierte Biografieforschung

Begründet wird diese Verknüpfung von Bildungstheorie und empirischer Bildungsforschung unter anderem damit, dass es auf diesem Wege möglich wird, an empirisch erhobenem Material exemplarisch zu veranschaulichen, was Bildung – der jeweiligen Theorie entsprechend – konkret bedeutet. Darüber hinaus verspricht man sich von der Konfrontation der Bildungstheorien mit dem empirischen Material Hinweise zu erlangen, wie diese Theorien weiterentwickelt, weitergedacht oder auch überarbeitet und neujustiert werden können, um den aktuellen Gegebenheiten besser zu entsprechen, als sie es eventuell bisher getan haben.

Diese Form der bildungstheoretisch fundierten Bildungsforschung versteht sich insofern als Beitrag zur Orientierung der pädagogischen Praxis, als hier davon ausgegangen wird, dass pädagogische bzw. erziehungswissenschaftliche Grundbegriffe wie der Bildungsbegriff dazu dienen, „grundlegende Sachverhalte in der Erziehungswirklichkeit zu erfassen, zu unterscheiden und in Beziehung zueinander zu setzen" (Koller 2012a, S. 18; vgl. auch Kapitel 1 im vorliegenden Buch). Anders ausgedrückt kann man sagen, dass beispielsweise durch die Auseinandersetzung mit einer Bildungstheorie ein spezifisches Verständnis von Bildung entsteht, das es dann ermöglicht, entsprechende Bildungsprozesse in der Wirklichkeit zu erkennen und zu benennen, und über Bildungsmöglichkeiten und korrespondierende pädagogische Unterstützungsmaßnahmen zu reflektieren. Die theoriebezogene Auseinandersetzung mit pädagogischen und erziehungswissenschaftlichen Grundbegriffen, zu denen neben dem Bildungsbegriff unter anderem auch der Erziehung- und Sozialisationsbegriff zählen, ermöglicht es demnach, die jeweils gegebene Wirklichkeit überhaupt erst pädagogisch deuten zu können, und auf dieser Grundlage die eigenen pädagogischen Handlungsentscheidungen zu orientieren.

theoretisch fundierte Bildungsforschung

Für ein auf pädagogische Berufsfelder vorbereitendes Studium ist die Auseinandersetzung mit Beiträgen der theoretisch fundierten Bildungsforschung insofern aufschlussreich, als hier beispielhaft und auf eine fundierte und komplexe Art vorgeführt wird, wie man die Wirklichkeit pädagogisch interpretieren kann. Dabei mag die Auseinandersetzung zum einen helfen, entsprechende Fähigkeiten zu erlernen; zum anderen kann man hier Motivation und Inspiration finden, um die eigenen Fähigkeiten zur pädagogischen Interpretation in Bezug auf anderes Material oder gleich in Bezug auf reale Situationen zu trainieren.

qualitative Bildungsforschung

rekonstruktive Bildungsforschung

Neben dem Begriff der qualitativen Bildungsforschung wird auch der Begriff der rekonstruktive Bildungsforschung als Bezeichnung dieser Forschungsrichtung benutzt, da hier empirisch erhobene Daten zur Rekonstruktion von Bildungsprozessen herangezogen werden. Zu bedenken gilt es jedoch auch hier, dass der Begriff der Bildung bzw. Bildungsforschung unterschiedlich verwendet werden kann. Während einem engen Verständnis nach nur solche Studien zur rekonstruktiven Bildungsforschung zählen, die sich auf Bildungsprozesse fokussieren und dabei ein Bildungsverständnis zugrunde legen, das sich an ausgewiesenen Bildungstheorien orientiert, kann sich der Begriff der Bildungsforschung über den pädagogischen oder erziehungswissenschaftlichen Grundbegriff der Bildung hinaus auch auf andere Phänomene beziehen, die in pädagogischen Kontexten als relevant erachtet werden.

Dieses weite Verständnis von Bildungsforschung korrespondiert dann mit dem etablierten Verständnis von Erziehungswissenschaft, nach dem es in der Erziehungswissenschaft auch nicht nur um Erziehung, sondern ebenso um Bildung, Sozialisation, Lernen etc. geht. Wie weit das Verständnis einer Disziplin oder Forschungsrichtung sein kann, zeigt sich auch an einer Bemerkung des Erziehungswissenschaftlers Arnd-Michael Nohl. Denn dieser stellte kürzlich fest, dass „Erziehung [...] in der Erziehungswissenschaft, obgleich namensgebend, eher randständig [ist]. Sofern Erziehung nicht als Oberbegriff für unterschiedlichste pädagogische Prozesse gebraucht wird, finden sich im deutschsprachigen Raum nur wenige neuere Untersuchungen zum Erziehungsprozess" (Nohl 2020, S. 1).

Vor diesem Hintergrund versammelte Nohl Forschungsbeiträge aus dem Bereich der rekonstruktiven Sozialforschung, die sich explizit mit dem Thema Erziehung auseinandersetzen. Einem engen Begriffsverständnis folgend bezeichnete Nohl diese Art der Forschung als rekonstruktive Erziehungsforschung. Wie wichtig es ist stets zu reflektieren, in welchem (engen oder weiten) Sinne die Begriffe Erziehung und Bildung verwendet werden bzw. zu verstehen sind, zeigt sich auch daran, dass der von Nohl (2020) herausgegebene Sammelband zwar den Titel „Rekonstruktive Erziehungsforschung" trägt, aber in einer Buchreihe mit dem Namen „Rekonstruktive Bildungsforschung" erschienen ist. Kombiniert man ein enges Verständnis von Erziehungsforschung mit einem weiten Verständnis von Bildungsforschung, so ist es durchaus kein Widerspruch, diese Form der Erziehungsforschung als Bildungsforschung zu bezeichnen. Das Gleiche gilt natürlich auch umgekehrt, und entsprechend viele Möglichkeiten gibt es insgesamt, um Erziehungswissenschaft(en), Bildungswissenschaft(en) sowie Bildungs- und Erziehungsforschung voneinander abzugrenzen und die vielen möglichen Verständnisarten in Zusammenhang zu bringen.

Obwohl die bildungstheoretisch fundierte Biografie- bzw. Bildungsforschung eindeutig empirisch ausgerichtet ist, wird sie von Koller (2012a) hinsichtlich der methodischen Ausrichtung nicht der empirischen Erziehungswissenschaft (vgl. Kapitel 1) zugerechnet. Vielmehr begreift er die qualitativ-empirische Bildungsforschung als eine Weiterentwicklung des hermeneutischen Ansatzes in der Erziehungswissenschaft, da hier die Interpretation pädagogisch relevanter Sachverhalte im Mittelpunkt steht. „Anders als der Gegenstandsbereich der Naturwissenschaften besteht die soziale Wirklichkeit (bzw. Erziehungswirklichkeit) demzufolge also nicht aus objektiven Gegebenheiten, sondern ist das Ergebnis gesellschaftlicher Zuschreibungs- und Konstruktionsprozesse. Für den Weg der Erkenntnisgewinnung bedeutet dies, dass sozialwissenschaftliche Forschung, die diesem Grundverständnis folgt, darauf abzielt, solche Konstruktionen zu *rekonstruieren* – und d.h. sowohl herauszufinden, *was die jeweiligen Gegenstände für die*

hermeneutischer Ansatz

Betroffenen bedeuten, als auch, *wie solche Bedeutungen interaktiv zustande kommen bzw. sich verändern*" (Koller 2012a, S. 223–224).

Theorie und Empirie

In Hinblick auf die Verknüpfung von Theorie und Empirie in der bildungstheoretisch fundierten Bildungsforschung ist es interessant zu sehen, dass sich diese Forschungsrichtung nicht nur mit der Analyse von empirischem Material im engeren Sinne beschäftigt, etwa mit Interviews. Vielmehr liegen mittlerweile auch zahlreiche Beiträge vor, die sich der pädagogischen Analyse von literarischen Texten widmen (vgl. Koller 2012b, S. 170–184; Koller 2012a). Dadurch stellt sich auch die Frage, welches Verständnis von Empirie in Bildungsforschung und Erziehungswissenschaft vorherrschend ist oder sein sollte. Denn obwohl es zunächst geradezu selbstverständlich erscheinen mag, Interviews als empirische und Romane als nicht-empirische Forschungsgegenstände zu betrachten, kann dieser Sichtweise auch entgegengehalten werden, dass in beiden Fällen sprachliche Äußerungen interpretiert werden, mit denen Bedeutungen konstruiert und transportiert werden. Daher ist es wohl auch zu kurz gegriffen, wenn die in Interviews geäußerten Aussagen vorschnell als wahr erachtet, und literarische Texte demgegenüber als unwahr bezeichnet oder gar mit Lügen gleichgesetzt werden.

pädagogische Analyse von literarischen Texten

„Der nahe liegende Einwand, bei literarischen Texten handle es sich im Gegensatz zu empirischen Dokumenten um Darstellungen einer bloß *fiktiven*, vom Autor erfundenen Wirklichkeit, lässt sich durch den doppelten Hinweis entkräften, dass auch der Wahrheitsgehalt autobiographischer Narrationen nur bedingt überprüfbar ist, während umgekehrt literarische Erzählungen – soweit es sich um so genannte ‚realistische' Literatur [...] handelt – dem Prinzip der Wahrscheinlichkeit unterworfen sind und deshalb Darstellungen einer zwar fiktiven, aber doch prinzipiell *möglichen* Wirklichkeit enthalten" (Koller 2012b, S. 172).

2.5 Pädagogische Hermeneutik

Kulturprodukte

Sowohl Interviews als auch literarische Texte können als Kulturprodukte bzw. kulturelle Expressionen betrachtet werden, die sowohl hermeneutisch als auch mit Methoden der qualitativen Sozial- und Bildungsforschung pädagogisch analysiert und gedeutet werden können. Diese Perspektive legt es damit durchaus nahe, beispielsweise auch Romane als potenzielle empirische Forschungsgegenstände zu betrachten, was insofern plausibel ist als ein vorliegendes Buch bzw. eine verfasste Erzählung ja fraglos auch tatsächlich existiert, und entsprechend als Tatsache behandelt werden kann. Eine auf diesem umfassenden Verständnis von Empirie beruhende empirische Bildungsforschung öffnet dann aber auch den Blick für alle anderen empirisch erfassbaren Kulturprodukte wie beispielsweise Filme, Fotos oder Design- und Konsumprodukte, die ebenso in Hinblick auf pädagogische Bedeutungen analysiert und interpretiert werden können. Eine derart geweitete Perspektive findet sich in gewissem Rahmen bereits in der pädagogischen Hermeneutik von Christian Rittelmeyer und Michael Parmentier (2006), die sowohl Texte als auch Bilder und Dinge als Interpretationsgegenstände begreifen und entsprechend zwischen pädagogischer Text-, Bild- und Dinghermeneutik unterscheiden. Werden insbesondere Bedeutungen pädagogisch analysiert, die nicht in erster Linie interaktiv hervorgebracht werden, also durch zwischenmenschliche Handlungen, sondern auf die Auseinandersetzung von Menschen und Dingen zurückgehen, macht es Sinn, hier statt von einer sozialwissenschaftlichen von einer kulturwissenschaftlichen Hermeneutik zu sprechen (Knobloch 2017, 2018a). An diese Perspektive schließt auch eine weitere Form der hermeneutisch-empirischen Bildungsforschung an, die sich mit der pädagogischen Bedeutung ästhetischer Phänomene in der Konsumsphäre auseinandersetzt und als Konsumästhetische Bildungsforschung bezeichnet wird (Knobloch 2021).

Filme, Fotos, Design- und Konsumprodukte

pädagogische Hermeneutik

kulturwissenschaftliche Hermeneutik

Konsumästhetische Bildungsforschung

Fragen

1. Besteht ein Unterschied zwischen Erziehungswissenschaft und Bildungswissenschaft? Was bedeuten diese Begriffe?
2. Besteht ein Unterschied zwischen Bildungswissenschaft und Bildungsforschung? Was bedeuten diese Begriffe?
3. Besteht ein Unterschied zwischen empirischer Erziehungswissenschaft und Empirischer Erziehungswissenschaft? Was bedeuten diese Begriffe?

Weiterführende Literatur

Kergel, David/Heidkamp-Kergel, Birte/August, Sven-Niklas (Hrsg.) (2022): Handbuch Interdisziplinäre Bildungsforschung. Weinheim, Basel: Beltz Juventa. – Aktueller Sammelband, der einen vielseitigen Einblick in spezifische und innovative Konzepte der Bildungsforschung vermittelt.

Krüger, Heinz-Hermann (2019): Erziehungs- und Bildungswissenschaft als Wissenschaftsdisziplin. Opladen, Toronto: Barbara Budrich. – Klar strukturiertes und aktuelles Überblickswerk über die Disziplin der Erziehungs- und Bildungswissenschaft, das sowohl auf die Geschichte und Struktur der Disziplin eingeht als auch auf zentrale Theorieströmungen.

Mattig, Ruprecht (2019): Wilhelm von Humboldt als Ethnograph. Bildungsforschung im Zeitalter der Aufklärung. Weinheim, Basel: Beltz Juventa. – Aufschlussreiches Werk über Wilhelm von Humboldt, das seine ethnografischen Forschungen in den Blick nimmt und damit ein frühes Konzept der Bildungsforschung vorstellt.

Tippelt, Rudolf/Schmidt-Hertha, Bernhard (Hrsg.) (2019): Handbuch Bildungsforschung. Wiesbaden: Springer VS. – Sehr umfangreiches und vielseitiges Handbuch zu vielfältigen Formen und Themen der Bildungsforschung.

Kapitel 3: Erziehungswissenschaft, Globalisierung und Weltkultur

Während im ersten Kapitel versucht wurde, das Selbstverständnis der Erziehungswissenschaft durch die Abgrenzung sowie die Bezugnahme zur Pädagogik zu beleuchten, konnte im zweiten Kapitel gezeigt werden, dass ein zeitgemäßes Verständnis von Erziehungswissenschaft mittlerweile auch das Verhältnis zu weiteren angrenzenden und teilweise überlappenden Disziplinen bzw. Forschungs- oder Studienrichtungen wie die Bildungswissenschaft(en) sowie die Bildungs- und Erziehungsforschung berücksichtigen sollte. Deutlich wird so, dass die Erziehungswissenschaft zwar einerseits von anderen Disziplinen sowie von anderen Forschungs- und Studienrichtungen abgegrenzt werden kann, dass aber andererseits derartige Grenzziehungen nicht zuletzt aus anderen wissenschaftstheoretischen Positionen in Frage gestellt werden und daher als kontingent zu betrachten sind. Daraus lässt sich der Schluss ziehen, dass es stets gut zu überlegen gilt, ob und wann an der insbesondere für die deutschsprachige Tradition charakteristischen Vorstellung einer mehr oder weniger geschlossenen Disziplin der Erziehungswissenschaft festgehalten werden soll, oder ob es in spezifischen Kontexten eher angebracht wäre, in Bezug auf die Forschung und Lehre über pädagogisch relevante Themen von einer Vielfalt möglicher Konzepte und Räume mit ungenauen Grenzen auszugehen, wie es in anderen Ländern üblich ist (Knobloch 2018b).

Aus den vorangegangenen Überlegungen geht hervor, dass es ratsam ist von einer Vielzahl an Akteuren auszugehen, die mit unterschiedlichen Intentionen Einfluss auf den Bildungsbereich ausüben, und dabei mitunter auch spezifische politische oder pädagogische Programmatiken verfolgen. In Bezug auf die sogenannte Governance-Forschung wurde gezeigt, dass sich mittlerweile spezielle Forschungsrichtungen herausgebildet haben, die versuchen nachzuvollziehen, welche Akteure maßgeblich an der Gestaltung und Beeinflussung von Bildungsinstitutionen und Bildungsprozessen beteiligt sind, und wie das Zusammenwirken dieser Akteure zu verstehen ist. Dabei zeigt sich deutlich, dass es verkürzt wäre, den Fokus der Forschung allein auf die Menschen zu richten, die in pädagogischen Berufsfeldern oder im Bereich der Bildungspolitik aktiv sind, um normative Orientierungen und

Ausrichtungen der pädagogischen Praxis zu verstehen und zu analysieren. Ebenso verkürzt erscheint es, allein die Erziehungswissenschaft in den Blick zu nehmen, um den Einfluss der Wissenschaft auf die pädagogische Praxis zu untersuchen. Denn wie die Governance-Forschung gezeigt hat, untersucht sie beispielsweise nicht nur Steuerungsprozesse bzw. Steuerungsversuche im Bildungsbereich, sondern nimmt gerade durch ihre Studien auch selbst aktiv an diesen Prozessen teil. Die Erziehungswissenschaft kann demnach als ein Akteur unter anderen Akteuren betrachtet werden, die alle bei der Untersuchung pädagogischer Orientierungen nach Möglichkeit ins Visier genommen werden sollten.

3.1 Internationaler und globaler Vergleich

neue Steuerung im Bildungsbereich

Auch wenn die PISA-Studie der OECD und in der Konsequenz die in derartige Studien verwickelte quantitativ ausgerichtete Empirische Bildungsforschung mit ihren Untersuchungen zur sogenannten neuen Steuerung im Bildungsbereich in den letzten Jahren relativ viel Aufmerksamkeit auf sich gelenkt hat, und dadurch auch die OECD verstärkt im Fokus der Bildungsforschung stand, darf nicht übersehen werden, dass der Einfluss internationaler Organisationen und anderer Akteure auf die Gestaltung pädagogischer Arbeitsfelder schon länger wissenschaftlich untersucht und thematisiert wird. Insbesondere in der international ausgerichteten Vergleichenden Erziehungswissenschaft spielen etwa Theorien eine wichtige Rolle, mit denen Entwicklungen im Bildungsbereich in den Blick genommen werden können, die den Rahmen nationaler Gesellschaften übersteigen und sich mitunter sogar weltweit auswirken.

Vergleichende Erziehungswissenschaft

globale Entwicklungen

Die Bezugnahme auf Theorien, mit denen globale Entwicklungen analysiert und diskutiert werden können, lässt sich in der Vergleichenden Erziehungswissenschaft dadurch erklären, dass die lange Zeit vorherrschende Fixierung auf Nationalstaaten, nationale Bildungssysteme und nationale Bildungsentwicklungen zunehmend in die Kritik geraten ist. Diese Ausrichtung des Vergleichs auf Nationalstaaten und nationale Kulturen sei insofern problematisch, so ein Kritikpunkt, als dadurch Phänomene unbemerkt blieben oder falsch interpretiert würden, die mit Hilfe anderer Vergleichskategorien besser erfasst werden könnten. Damit verbunden bestehe auch die Gefahr, die Bedeutung von Nationen, Nationalkulturen und Nationalstaaten zu überschätzen und den Blick für andere Raum- oder Kulturkonzepte zu verstel-

Vergleichskategorien

len. Diese Phänomene bezeichnet etwa Christe Adick im Falle der Fixierung auf den Vergleich von Nationalstaaten als methodologischen Nationalismus, im Falle der Fixierung auf den Vergleich von Kulturen als methodologischen Kulturalismus: „In der Vergleichenden Erziehungswissenschaft wird bei der Durchführung von internationalen und interkulturellen Vergleichen wie auch bei der Beschäftigung mit Programmen und Praxen interkultureller bzw. internationaler Erziehung und Bildung sehr schnell im Sinne von abgegrenzten ‚Containergesellschaften' oder ‚Kulturen als Kugeln oder Inseln' argumentiert und geforscht, ohne dass die Berechtigung solcher Vorstellungen gesondert geprüft würde. Damit tappen sowohl Komparatisten als auch Internationalisten häufig in die Falle des methodologischen Nationalismus und Kulturalismus bzw. sie sind anfällig für diese" (Adick 2008, S. 187).

methodologischer Nationalismus

methodologischer Kulturalismus

Um einen unter Umständen problematischen methodologischen Nationalismus oder Kulturalismus zu vermeiden, werden nun mitunter Mehrebenenmodelle herangezogen und entwickelt, die es erlauben, einen Untersuchungsgegenstand auf verschiedenen Ebenen zu untersuchen und diese Ebenen miteinander in Zusammenhang zu stellen. So ist es etwa denkbar, die Untersuchung nicht nur auf der Ebene von Nationalkulturen und Nationalstaaten zu verorten, sondern auch weitere Raum- und Kulturkategorien zu berücksichtigen, die ober- und unterhalb liegen bzw. ganz anders zu verorten sind. Um ein komplexeres Bild eines untersuchten Erziehungs- und Bildungsphänomens zu bekommen, können etwa weitere räumliche Kategorien durch den Vergleich von Städten, Bundesländern oder größeren Regionen wie der EU einbezogen werden. Auf der Ebene von Kultur ist es denkbar, auch lokale oder länderübergreifende Kulturen zu berücksichtigen, ebenso wie die Kategorien der Interkulturalität oder der Multikulturalität.

Mehrebenenmodelle

„Noch weitgehender, als Ebenen unter- und oberhalb nationaler Entitäten zu analysieren, haben Forschungen und Diskussionen zu transnationalen Sozialräumen und zu transkulturellen Identitäten, die *jenseits* oder *quer* zu nationalen Entitäten oder zu abgegrenzt gedachten Kulturen liegen, die Sinnhaftigkeit der Analyseeinheiten Nationen und Kulturen in Zweifel gezogen, und dies auch in Bezug auf Bildung und Erziehung [...]. Ausgehend von der Kritik am sog. Container-Modell staatsterritorial verfasster Gesellschaften und am Insel- oder Kugelmodell von Kulturen fiel der Blick auf menschliche Vergesellschaftungsweisen, Sozialräume und kulturelle Praktiken, die sich nicht (mehr) in nationalen oder herkunftskulturellen Kategorien fassen ließen" (Adick 2014, S. 234–235).

3.2 Globalisierung und Weltkultur

weltweite Bildungsentwicklungen

Eine weitere Kategorie, die zunehmend an Bedeutung gewonnen hat, ist die der ganzen Welt. So werden in der Vergleichenden Erziehungswissenschaft seit einiger Zeit verschärft weltweite Bildungsentwicklungen in den Blick genommen. In Bezug auf Jullien de Paris (1775–1848), der aufgrund einer von ihm geplanten vergleichenden Untersuchung „nach der heute gängigen Lehrmeinung als ‚Begründer der Vergleichenden Erziehungswissenschaft'" (Adick 2008, S. 15) gilt – was von anderen Autoren jedoch in Frage gestellt wird (Waterkamp 2006, S. 18; Knobloch 2016) – schreibt beispielsweise Cristina Allemann-Ghionda: „Der Referenzrahmen der Vergleichenden Erziehungswissenschaft ist – anders als zur Zeit, als Jullien de Paris sein Fragment veröffentlicht hat, der gesamte Planet Erde. Der Begriff Globalisierung betritt die Bühne" (Allemann-Ghinoda 2004, S. 30).

Globalisierung

Um Globalisierungsphänomene und globale Entwicklungen im Bildungsbereich theoretisch und konzeptuell fassen zu können, werden in der Erziehungswissenschaft, insbesondere in der international ausgerichteten Vergleichenden Erziehungswissenschaft, verschiedene Referenztheorien herangezogen und eingesetzt, und natürlich auch diskutiert, problematisiert und miteinander verglichen. „In der deutschsprachigen Vergleichen Erziehungswissenschaft werden in Bezug auf die Frage akzeptabler Theorien zur Erklärung weltweiter Bildungsentwicklungen insbesondere drei ‚große' Referenztheorien diskutiert, die sich abkürzend durch die Begriffe ‚Weltsystem' (Wallerstein), ‚Weltkultur' (Meyer) und ‚Weltgesellschaft' (Luhmann) kennzeichnen lassen" (Adick 2008, S. 200–201).

Weltkulturtheorie

Die Weltkulturtheorie von John W. Meyer ist in Hinblick auf die Auseinandersetzung mit Studienrichtungen und Berufsfeldern der Erziehungswissenschaft besonders interessant, da sich damit die Entstehung etlicher spezifischer pädagogischer Berufsfelder und entsprechender Studienrichtungen erklären oder zumindest untersuchen lassen. An die vorangegangenen Überlegungen zu möglichen Akteuren bildungspolitischer und bildungspraktischer Entwicklungen und zur Governance-Forschung schließt die Weltkulturtheorie darüber hinaus auch insofern an, als hiermit internationale Organisationen als zentrale Akteure globaler kultureller Entwicklungen in den Blick genommen werden.

Einige zentrale Annahmen der Weltkulturtheorie Meyers können anhand eines Artikels herausgestellt werden, der den Titel „Die Europäische Union und die Globalisierung der Kultur" (Meyer 2005a) trägt. Meyer setzt sich hier mit der Europäischen Union auseinander, wobei er diese immer wieder mit der Weltgesellschaft vergleicht, da beide hinsichtlich ihres kulturellen Fundaments und ihrer Organisationsform sehr ähnlich seien. Sowohl die EU als auch die Weltgesellschaft begreift Meyer zunächst als staatslose bzw. zentrumslose Ordnungen, die er als Netzwerke aus unterschiedlichen Akteuren beschreibt. Zu den relevanten Akteuren werden vor allem die Nationalstaaten gerechnet, aber auch andere Akteure, etwa aus der Wissenschaft, oder auch NGOs.

Europäische Union

Weltgesellschaft

Netzwerke

Meyer wirft in seinem Artikel die Frage auf, wie ein solches System wie die EU (oder, analog, die Weltgesellschaft) auch ohne eine zentrale Regierung oder einen anderen zentralen und starken Akteur bestehen und zusammengehalten werden kann. Seine These besagt, dass es gemeinsame kulturelle Grundprinzipien geben muss, die von den relevanten beteiligten Akteuren geteilt werden. Im Fall der EU und der Weltgesellschaft seien dies die Prinzipien der Weltkultur, die seiner Theorie, zumindest in der deutschsprachigen Übersetzung, auch ihren Namen gegeben hat; in englischsprachigen Texten ist dagegen stets von *world polity* die Rede.

world polity

Mit dem Begriff der Weltkultur verweist Meyer auf Grundannahmen über die soziale Realität, die von den Akteuren angeblich geteilt und in gewissem Sinne überhaupt erst hervorgebracht werden. Damit gemeint sind etwa „Spielregeln der sozialen Realität" und grundlegende kognitive und rationalistische „Identitäts- und Handlungsmodelle, die definieren, was in der sozialen Realität vorkommt und welches Handeln für die konstituierten ‚Akteure' des Systems angemessen ist" (ebd., S. 164). Wichtig ist es Meyer zu betonen, dass es sich hierbei um kulturelle Vorstellungen handelt, auch wenn die Vertreter der Weltkultur ihnen den Status von Naturgesetzen zuschreiben würden. „Wichtige Elemente der europäischen – und globalen – Gesellschaftsordnung sind die als ‚Naturgesetz' auftretenden kulturellen Vorstellungen über die Rechte und Fähigkeiten des Menschen [...], über die wissenschaftliche und rational zu begreifenden (und zu erforschenden) Eigenschaften der Umwelt [...] sowie über die Pflicht nationalstaatlicher Akteure, in rationaler Weise die standardisierten Ziele Fortschritt und Gerechtigkeit zu verfolgen" (ebd., S. 165).

Weltkultur

Kulturelle Globalisierung bedeutet im Sinne der Weltkulturtheorie demnach, dass die verschiedenen Akteure weltweit zunehmend die Prinzipien und Annahmen der Weltkultur übernehmen bzw. sich in ihrem Handeln an diesen orientieren. Dies hat wiederum zur Folge, dass sich die Akteure, also letztlich die an diesen

kulturelle Globalisierung

Prozessen beteiligten Länder bzw. Gesellschaften, zumindest kulturell immer ähnlicher werden. Meyer spricht in diesem Zusammenhang von Prozessen der Isomorphie, also der Angleichung. Jedoch seien es nicht in erster Linie Akteure wie Nationalstaaten, die diese Isomorphie befördern, sondern vor allem Berater, die Meyer als kulturelle Andere bezeichnet. „Ein Anderer trägt die Haltung des interesselosen Beraters zur Schau, dem es mehr um die Wahrheit geht als um seine eigenen Interessen. Oder des Wissenschaftlers, der ohne eigene Interessen die Probleme der wirtschaftlichen Entwicklung oder des Treibhauseffekts erforscht. Oder der Nichtregierungsorganisation, die für universelle Werte oder Wahrheiten und nicht für die besonderen Interessen ihrer eigenen Mitglieder eintritt. All diese Figuren nehmen eine Haltung ein, die wir hier als die Haltung des Anderen bezeichnen" (ebd., S. 170).

Isomorphie

Die Weltkulturtheorie betrachtet sowohl Europa als auch die gesamte Weltgesellschaft als Netzwerke aus Akteuren und Beratern, die sich zunehmend auf bestimmte kulturelle und als allgemeingültig verstandene Annahmen beziehen, um ihr Handeln zu legitimieren bzw. um Gestaltungsvorschläge zu unterbreiten. In diesen Prozessen entstehe dann eine weitgehend geteilte Kultur, eben eine Weltkultur. „Es gibt also zahlreiche staatliche, gesellschaftliche und übergesellschaftliche Kräfte, die an der Erzeugung von Kultur beteiligt sind. Das Ergebnis ist die zahlenmäßige Explosion zwischenstaatlicher Organisationen und – in noch größerem Ausmaß – internationaler Nichtregierungsorganisationen" (ebd.a, S. 172).

Versucht man nun genauer zu klären, was es mit dieser sich im Zuge kultureller Globalisierung weltweit angeblich zunehmend verbreitenden Weltkultur auf sich hat, so ist es zunächst interessant, dass Meyer diese Weltkultur mit der sogenannten westlichen Kultur assoziiert, bzw. davon ausgeht, dass die Weltkultur aus der westlichen Kultur hervorgegangen ist, dass es also letztlich westliche Prinzipien sind, die hier weltweit verbreitet werden. Wie gesehen charakterisiert er die Weltkultur als rationalistisch und spricht von der „Kultur der Rationalisierung" (ebd., S. 173). Darüber hinaus verweist er auf drei Fundamente bzw. Prinzipien der Weltkultur. Diese seien zunächst die Menschenrechte, dann sozioökonomische Entwicklung und Markt, und zuletzt die Umwelt bzw. der Umweltschutz. „Diese drei Strukturen bilden die kulturell definierte ontologische Grundlage, auf der Europa auch ohne Staat bestehen kann. Interessanterweise ist die moderne *world polity* genauso aufgebaut und hat genau dieselben Grundlagen"

westliche Kultur

(ebd., S. 174). Daher liegt der Schluss nahe, dass diese (moderne) Weltkultur im Kern eine europäische Kultur ist, und umgekehrt die (moderne) europäische Kultur eine Weltkultur.

Um die Besonderheiten dieser auf Menschrechte, Umweltschutz und sozioökonomische Entwicklung ausgerichteten Weltkultur (bzw. europäischen Kultur) genauer herauszustellen, ist es hilfreich, sie mit traditionellen Nationalkulturen zu vergleichen. „Nationalstaaten schreiben sich eine positive Geschichte mit dramatischem Geschehen, Akteuren, Helden usw. Dies gilt sicherlich für die europäischen Nationalstaaten, die bekanntlich eine farbenprächtig-mörderische Geschichte hinter sich haben. Europa selbst aber besteht nur aus grauen Männern im grauen Mercedes, die technische und unglaublich uninteressante Fragen besprechen. Das Projekt Europas ist es, jedes irgendwie interessante Handeln abzuwehren (das vermutlich gefährlich, nationalistisch, rassistisch usw. wäre), indem man es durch vernünftige Regeln unnötig macht“ (ebd., S. 175).

Im Zuge dieser kulturellen Globalisierung bzw. Europäisierung kommt es laut Meyer daher auch zu einer grundlegenden Revision und Transformation nationaler oder subnationaler Identitäten. Das bedeutet jedoch nicht, dass man sich im Zuge der Ausbreitung der Weltkultur nicht mehr mit einer Nation oder bestimmten Kultur identifizieren dürfe oder könne. Jedoch verändert sich das Verständnis von Kultur. Denn als legitime Kultur wird nur noch das anerkannt, was im Einklang mit den Prinzipien der Weltkultur steht. „Das ausgefeilte Verständnis von Menschenrechten, auf dem das System beruht, schließt das Recht auf etwas ein, was man ‚Kultur‘ nennt. Jeder ist sozusagen ein Angehöriger eines bestimmten legitimierten ‚Volksstammes‘. Jeder hat das Recht auf seine eigene Kultur, solange es darauf nicht wirklich ankommt (solange sie etwa nicht gegen die Prinzipien des Umweltschutzes, der rationalisierten Marktgesellschaft oder der Menschenrechte verstößt)“ (ebd., S. 176–177).

Prinzipien der Weltkultur

Für die Erziehungswissenschaft ist die Auseinandersetzung mit der Weltkulturtheorie aus verschiedenen Gründen geboten. So wurde etwa bereits umfassend darüber diskutiert, ob sich die behaupteten Tendenzen der Isomorphie in der Entwicklung immer einheitlicherer und ähnlicherer Bildungssysteme auf der ganzen Welt widerspiegeln würde. Aus pädagogischer Perspektive liegt es wiederum nahe danach zu fragen, inwieweit sich die Prinzipien der Weltkultur in pädagogischen Programmen und Theorien wiederfinden, ob sich das pädagogische Handeln also etwa maßgeblich an den Menschenrechten, dem Umweltschutz und der

Maxime einer sozioökonomischen und marktförmigen Entwicklung orientiert. Dabei bietet es sich an danach zu fragen, inwieweit sich pädagogische Institutionen an dem Ziel orientieren, an ihre Adressaten ein Kulturverständnis im Sinne der Weltkultur und entsprechende Formen kollektiver Identität zu vermitteln. Darüber hinaus stellt sich aber auch die Frage, ob und inwieweit die Erziehungswissenschaft selbst durch die Weltkultur beeinflusst und transformiert wird. Dabei könnte ein Indikator für derartige Transformationen die Entstehung von Studienrichtungen sein, die sich an kulturellen Prinzipien und Annahmen der Weltkultur orientieren. Hiermit verbunden wäre dann auch zu fragen, inwieweit die Entwicklung oder Transformation spezifischer pädagogischer Berufsfelder und pädagogischer Orientierungen in einen Zusammenhang mit einer kulturellen Globalisierung im Sinne der Weltkulturtheorie gebracht werden kann.

3.3 Bildung für nachhaltige Entwicklung

Für die These der zunehmenden Verbreitung einer Weltkultur spricht, dass die drei zentralen von Meyer beschriebenen grundlegenden Prinzipien der Weltkultur – Menschenrechte, Umweltschutz und sozialökonomische Entwicklung – gängigen Konzepten von Nachhaltigkeit entsprechen. Als nachhaltig wird eine gesellschaftliche Entwicklung üblicherweise dann bezeichnet, wenn sie sowohl in sozialer, in ökologischer und in ökonomischer Hinsicht nachhaltig ist. Man kann daher behaupten, dass die von Meyer beschriebenen Prinzipien der Weltkultur weitgehend einem Verständnis von Nachhaltigkeit entsprechen, das mittlerweile viele öffentliche Diskurse und sowohl politische wie auch pädagogische Zielsetzungen prägt. Denkt man an die im Jahr 2015 von den Vereinten Nationen verabschiedete Agenda 2030 mit ihren 17 Zielen für eine nachhaltige Entwicklung, so erscheint es plausibel zu behaupten, dass die Vereinten Nationen in Bezug auf das Thema der Nachhaltigkeit als ein Berater im Sinne Meyers fungieren, der durch die Verbreitung der Prinzipien, Konzepte und Visionen der Nachhaltigkeit versucht, die Politik bzw. die Staatsregierungen im Sinne der Nachhaltigkeit zu beeinflussen.

Nachhaltigkeit

Vereinte Nationen

Agenda 2030

Dass dabei auch pädagogische Berufsfelder beeinflusst, verändert oder auch erst entwickelt werden sollen, zeigt sich beispielsweise deutlich an Programmen und Konzepten einer „Bildung für nachhaltige Entwicklung“, wie sie etwa von der UNESCO – einem weiteren Berater im Sinne Meyers – entworfen und verbreitet

Bildung für nachhaltige Entwicklung

werden, um auf die entscheidenden Akteure einzuwirken. Daher kann man sicherlich behaupten, dass die Entstehung von erziehungswissenschaftlichen Studienrichtungen und pädagogischen Berufsfeldern, die sich an Konzepten einer Bildung für nachhaltige Entwicklung orientieren, in Verbindung mit spezifischen Prozessen kultureller Globalisierung gebracht werden können.

Am Beispiel der Nachhaltigkeit lässt sich also gut zeigen, dass es einerseits Berater wie beispielsweise diverse UN-Organisationen gibt, die versuchen, Akteure in der Politik und im pädagogischen Bereich von der Bedeutung einer Ausrichtung der eigenen Agenda auf eine nachhaltige Entwicklung zu überzeugen. So entstehen entsprechende Diskurse bzw. Drehbücher, wie Meyer es nennt, an denen sich die politischen und pädagogischen Akteure orientieren oder zumindest orientieren sollen. Der Weltkulturtheorie zufolge entsteht gerade durch den wachsenden Einfluss von Nachhaltigkeits-Beratern langsam eine Kultur der Nachhaltigkeit, die als kulturelles Fundament der Akteure bezeichnet werden kann. Gewinnt die Idee einer nachhaltigen Entwicklung den Status einer Selbstverständlichkeit bzw. eines Naturgesetzes, wie es Meyer formuliert, ist es (zumindest laut dieser Theorie) den Akteuren kaum mehr möglich, sich gegen eine nachhaltige Entwicklung oder, im pädagogischen Bereich, etwa gegen eine Bildung für nachhaltige Entwicklung auszusprechen.

Kultur der Nachhaltigkeit

Das Thema der Nachhaltigkeit ist auch geeignet um zu zeigen, dass an diesen komplexen Netzwerken, die solche kulturellen und letztlich auch politischen und pädagogischen Orientierungen hervorbringen, nicht nur Organisationen wie die UN oder NGOs, Regierungen und Staaten oder Institutionen wie Schulen oder andere Bildungseinrichtungen beteiligt sind. Gerade beim Themenkomplex der Nachhaltigkeit muss man auch die Rolle der Ökonomie in den Blick nehmen. Als Akteure im Sinne einer nachhaltigen Entwicklung können Unternehmen etwa dann bezeichnet werden, wenn sie Produkte auf den Markt bringen, die nachhaltig sind oder zumindest als nachhaltig beworben und inszeniert werden (vgl. Zirfas 2011; Zirfas/Knobloch 2016). Solche Produkte, unabhängig davon, wie nachhaltig sie wirklich sind (und unabhängig von der Frage, wie man Nachhaltigkeit objektiv feststellen kann), können andererseits auch in Hinblick auf ihre pädagogische Bedeutung in den Blick genommen werden. Denn es stellt sich zumindest die Frage, ob sich die Nachhaltigkeits-Agenda ohne Bio- und Fair-Trade-Produkte, Bambuszahnbürsten, Lastenfahrräder und nicht zuletzt ohne attraktive und faszinierende Elektroroller, -räder und - autos so durchgesetzt hätte, wie man

Konsumgut Nachhaltigkeit

es mittlerweile beobachten kann. Nachhaltigkeit ist eben auch ein Konsumgut, wie Moritz Gekeler (2012) in einer Untersuchung zur Inszenierung neuer Leitmotive in der Produktkommunikation überzeugend herausstellte.

Studienrichtungen und Berufsfelder der Erziehungswissenschaft

Zusammenfassend kann man an dieser Stelle festhalten, dass die in diesem Buch anvisierte und dargelegte Auseinandersetzung mit Studienrichtungen und Berufsfeldern der Erziehungswissenschaft vor einem komplexen Hintergrund zu verorten ist. Die einführenden Überlegungen über das Verhältnis von Pädagogik und Erziehungswissenschaft haben zunächst gezeigt, dass es grundsätzlich wichtig ist, zwischen normativen und empirischen bzw. deskriptiven oder analytischen pädagogischen Aussagensystemen in der Erziehungswissenschaft zu unterscheiden. Für die pädagogische Praxis ist diese Unterscheidung insofern relevant, als hier ebenfalls beide Perspektiven differenziert bedacht, aber auch wieder zusammengebracht werden müssen. Denn einerseits gilt es in pädagogischen Handlungssituationen, sich ein adäquates und pädagogisch aufschlussreiches Bild von der jeweiligen Situation, dem Kontext und vor allem den beteiligten Personen zu machen. Vor dem Hintergrund dieser empirischen und hermeneutischen Bestandsaufnahme können dann Handlungsmöglichkeiten in Bezug auf wünschenswerte pädagogische Zielsetzungen durchdacht werden. Verantwortungsbewusst erscheint eine pädagogische Handlung daher nur, wenn sowohl die Erziehungswirklichkeit möglichst umfassend, differenziert und sinnvoll erfasst, als auch über die Zielsetzungen und Konsequenzen pädagogischer Interventionen möglichst weitblickend nachgedacht wurde.

3.4 Netzwerke

pädagogische Praxis

Studium der Erziehungswissenschaft

Die hier vorgelegte Auseinandersetzung mit Studienrichtungen und Berufsfelder der Erziehungswissenschaft geht weiterhin von der vorherrschenden Annahme aus, dass die zentrale Aufgabe der Erziehungswissenschaft darin besteht, der pädagogischen Praxis Orientierung zu bieten. Vereinfacht gesprochen bedeutet das, dass ein Studium der Erziehungswissenschaft darauf vorbereiten soll und kann, die Erziehungswirklichkeit möglichst adäquat zu erfassen und Handlungsentscheidungen möglichst sinnvoll zu begründen. Auch wenn innerhalb der Erziehungswissenschaft ein Konsens darüber besteht, dass die Erziehungswissenschaft letztlich der Orientierung und Verbesserung der pädagogischen Praxis dienen soll, hat sich gezeigt, dass es unterschiedliche Auffassungen darüber gibt, wie direkt die Erziehungswissenschaft sich dieser Aufgabe widmen sollte. Deutlich wurde dies etwa an der Frage, ob sich die Erziehungswissenschaft in erster Linie als theoretische und empirische Wissenschaft und damit als Teil des Wissenschaftssystems begreift, oder eher als eine praktische Wissenschaft, mit dem Bildungs- und Erziehungsbereich als vorrangigem Referenzsystem. Darüber hinaus gilt in manchen Ausrichtungen auch die Politik als primärer Adressat der erziehungswissenschaftlichen Forschung und Wissensproduktion.

Die vorangegangene Auseinandersetzung mit Selbstverständnisdiskursen in der Erziehungswissenschaft, in angrenzenden Disziplinen und Forschungsfeldern sowie mit den angesprochenen Governance- und Globalisierungstheorien legen es nahe, sowohl die Erziehungswissenschaft als auch die pädagogischen Berufsfelder in komplexen Netzwerken zu verorten, an denen nicht nur Akteure aus dem Bereich der Wissenschaft und der pädagogischen Praxis, sondern auch viele andere Akteure auf unterschiedliche Art und Weise vernetzt sind. Vor diesem Hintergrund erscheint es sinnvoll, aktuelle Entwicklungen mit komplexen Kommunikations-, Interaktions- und Transferprozessen sowie mit spezifischen Diskursen und Prozessen der Sinn- und Bedeutungsgenerierung in Zusammenhang zu bringen, die sich letztlich auch auf die Ausformung spezifischer erziehungswissenschaftlicher Studienrichtungen wie die Etablierung und Institutionalisierung spezifischer pädagogischer Berufsfelder auswirken.

komplexe Netzwerke

Fragen

1. Warum kann die Auseinandersetzung mit der Vergleichenden Erziehungswissenschaft hilfreich sein, um sich ein Verständnis von Erziehungswissenschaft zu erschließen?
2. Was bedeutet der Begriff Weltkultur?
3. Inwiefern lässt sich ein Zusammenhang zwischen Nachhaltigkeit, Globalisierung, Erziehungswissenschaft und pädagogischen Berufsfeldern herstellen?

Weiterführende Literatur

Allemann-Ghionda, Cristina (2004): Einführung in die Vergleichende Erziehungswissenschaft. Weinheim, Basel: Beltz. – Systematische und zugängliche Einführung in die Geschichte und das Selbstverständnis der

Vergleichenden Erziehungswissenschaft, in neuere Entwicklungen sowie in methodologische Ansätze und Perspektiven.

Waterkamp, Dietmar (2006): Vergleichende Erziehungswissenschaft. Ein Lehrbuch. Münster: Waxmann. – Aufschlussreiches Lehrbuch, das in die Vergleichende Erziehungswissenschaft einführt und dabei pädagogische Perspektiven berücksichtigt.

Wobbe, Theresa (2000): Weltgesellschaft. Bielefeld: transcript. – Vorstellung zentraler Konzepte der Weltgesellschaft und weltgesellschaftlicher Analysen aus soziologischer Perspektive.

Kapitel 4: Über erziehungswissenschaftliche Studienrichtungen und entsprechende Berufsfelder

Vor der konkreten Auseinandersetzung mit erziehungswissenschaftlichen Studienrichtungen und pädagogischen Berufsfeldern stellt sich die Frage, wie Studienrichtungen und Berufsfelder der Erziehungswissenschaft zusammenhängen, ob also jede Studienrichtung einem Berufsfeld entspricht, und ob, gewendet, jedes pädagogische Berufsfeld in den Studienordnungen durch eine entsprechende Studienrichtung abgebildet wird. Nimmt man zur Beantwortung dieser Frage aktuelle Studienordnungen, Modulbücher oder Studiengangbeschreibungen zur Hand, so fällt zunächst jedoch auf, dass gar nicht einheitlich von Studienrichtungen gesprochen wird, sondern oftmals auch von Schwerpunkten oder Profilen die Rede ist, die innerhalb eines erziehungswissenschaftlichen Studiums gewählt werden können. Auf der anderen Seite zeigt sich, dass es eine so große und heterogene Vielzahl an Ausrichtungen, Schwerpunkten und Profilen gibt, dass – auch aufgrund der jeweiligen Begriffsverwendungen – eine schnelle Antwort schwerfällt. Während einige Studienrichtungen wie die Pädagogik der frühen Kindheit durchaus auf pädagogische Berufsfelder verweisen, ist es bei Bereichen wie „Bildungstheorie" oder „Bildungsforschung" jedoch eher fragwürdig, ob diesen Studienrichtungen ein pädagogisches Berufsfeld entspricht. Vielmehr scheint es sich hier um Bereiche der Wissenschaft zu handeln, denen gar kein pädagogischer Arbeitsbereich direkt zugeordnet werden kann.

Studienordnungen

4.1 Studienrichtungen

Vor diesem Hintergrund erscheint es ratsam, zunächst einen Blick auf die Geschichte erziehungswissenschaftlicher Studiengänge zu werfen. Laut Lothar Wigger (1969) kann man Erziehungswissenschaft im deutschsprachigen Raum erst seit 1969 als eigenständigen bzw. grundständigen Studiengang studieren. Der damals eingeführte Diplomstudiengang Erziehungswissenschaft beinhaltete die Nebenfächer Psychologie und Soziologie

Diplomstudiengang Erziehungswissenschaft

und war als ein sowohl wissenschaftliches als auch berufsbezogenes Studium gedacht. Gegliedert war der Diplomstudiengang in ein Grund- und ein Hauptstudium. Dabei lag der Schwerpunkt im Grundstudium „in der Allgemeinen Erziehungswissenschaft und der sogenannten allgemeinen pädagogischen Handlungskompetenz", während das Hauptstudium „wesentlich berufsfeldbezogen" (ebd., S. 742) war. Dieser Bezug zu einem Berufsfeld sollte durch die „Spezialisierung auf eine Studienrichtung erfolgen", wobei laut Wigger grundsätzlich fünf Studienrichtungen unterschieden wurden: Erwachsenenbildung/Weiterbildung, Sonderpädagogik, Sozialpädagogik, Pädagogik der frühen Kindheit und Schulpädagogik.

Studienrichtungen

Erwachsenenbildung/Weiterbildung, Sonderpädagogik, Sozialpädagogik, Pädagogik der frühen Kindheit und Schulpädagogik

Auf den ersten Blick hat es den Anschein, dass diese Studienrichtungen alle pädagogischen Berufsfelder abbilden, die neben der Schule existieren: Die Pädagogik der frühen Kindheit bezieht sich auf die pädagogische Arbeit mit Kindern, die noch nicht in der Schule sind, oder, je nach Definition, bis zum Ende der Grundschulzeit. Die Erwachsenenbildung/Weiterbildung bezieht sich auf die pädagogische Arbeit mit denjenigen, die mit der Schule fertig sind und sich darüber hinaus bilden bzw. weiterbilden möchten, etwa in einer Volkshochschule. Die Sonderpädagogik bezieht sich auf die außerschulische pädagogische Arbeit mit Menschen mit Behinderung, unabhängig des Alters, und die Sozialpädagogik vermutlich auf die pädagogische Arbeit mit all jenen, die aufgrund einer speziellen sozialen Problemlage Unterstützung benötigen. Allein dem Bereich der Schulpädagogik scheint auf den ersten Blick kein direktes pädagogisches Berufsfeld für Absolventen erziehungswissenschaftlicher Studiengänge zu korrespondieren, da die pädagogische Arbeit in der Schule in der Regel von Lehrerinnen und Lehrern geleistet wird, die wiederum in eigenen Lehramtsstudiengängen an Universitäten oder Hochschulen ausgebildet werden. Sinnvoll erscheint die Spezialisierung im Bereich Schulpädagogik jedoch dann, wenn man diesen Begriff auf pädagogische Tätigkeiten wie die Schulsozialarbeit bezieht, die im Rahmen der Schule von pädagogischem Personal ausgeübt wird und den Unterricht von Lehrkräften ergänzen oder unterstützen soll. In diesen Bereich können beispielsweise unterschiedliche Formen der pädagogischen Beratung fallen, oder aber auch Tätigkeiten im Zusammenhang der Ganztagsbetreuung oder Ganztagsbildung (vgl. Speck 2020).

4.2 Erwachsenenbildung und Weiterbildung

Stellt man die Frage, welche beruflichen Tätigkeiten Studierende der Erziehungswissenschaft im Bereich der Erwachsenenbildung und Weiterbildung aufnehmen können, so zeigt sich beispielsweise am Angebot von Volkshochschulen, dass die Durchführung von Kursen dort meist zusätzliche Qualifikationen erfordert. Angeboten werden von Volkshochschulen etwa Sprachkurse, Computerkurse (u.a. Webseitengestaltung, Umgang mit Programmen wie SAP, Outlook, PowerPoint etc.), Instrumentalunterricht (u.a. Blockflöte, Gitarre etc.), Stimmtraining, Gedächtnistraining, Philosophiekurse für Einsteiger, Sportveranstaltungen (etwa Nordic-Walking im Stadtpark, Hula Hoop etc.), Fotografiekurse, Einführungen in Gebärdensprache oder Fortbildungen über sowie Informationsveranstaltungen zu so unterschiedlichen Themen wie beispielsweise Winterschnitt an Obstgehölzen, die Weinregion Südtirol, gesünder Sitzen, gesunder Darm, Sigmund Freud, Meister Eckhart und Buddhismus etc. (vgl. VHS Köln 2022). Da die Durchführung dieser Kurse ganz offensichtlich Kenntnisse und Kompetenzen voraussetzt, die – wie im Fall der Kultivierung von Obstbäumen – in der Regel nicht im Studium der Erziehungswissenschaft vermittelt werden, liegt es nahe, dass, wie auch in den anderen Bereichen der Erwachsenen- und Weiterbildung, derartige Lehrveranstaltungen „meist (wenn auch nicht ausschließlich) von nebenamtlichen und nicht notwendigerweise pädagogisch einschlägig qualifizierten Personen durchgeführt werden“ (Nohl 2019, S. 115).

Volkshochschulen

Berufliche Möglichkeiten ergeben sich für Absolventen der Erziehungswissenschaft daher vor allem im Bereich der Planung und Organisation solcher Kursangebote. Dabei lassen sich im Bereich der Planung wiederum unterschiedliche Tätigkeitsfelder unterscheiden. Nohl verweist etwa auf die Tätigkeit der Beratung, die sich im Sinne einer Lernberatung auf Einzelpersonen beziehen kann, aber auch auf Institutionen oder die Öffentlichkeit. Darüber hinaus gehöre zur Planung auch die Ermittlung des Bedarfs an Lernangeboten und Weiterbildungsmaßnahmen. Dabei kann es mitunter wichtig sein, potenzielle Adressaten zu identifizieren, die Kurs- und Lernangebote entsprechend zu bewerben und die Bedeutung oder Notwendigkeit der Angebote vor den jeweiligen Geldgebern zu plausibilisieren und zu rechtfertigen. Auch kann es mitunter insofern zu einer „Entkopplung“ (ebd. S. 126) unterschiedlicher Tätigkeitsbereiche kommen, als das Zielgruppenmarketing, die Anfertigung von Finanzierungs-

Planung und Organisation

anträgen und Sachberichten sowie die Durchführung der Kurse weitgehend unabhängig voneinander konzipiert und realisiert werden: Kurse können gegenüber der potenziellen Zielgruppe mit ganz anderen Argumenten beworben werden, als die in den Finanzierungsanträgen und den Sachberichten angeführten, und die Lehre selbst kann darüber hinaus von den jeweiligen Lehrpersonen auch autonom und ohne Bezugnahme auf Marketing und Antragswesen geplant und durchgeführt werden. Jedoch ist es natürlich auch denkbar und möglich, diese Tätigkeitsfelder eng und sinnvoll zu verzahnen (vgl. ebd.).

Die Erwachsenenbildung und Weiterbildung stellt demnach insbesondere in den Bereichen Planung und Organisation ein Berufsfeld für Absolventen erziehungswissenschaftlicher Studiengänge dar. Für die praktische pädagogische Arbeit können demgegenüber Kenntnisse und Fähigkeiten notwendig sein, die unabhängig von einem Studium der Erziehungswissenschaft erworben werden müssen. Dennoch gilt allgemein, dass die Zugangsvoraussetzungen für Lehrpersonal formal betrachtet äußerst gering sind, auch in Hinblick auf die pädagogischen Qualifikationen. Obwohl in einigen deutschen Bundesländern in Gesetzen zur Weiterbildung Vorgaben zur pädagogischen Qualifikation des Personals formuliert sind, werden diese, auch aufgrund des Mangels an qualifizierten Bewerbern, praktisch nicht eingehalten. „Erwachsenenpädagogische Qualifikation und medienpädagogische Kompetenzen sind zwar erwünscht und werden verstärkt eingefordert, sind aber nicht zwingend erforderlich für eine Beschäftigung" (Autor:innengruppe Bildungsberichterstattung 2022, S. 280).

Zugangsvoraussetzungen für Lehrpersonal

Dennoch gibt es auch Berufsfelder im Bereich der Erwachsenenbildung, für die bestimmte formale Qualifikationen notwendig sind. „Klar definierte Anforderungen an formale Qualifikationen existieren lediglich in ausgewählten Angebotsbereichen, etwa für Integrations- und Sprachkurse, für die das BAMF gemäß der Integrationskursverordnung (IntV) und der Deutschsprachförderverordnung (DeuFöV) ein DaZ-/DaF-Studium oder ein DaZ-/DaF-Zertifikat erwartet" (ebd.). Deutsch als Zweitsprache (DaZ) dürfen derzeit nur Lehrkräfte unterrichten, die entweder ein Studium „Deutsch als Fremdsprache" oder „Deutsch als Zweitsprache" erfolgreich abgeschlossen haben, oder über einen Hochschulabschluss verfügen und ein einschlägig anerkanntes Zertifikat DaZ/DaF, oder das erste bzw. zweite Staatsexamen für das Lehramt bestanden haben und eine Lehrbefähigung in Deutsch oder einer anderen modernen Fremdsprache vorweisen können. Andere Interessenten, die ein Hochschulstudium in Germanistik,

formale Qualifikationen

Integrations- und Sprachkurse

einer anderen modernen Fremdsprache oder im Bereich Übersetzung erfolgreich abgeschlossen haben, benötigen zusätzlich nicht nur ein DaZ- oder DaF-Zertifikat, sondern müssen auch nachweisen, dass sie bereits Sprachunterricht für Erwachsene im Umfang von mindestens 500 Unterrichtseinheiten erteilt haben. Werden diese Voraussetzungen nicht oder nur teilweise erfüllt, kann unter bestimmten Voraussetzungen über eine vom Bundesamt für Migration und Flüchtlinge (BAMF) anerkannte Zusatzqualifizierung im Umfang von 140 Unterrichtseinheiten die Lehrerlaubnis erlangt werden. Dies ist etwa dann der Fall, wenn nur ein Hochschulabschluss in Erziehungswissenschaft, Pädagogik, Erwachsenenbildung, Sozialpädagogik, Sonderpädagogik oder Psychologie vorliegt. Dies gilt auch für diejenigen, die ein Lehramtsstudium mit anderen Schulfächern als Deutsch oder einer anderen modernen Fremdsprache erfolgreich abgeschlossen haben (BAMF 2020).

In Bezug auf die Studienrichtung Erwachsenenbildung und Weiterbildung im Rahmen eines Studiums der Erziehungswissenschaft kann festgehalten werden, dass diese Studienrichtung zwar einem gleichnamigen Berufsfeld entspricht, das Studium jedoch nicht in allen Fällen bereits die für eine hochwertige und sinnvolle Berufsausübung notwendigen Qualifikationen vermittelt. Darüber hinaus sind in manchen Tätigkeitsfeldern der Erwachsenenbildung und Weiterbildung zwar Qualifikationen erwünscht, die in einem Studium der Erziehungswissenschaft erworben werden können, jedoch nicht immer notwendig, um in diesem Bereich zu arbeiten.

4.3 Pädagogik der frühen Kindheit

Ganz ähnlich kann nun auch in Bezug auf die erziehungswissenschaftliche Studienrichtung Pädagogik der frühen Kindheit gefragt werden, ob und inwiefern diese mit einem gleichnamigen Berufsfeld korrespondiert und das Studium für die Arbeit in diesem Bereich qualifiziert. Zunächst kann man festhalten, dass sich der Begriff frühe Kindheit auf die Zeit ab der Geburt bis zum Eintritt in die Grundschule, oder auch bis zum Ende der Grundschulzeit bezieht. Unterschieden wird in wissenschaftlichen Beiträgen zur Pädagogik der frühen Kindheit oftmals zwischen Kindern unter drei Jahren, Kindern zwischen drei und sechs Jahren sowie Grundschulkindern. Von früher Bildung oder von Bildung in der frühen Kindheit kann sowohl in Bezug auf die Familie als auch Familie pädagogische Dienstleistungen

pädagogische Institutionen

auf familienunterstützende pädagogische Dienstleistungen und pädagogische Institutionen gesprochen werden. Das Berufsfeld der Pädagogik der frühen Kindheit umfasst außerfamiliäre, schulische und außerschulische Tätigkeiten der Erziehung, Bildung und Betreuung von Kindern bis zum Ende der Grundschulzeit.

Insbesondere bei den Kindern unter drei Jahren zählen zu diesen Berufen pädagogische Tätigkeiten als Tagespflegeperson bzw. als Tagesmutter oder Tagesvater in der Kindertagespflege, oder, bei noch nicht eingeschulten Kindern, in einer Kindertagesstätte, einem Kindergarten bzw. in einer Kindertageseinrichtung (Kita). Darüber hinaus gehört hierzu auch die pädagogische Betreuung von Kindern im Grundschulalter außerhalb der Schulzeit, die etwa von Ganztagsschulen, Horten oder anderen Institutionen angeboten werden. Mitunter werden pädagogische Fachkräfte aber auch als Unterstützung der Lehrkräfte in den Unterricht einbezogen, etwa in sogenannten Lernzeiten oder bei der Unterstützung von Kindern mit spezifischem Förderbedarf. Zu dem Berufsfeld Pädagogik der frühen Kindheit zählen neben den pädagogischen Tätigkeiten im engeren Sinne, ganz ähnlich wie im Bereich der Erwachsenenbildung und Weiterbildung, auch Leitungstätigkeiten, für die ein Studium der Erziehungswissenschaft qualifiziert (vgl. KMK 2022; Autor:innengruppe Bildungsberichterstattung 2022).

In Hinblick auf Berufsperspektiven von Studierenden der Erziehungswissenschaft muss darauf hingewiesen werden, dass der Großteil der in der frühen Bildung Tätigen bisher über keinen akademischen Abschluss verfügt. Bei der Mehrheit des pädagogischen Personals an deutschen Kindestageseinrichtungen handelt es sich um Erzieherinnen und Erzieher, die an Fachschulen ausgebildet wurden. Im Jahr 2021 verfügten bundesweit 68 % des Personals über eine solche Ausbildung zum Erzieher, in Ostdeutschland sogar 80 %. „Ergänzt wird diese Gruppe – vor allem in Westdeutschland – durch einschlägig an Berufsfachschulen ausgebildetes Personal (Kinderpflege bzw. Sozialassistenz) mit einem Anteil von zuletzt 14 %“ (Autor:innengruppe Bildungsberichterstattung 2022, S. 255). Bei 7 % des Personals handelte es sich um Praktikanten, 2 % hatte gar keinen Abschluss (vgl. ebd.). Über einen einschlägigen Hochschulabschluss, wie etwa Bachelor oder Master in Kindheitspädagogik, verfügten 2021 nur 5 % des pädagogischen und leitendenden Personals in Kindertageseinrichtungen (ebd.).

Präzisere Angaben finden sich in einer Statistik der Autorengruppe Fachkräftebarometer (2021). Das akademisch qualifizierte pädagogische und leitende Personal in Kindertageseinrichtungen setzte sich im Jahr 2020 demnach aus Sozialpädagoginnen und pädagogen (3 %), Erziehungswissenschaftlerinnen und -wissenschaftlern (1 %), Kindheitspädagoginnen und -pädagogen (1,2 %) und Heilpädagoginnen und -pädagogen (0,4 %) zusammen (ebd., S. 35). Über einen einschlägigen Hochschulabschluss verfügten im Jahr 2020 unter den Leitungskräften 19 %, während es bei dem pädagogischen Personal 4 % waren. Betrachtet man das gesamte pädagogische Team einer Kindertageseinrichtung, so waren im Jahr 2020 in solchen Einrichtungen im Durchschnitt 0,7 Personen mit einschlägigem akademischem Abschluss tätig (ebd., S. 60).

„Viele Jahrzehnte wurde die Frühe Bildung als Ausbildungs- und Beschäftigungssystem nicht so sehr als Bildungsberuf, sondern eher als eine sorgende, pflegende und betreuende Tätigkeit betrachtet und daher vor allem mit Gesundheits- und Pflegeberufen unterhalb eines akademischen Ausbildungsniveaus verglichen. In jüngerer Zeit nehmen allerdings die Bestrebungen zu, die personenbezogenen Dienstleistungsberufe aufzuwerten und in Teilen zu akademisieren [...]. In Anbetracht des unübersehbaren Fachkräftemangels in der Frühen Bildung [...] ist in dieser Hinsicht in den nächsten Jahren mit einer weiteren Dynamik zu rechnen" (Autor:innengruppe Bildungsberichterstattung 2022, S. 256).

4.4 Schulsozialarbeit und Ganztagsbildung

Ein berufliches Arbeitsfeld eröffnet sich für Absolventen erziehungswissenschaftlicher Studiengänge auch an Schulen, wenn dort neben Lehrkräften auch andere Personen pädagogische bzw. schulpädagogische Aufgaben übernehmen, um den Unterricht zu unterstützen oder durch zusätzliche pädagogische Angebote zu ergänzen und zu erweitern. Dies kann etwa im Rahmen der Schulsozialarbeit, der Ganztagsschule oder der Ganztagsbildung geschehen (vgl. Speck 2020). In Bezug auf die eingangs in diesem Kapitel angesprochene Differenzierung von fünf Studienrichtungen lässt sich dieses Tätigkeitsfeld aufgrund des Tätigkeitsorts Schule der Schulpädagogik zurechnen.

Schulsozialarbeit
Ganztagsschule
Ganztagsbildung

Da es bislang keine amtlichen Statistiken über das pädagogische Personal an Ganztagsschulen gibt, lassen sich keine genauen Angaben zu den Qualifikationen des Personals machen. Auf der Grundlage von Daten des Mikrozensus 2018 wird jedoch geschätzt, dass von dem zur außerschulischen Betreuung an Grundschulen eingesetzte Personal 16 % einen akademischen, 70 % einen anerkannten beruflichen und 14 % keinen anerkannten beruflichen Abschluss hat (Autorengruppe Fachkräftebarometer 2021, S. 98). Betrachtet man jedoch die Anzahl an Wochenarbeitsstunden, die von dem unterschiedlich qualifizierten Personal erbracht werden, so ergibt sich laut dem „Bildungsbericht Ganztagsschule NRW 2018" (Altermann u.a. 2018) ein anderes Bild. Im Durschnitt wurden demnach laut einer Erhebung in NRW an Ganztagsschulen ungefähr 39 % der außerschulischen Arbeitsstunden von Personen ohne einschlägige pädagogische Berufsausbildung geleistet, während auf das akademische Personal nur etwa 16 % der Stunden entfielen. Von Fachkräften mit Fachschulabschluss, beispielsweise von Erzieherinnen und Erziehern, wurden etwa 31 % der Stunden übernommen, Fachkräfte mit Berufsfachschulabschluss (z.B. Kinderpfleger und Kinderpflegerinnen) erbrachten etwa 14 % der Arbeitsstunden (vgl. ebd., S. 16).

Am Beispiel der Schulsozialarbeit an Ganztagsschulen kann gezeigt werden, wie wichtig in pädagogischen Arbeitsfeldern die Orientierung an durchdachten pädagogischen Konzepten ist. Ausgehend von der Feststellung, dass „das Arbeitsfeld der Schulsozialarbeit [...] äußerst heterogen und unübersichtlich" (Speck 2020, S. 631) ist, und „auch noch andere Begriffe für das gleiche oder zumindest [für ein] ähnlich[es] Arbeitsfeld genutzt" (ebd.) werden, versteht Speck unter Schulsozialarbeit „ein sozialpädagogisches Arbeitsfeld [...], bei dem sozialpädagogische Fachkräfte kontinuierlich am Ort Schule tätig sind und mit Lehrkräften auf einer verbindlich vereinbarten Basis zusammenarbeiten" (ebd., S. 632). Zu den Kernaufgaben zählen laut Speck (ebd.) die individuelle Beratung und Begleitung von Schülern, die sozialpädagogische Gruppenarbeit, offene Gesprächs-, Kontakt- und Freizeitangebote, die Mitwirkung in Unterrichtsprojekten und schulischen Gremien, die Zusammenarbeit mit Lehrkräften und Erziehungsberechtigten sowie deren Beratung, und die Kooperation und Vernetzung mit dem Gemeinwesen.

Wie pädagogisch wert- und sinnvoll der Einsatz von Schulsozialarbeitern an Ganztagsschulen ist, entscheide sich in der Praxis an der konkreten Ausgestaltung der Schulsozialarbeit sowie an den Konzepten, die hier zugrunde gelegt werden. Von einer „schulischen Instrumentalisierung" der Schulsozialarbeit spricht Speck etwa dann, wenn das sozialpädagogische Personal „als Lückenbüßer" (ebd., S. 635) eingesetzt wird. Dies sei etwa dann der Fall, wenn die Schulsozialarbeiter Unterrichtsausfälle kompensieren sowie die Mittagsversorgung und die nachmittägliche Betreuung übernehmen müssten.

Die hier im Ausdruck „Lückenbüßer“ anklingende Kritik an dieser Form der Schulsozialarbeit lässt sich dadurch begründen, dass für die genannten Tätigkeiten streng genommen keine, oder zumindest keine höheren pädagogischen Qualifikationen notwendig sind. Warum sollte das Personal Erziehungswissenschaft studiert haben, wenn die praktische Tätigkeit nur darin besteht, in der Schule das Mittagessen auszugeben oder die Kinder und Jugendlichen zu beaufsichtigen? Dieses gewissermaßen ‚unpädagogische‘ Verständnis von Schulsozialarbeit kann dann in der Konsequenz einerseits dazu führen, dass für die Schulsozialarbeit Personal eingestellt wird, das über keine oder nur sehr geringe pädagogische Qualifikationen verfügt. Andererseits kann es auch dazu führen, dass zwar Menschen mit einer pädagogischen Ausbildung oder einem erziehungswissenschaftlichen Studienabschluss eingestellt werden, diese dann aber in der Arbeit von der Institution und den Kollegen und Lehrkräften so behandelt werden, als wären sie gänzlich unqualifiziert – und womöglich auch entsprechend gering entlohnt werden.

Speck plädiert deshalb für ein elaboriertes Konzept der Ganztagsbildung, das – wie er es formuliert – über den bloßen Einsatz von Schulsozialarbeitern an Ganztagsschulen hinausgeht. Die von ihm favorisierte Form der Schulsozialarbeit sei „in ein rhythmisiertes Konzept eingebunden“, trage zur „Öffnung der Schulen für außerschulische Bildungspartner*innen“ bei und übe „eine führende (Steuerungs-)Rolle bei der Entwicklung und Umsetzung sozialräumlicher/kommunaler Konzepte der Ganztagsbildung“ (ebd., S. 635) aus. Dabei besteht der entscheidende Unterschied zu dem zuvor angesprochenen und als ‚unpädagogisch‘ bezeichneten Konzept der Schulsozialarbeit darin, dass bei der Ganztagsbildung die „schulische Bildung und die Identitätsbildung von Kindern und Jugendlichen“ (ebd., S. 636) im Mittelpunkt aller Überlegungen und Aktivitäten stehen. Es geht also um nicht weniger als um Bildung, womit ein zentraler Grundbegriff der Erziehungswissenschaft angesprochen ist (vgl. u.a. Koller 2012a).

Auch wenn die Schulsozialarbeiterinnen und Schulsozialarbeiter die Kinder und Jugendlichen natürlich nicht selbst in den Schulfächern unterrichten – das machen immer noch die Lehrkräfte –, und auch andere pädagogische Aktivitäten – wie beispielsweise ein Erste-Hilfe-Kurs, ein Zirkus-Workshop oder ein Selbstverteidigungskurs – von externen Fachkräften übernommen werden, übernehmen sie die Verantwortung für eine erfolgreiche schulische Bildung und Identitätsbildung der Kinder und Jugendlichen. Dabei sind sie es, die in diesem Modell zwischen den Kindern, Eltern und Lehrkräften sowie den externen Institutionen, Organisation und Personen vermitteln, die unterschiedlichen Akteure beraten und idealerweise dafür Sorge tragen, dass die Kinder und Jugendlichen sowohl durch den Schulunterricht als auch durch die außerunterrichtlichen Aktivitäten gut und erfolgreich lernen und sich eben – allgemein gesprochen – bestmöglich bilden können.

Es liegt auf der Hand, dass durch ein solch anspruchsvolles Konzept der Ganztagsbildung traditionelle Rollenvorstellungen eventuell in Frage gestellt werden, die sich in Bezug auf Erfahrungen mit der klassischen Halbtagsschule oder auch mit einer Ganztagsschule etabliert haben mögen, und in denen den Schulsozialarbeitern von Seiten der Lehrkräfte die Rolle von mehr oder weniger unqualifizierten Hilfslehrern, Betreuern oder Pflegekräften zugeschrieben wird. Denn im Modell der Ganztagsbildung finden sich die Lehrkräfte in einer Situation wieder, in der sie ‚nur' eine – wenn auch fraglos sehr zentrale – pädagogische Aufgabe neben anderen pädagogischen Akteuren übernehmen. Vor allem sind sie nun Teil einer komplexen pädagogischen Kooperation bzw. Konstellation, in der sie mitunter selbst zu Adressaten schulsozialpädagogischer Interventionen werden: Da die Schulsozialarbeiter hier „mit einem breiten Mandat und Konzept" (ebd.) ausgestattet sind, um die ‚ganztagsschulische' Bildung der Kinder und Jugendlichen in Kooperation mit anderen Akteuren zu fördern und sicherzustellen, müssen sie gegebenenfalls auch auf die Lehrkräfte pädagogisch einwirken, sollten etwa Probleme in deren Unterricht oder deren Verhalten identifiziert werden. Mit einer solchen Situation umzugehen, mag nicht nur für manche Lehrkräfte schwierig sein, sondern vor allem auch für die Schulsozialarbeiter selbst: Denn letztlich wird es zu einem großen Teil von deren pädagogischem Taktgefühl sowie deren pädagogischen Kommunikations- und Argumentationsfähigkeiten abhängen, ob eine solche Situation eskaliert und zu weiteren Problemen führt, oder ob dadurch ein für alle Beteiligten fruchtbarer Schulentwicklungs- und Bildungsprozess angestoßen wird.

pädagogisches Taktgefühl

pädagogische Kommunikations- und Argumentationsfähigkeiten

Die Komplexität der Aufgaben einer im Sinne eines anspruchsvollen pädagogischen Konzepts der Ganztagsbildung orientierten Schulsozialarbeit verdeutlicht, wie wichtig es ist, dass hier pädagogisch qualifiziertes Personal eingesetzt wird. Ein erfolgreich absolviertes und sinnvoll durchgeführtes akademisches Studium der Erziehungswissenschaft kann hier die geeigneten Voraussetzungen liefern. Nicht unterschätzen sollte man neben den in einem ertragreichen erziehungswissenschaftlichen Studium

akademisches Studium der Erziehungswissenschaft

gewonnenes Fähigkeiten in den Bereichen pädagogischer Argumentation, Reflexion, Organisation und Evaluation, dass in manchen Situationen auch ein akademischer Grad wie etwa Bachelor oder Master hilfreich sein kann, um – insbesondere vor anderen Akademikern wie beispielsweise studierten Lehrkräften – die eigene Professionalität auch formal mit diesem Bildungstitel zu unterstreichen.

Professionalität Bildungstitel

4.5 Überschneidungen

Kommt man nun auf die eingangs gestellte Frage zurück, ob und inwiefern einerseits erziehungswissenschaftliche Studienrichtungen mit pädagogischen Berufsfeldern korrespondieren, und ob und inwiefern andererseits alle pädagogischen Berufsfelder durch entsprechende Studienrichtungen in Studiengängen der Erziehungswissenschaft abgebildet werden, so fällt in Bezug auf die zuvor kurz thematisierten Studienrichtungen bzw. Berufsfelder eine eindeutige Antwort immer noch schwer. Dies liegt zunächst vor allem daran, dass sich die angesprochenen Studienrichtungen bzw. Berufsfelder – Erwachsenenbildung/Weiterbildung, Pädagogik der frühen Kindheit und Schulpädagogik bzw. Schulsozialarbeit – sowohl inhaltlich als auch thematisch oder in Bezug auf die Adressaten und Arbeitsfelder mitunter überschneiden.

Kaum zu übersehen sind diese Überschneidungen bei dem zuletzt angesprochenen Berufsfeld, das von Speck mit den beiden Begriffen Schulsozialarbeit und Ganztagsbildung benannt und eingegrenzt wird. Daher soll dieser Tätigkeitsbereich erneut herangezogen werden, um exemplarisch die Überschneidung verschiedener Bezeichnungen für Studienrichtungen und Berufsfelder zu demonstrieren.

Überschneidung Studienrichtungen und Berufsfelder

Sucht man nach einer Studienrichtung bzw. nach Studienrichtungen, die in einem engen Zusammenhang mit dem Praxisfeld der Schulsozialarbeit stehen, so kann man zunächst von einer Nähe zur erziehungswissenschaftlichen Studienrichtung der Sozialen Arbeit ausgehen, insofern es sich bei der Schulsozialarbeit – allein dem Begriff nach – um Sozialarbeit bzw. Soziale Arbeit handelt. Darüber hinaus kommt auch die Studienrichtung der Sozialpädagogik in Frage, da die Begriffe Soziale Arbeit oder Sozialpädagogik mittlerweile meist synonym verwendet werden, auch wenn sie hinsichtlich ihrer Bedeutung ebenfalls unterschieden werden können (Nohl 2019, S. 139).

Praxisfeld der Schulsozialarbeit

Da diese Art pädagogischer Tätigkeit eindeutig an einer Schule ausgeübt wird, und daher explizit von Schulsozialarbeit gesprochen wird, ist es ebenso plausibel, sie mit der erziehungswissenschaftlichen Studienrichtung Schulpädagogik zu verbinden. Eine ähnliche Mehrfachzuordnung der Schulsozialarbeit findet sich auch bei Speck (2020, S. 632), der zwischen sozialpädagogischen, schulpädagogischen und schulreformerischen Zielen der Schulsozialarbeit unterscheidet. Will man die schulreformerischen Zielsetzungen der Schulsozialarbeit in den Vordergrund rücken, kann dieses Tätigkeitsfeld darüber hinaus demnach auch mit Studiengängen oder Studienrichtungen assoziiert werden, die mit dem Begriff der Schulentwicklung, eventuell auch der Schulforschung, bezeichnet werden.

Blickt man nun auf die Adressaten der Schulsozialarbeit im Kontext von Ganztagsbildung, und nimmt man dabei zunächst die Kinder und Jugendlichen in den Blick, da es letztlich ja ihre Bildung ist, die bei dieser pädagogischen Tätigkeit im Zentrum steht, so ergeben sich je nach Alter weitere Überschneidungen mit anderen Studienrichtungen. Handelt es sich bei der Schule, an der die Schulsozialarbeit ausgeübt wird, um eine Grundschule, so kann die pädagogische Arbeit mit den Kindern zumindest dann auch dem Bereich Pädagogik der frühen Kindheit zugeordnet werden, wenn der Begriff frühe Kindheit nicht nur die Lebensphase bis zum Eintritt, sondern bis zum Ende der Grundschule einschließt. Wird der Begriff der frühen Kindheit nicht so weit verstanden, dass er die gesamte Grundschulzeit umfasst, kann in Hinblick die pädagogische Arbeit mit Grundschülern das Tätigkeitsfeld der Schulsozialarbeit auch mit Studienrichtungen oder Studiengängen assoziiert werden, die mit dem Begriff der Kindheitspädagogik bezeichnet werden.

Bezieht sich die Schulsozialarbeit auf die pädagogische Arbeit mit Jugendlichen, besteht eine Überschneidung zwischen diesem Arbeitsfeld und Studienrichtungen, Studienschwerpunkten oder Studienvertiefungen, die sich der Jugendarbeit oder der Jugendbildung, eventuell auch der Jugendforschung widmen bzw. mit diesen Begriffen bezeichnet werden.

Befinden sich auch Kinder oder Jugendliche mit Behinderung unter den Adressaten der Schulsozialarbeit, besteht fraglos eine Verbindung zwischen diesem pädagogischen Arbeitsfeld und Studienrichtungen, die als Sonderpädagogik, Heilpädagogik oder Inklusionspädagogik bezeichnet werden. Da in den pädagogischen Diskursen mittlerweile betont wird, dass es sich bei der Bezeichnung eines Menschen als Person mit Behinderung eher um eine soziale Zuschreibung handelt, als um eine sachliche Feststellung, und gerade in den Diskussionen über Inklusion immer wieder betont wird, dass oftmals erst die Exklusion Menschen zu Menschen mit Behinderung mache, kann man auch behaupten, dass sonder-, heil- und inklusionspädagogische Zielsetzungen generell auch für die Schulsozialarbeit leitend sein sollten, insofern hier die Bildung und Erziehung aller Beteiligten und die Vermeidung problematischer Formen der Exklusion im Zentrum der Bemühungen stehen sollten.

Da neben den Kindern und Jugendlichen auch Lehrer und Eltern zu den Adressaten der von Speck skizzierten Schulsozialarbeit gehören, könnte man sogar behaupten, dass eine gewisse Nähe zu erziehungswissenschaftlichen Studienrichtungen der Erwachsenenbildung besteht. Zwar richtet sich die Schulsozialarbeit nicht explizit auf die Bildung und Erziehung von Erwachsenen, sondern auf die der Schulkinder und Jugendlichen, doch werden neben diesen auch die Erziehungsberechtigten zur Primärzielgruppe, die Lehrkräfte zumindest zur Sekundärzielgruppe der Schulsozialarbeit gezählt (ebd., S. 633).

4.6 Schlussfolgerungen

Am Beispiel der Schulsozialarbeit und der Ganztagsbildung lässt sich zeigen, dass von diesem Berufsfeld aus direkte Bezüge zu spezifischen Studienrichtungen der Erziehungswissenschaft hergestellt werden können. Gezeigt hat sich aber vor allem, dass es mehrere Studienrichtungen gibt, die thematisch in direkter Verbindung mit diesem Berufsfeld stehen. Vor diesem Hintergrund kann man die Frage stellen, ob es sich umgekehrt genauso verhält, ob man also von einer konkreten Studienrichtung oder einem Studienschwerpunkt aus auch Verbindungen zu verschiedenen pädagogischen Berufsfeldern herstellen kann.

Medienpädagogik

Medienbildung

Unmittelbar einleuchten dürfte dies beispielsweise für eine Studienrichtung wie die der Medienpädagogik bzw. der – je nach Bezeichnung – Medienbildung. Denn fraglos kann die Auseinandersetzung mit Medien bzw. mit dem Thema Medien in der pädagogischen Arbeit mit den unterschiedlichsten Adressaten (differenziert man nach Lebensalter: mit Kindern, Jugendlichen, Erwachsenen und Menschen im höheren Alter) und in den unterschiedlichsten Institutionen (u.a.: Kindertagesstätten, allgemein- und berufsbildende Schulen, Volkshochschulen, Jugendämter, Altenheime etc.) eine wichtige Rolle spielen. Die These, dass es eigentlich gar keine pädagogische Arbeit ohne Medien geben kann, lässt sich darüber hinaus durch einen weiten Medienbegriff begründen, wie er etwa von Marcelo Caruso (2019) vertreten wird. Dieser Position zufolge können auch Menschen (wie Sozialarbeiterinnen und Sozialpädagogen, Lehrkräfte, Eltern oder Kinder), geistige Konstrukte (wie das der Kindheit) oder materielle Artefakte (wie Schulbänke) als Bildungsmedien aufgefasst werden. Geht man in diesem Sinne davon aus, dass in der Erziehung und Bildung Medien immer eine wichtige Rolle spielen, so stellt sich die Frage, in welchem Verhältnis die Medienpädagogik zur Allgemeinen Pädagogik steht. Schließen könnte man etwa, dass es eigentlich keine klare Grenze zwischen beiden Gebieten geben kann, und beide ineinander aufgehen. Medienpädagogik wäre dann stets Allgemeine Pädagogik und umgekehrt. Auch wenn diese Schlussfolgerung in gewisser Hinsicht durchaus plausibel ist, darf man nicht vergessen, dass ein solches Verständnis nur dann als fundiert gelten kann, wenn es auf einer intensiven Auseinandersetzung mit den involvierten Themenbereichen aufbaut. Eine gute Möglichkeit zu einer solchen Auseinandersetzung bietet nun aber ein Studium der Erziehungswissenschaft, in dem man sich den Studienrichtungen der Medienpädagogik und der Allgemeinen Pädagogik intensiv widmen, und derartige Zusammenhänge herausarbeiten kann.

Allgemeine Pädagogik

Diese Überlegungen führen zu der Schlussfolgerung, dass es zwar fraglos unterschiedliche pädagogische Berufsfelder und erziehungswissenschaftliche Studienrichtungen gibt, es jedoch irreführend wäre davon auszugehen, dass diese Berufsfelder strickt an spezifische Studienrichtungen gekoppelt sind, dass also nur eine bestimmte Studienrichtung für die pädagogische Arbeit in einem spezifischen Tätigkeitsbereich qualifiziert, oder dass immer ein spezifisches fachthematisches Studium notwendig wäre, um in einem bestimmten Bereich professionell arbeiten zu können. Vieles spricht dafür, dass ein Studium der Erziehungswissenschaft immer auf der Auseinandersetzung mit spezifischen Fachthemen basiert, die dabei aber zugleich mit der Reflexion allgemeiner pädagogischer Ideen und Einsichten einhergeht. Letztlich sind es die am konkreten und stets ein- und abgegrenzten Thema angestrengten geistigen Operationen und Überlegungen – etwa über den Zusammenhang von Pädagogik und Erziehungswissenschaft, Erziehung und Bildung, Theorie und Praxis, Studium und Beruf –, die zu einer Form akademischer Bildung führen können, welche es dann wieder erlaubt, sich in den unterschiedlichsten beruflichen Bereichen des Erziehungs- und Bildungswesens auf ein Art und Weise zu orientieren – und wenn angebracht auch selbstständig und fortlaufend weiterzubilden –, die in Hinblick auf die Erziehung und Bildung der Adressaten des pädagogischen Handelns mit gutem Recht als vernünftig, kooperativ, verantwortungsbewusst und sinnvoll bezeichnet werden kann. Und es ist eben gerade diese Offenheit und Flexibilität in Hinblick auf mögliche pädagogische Berufstätigkeiten und Einsatzorte, die den Unterschied zwischen einer Ausbildung und einem Studium der Erziehungswissenschaft markiert.

In Hinblick auf die Konzeptualisierung dieser Einführung in Studienrichtungen und Berufsfelder der Erziehungswissenschaft führten diese Überlegungen zu der Frage, wie die gegenwärtigen Entwicklungen und Strukturen der Erziehungswissenschaft auf der einen Seite und der pädagogischen Praxisfelder auf der anderen Seite bestmöglich aufgenommen und reflektiert werden können, um insbesondere Studentinnen und Studenten der Erziehungswissenschaft pädagogische Berufsperspektiven aufzuzeigen und den Zusammenhang von Studienrichtungen und Berufsfeldern zu verdeutlichen. Auf diese Frage gibt es unterschiedliche Antwortmöglichkeiten, von denen einige nun kurz angesprochen, dabei aber auch problematisiert werden sollen.

Zusammenhang von Studienrichtungen und Berufsfeldern

Eine erste Möglichkeit wäre, die zuvor genannten fünf Studienrichtungen in den Mittelpunkt der Auseinandersetzung zu stellen, die in den früheren Diplomstudiengängen angeboten wurden, um einen Berufsbezug zu integrieren und zu verdeutlichen (vgl. Wigger 1999). Für dieses Vorgehen spricht, dass es sich in allen Fällen sowohl um Studienrichtungen als auch um Berufsfelder handelt, die sich begrifflich klar trennen lassen, auch wenn sich diese Bereiche sowohl in der Theorie als auch in der Praxis überschneiden können.

Problematisch erscheint diese Vorgehensweise jedoch, da es mittlerweile eine viel größere Vielfalt an Studienrichtungen, Studienschwerpunkten und Studienprofilen gibt, die durch diese historische Struktur nicht erfasst werden. Diese Entwicklung hängt eng mit Prozessen der Ausdifferenzierung der Erziehungswissenschaft selbst zusammen, die mittlerweile über sehr viele unterschiedliche und kaum noch systematisch erfassbare Teilbereiche oder Subdisziplinen verfügt. So gliedert sich beispielsweise die Deutsche Gesellschaft für Erziehungswissenschaft zu Beginn des Jahres 2023 in 14 Sektionen, die teilweise auch noch in unterschiedliche Kommissionen unterteilt sind. Die Komplexität und Breite dieser Gliederung der Erziehungswissenschaft wird schon deutlich, wenn man die Teilbereiche betrachtet, ohne auf

Ausdifferenzierung der Erziehungswissenschaft

Deutsche Gesellschaft für Erziehungswissenschaft

Unter- und Zuordnungen zwischen Kommissionen und Sektionen zu achten. Um davon zumindest einen ersten Eindruck zu vermitteln, sollen die Bereiche ohne Rücksicht auf systematische Aspekte kurz genannt werden: Historische Bildungsforschung, Allgemeine Erziehungswissenschaft, Bildungs- und Erziehungsphilosophie, Qualitative Bildungs- und Biographieforschung, Pädagogische Anthropologie, Wissenschaftsforschung, Vergleichende und Internationale Erziehungswissenschaft, Interkulturelle Bildung, Bildung für nachhaltige Entwicklung, Empirische Bildungsforschung, Empirische Pädagogische Forschung, Bildungsorganisation, Bildungsplanung, Bildungsrecht, Schulpädagogik, Schulforschung und Didaktik, Professionsforschung und Lehrer:innenbildung, Grundschulforschung und Pädagogik der Primarstufe, Sonderpädagogik, Berufspädagogik, Wirtschaftspädagogik, Sozialpädagogik und Pädagogik der frühen Kindheit, Erwachsenenbildung, Pädagogische Freizeitforschung, Sportpädagogik, Frauen- und Geschlechterforschung in der Erziehungswissenschaft, Medienpädagogik, Differentielle Erziehungs- und Bildungsforschung, Psychoanalytische Pädagogik, Pädagogik und Humanistische Psychologie, Organisationspädagogik, Inklusionsforschung (vgl. DGfE 2023).

Auch wenn es hier zahlreiche inhaltliche, erkenntnistheoretische und methodologische Überschneidungen gibt, und nicht alle durch die Bezeichnungen der Sektionen und Kommissionen benannten Bereiche in allen Studiengängen der Erziehungswissenschaft als Studienrichtungen angeboten werden, können sie doch überall eine Rolle spielen. Allein aufgrund des begrenzten Umfangs dieser Einführung in Studienrichtungen und Berufsfelder der Erziehungswissenschaft ist es jedoch nicht möglich, differenziert und fundiert auf all diese Teil- bzw. Unter- und Oberbereiche der Erziehungswissenschaft einzugehen.

Darüber hinaus fällt jedoch auch wieder auf, dass es sich bei diesen Teilbereichen der Erziehungswissenschaft fraglos um mögliche Studienrichtungen, Studienprofile, Studienschwerpunkte oder Studieninhalte handelt, viele dieser Bezeichnungen jedoch nicht auf konkrete pädagogische Berufsfelder verweisen, sondern auf Forschungs- und Wissenschaftsbereiche.

Die Ausdifferenzierung der Erziehungswissenschaft lässt sich einerseits durch Entwicklungen in der Wissenschaft bzw. der verschiedenen für die Erziehungswissenschaft relevanten Wissenschaftsdisziplinen, andererseits durch gesellschaftliche Entwicklungen erklären. Denkt man beispielsweise an Themen wie Inklusion, Medien, Digitalisierung, Migration oder Interkulturalität, die in der Erziehungswissenschaft zunehmend an Bedeutung gewonnen haben, so ist hier der Bezug auf gesellschaftliche Entwicklungen offensichtlich. In der Konsequenz können dann mitunter auch politische bzw. bildungspolitische Forderungen oder Anfragen gestellt werden, diese Themengebiete in der Erziehungswissenschaft zu bearbeiten, um der pädagogischen Praxis Orientierung zu liefern. Auf diese Weise entwickeln sich neue Forschungsfelder, bei denen meist verschiedene Wissenschaftsdisziplinen beteiligt sind und in denen auf der Grundlage unterschiedlicher wissenschaftstheoretischer Ausrichtungen und methodischer Zugänge Erkenntnisse gewonnen werden. Auch wenn derartige Erkenntnisse für die Entwicklung wissenschaftlicher Disziplinen und Forschungsrichtungen relevant sein mögen, bedeutet dies jedoch nicht automatisch, dass diese dem Handeln in pädagogischen Berufsfeldern unmittelbar und unvermittelt Orientierung liefern können. Man kann daher den Schluss ziehen, dass es eine Kernaufgabe der Erziehungswissenschaft ist, aus den Forschungsbeiträgen zu den spezifischen Themenfeldern, denen zu einem bestimmten Zeitpunkt eine besondere gesellschaftliche und politische Bedeutung zugeschrieben wird (derzeit u.a. etwa den Themenfeldern Medien und Digitalisierung, Migration, Nachhaltigkeit oder Inklusion), sowohl spezifische als auch allgemeine pädagogische Orientierungen herauszuarbeiten. Dadurch wird es möglich, durch das Studium spezifischer Studienrichtungen und Schwerpunkte der Erziehungswissenschaft Orientierung für die Arbeit in unterschiedlichen pädagogischen Berufsfeldern zu gewinnen. Auf diesem Weg kann deutlich werden, was das allgemeine Ziel professioneller pädagogischer Arbeit in den unterschiedlichsten Arbeitsfeldern ist. Denn auch wenn man diese Zielsetzung allgemein gesprochen immer mit den Begriffen Erziehung und Bildung benennen kann, bedarf es doch einer gewissen geistigen Anstrengung, um angesichts der je individuellen Adressaten sowie den spezifischen Situationen und Kontexten zu reflektieren, was unter Erziehung und Bildung im konkreten Fall verstanden werden soll, und was daraus folgt.

Studium spezifischer Studienrichtungen und Schwerpunkte der Erziehungswissenschaft

Arbeit in unterschiedlichen pädagogischen Berufsfeldern

In dieser Einführung soll daher der Versuch unternommen werden, anhand einiger aktueller Themenfelder der Erziehungswissenschaft exemplarisch zu verdeutlichen, wie aus diesen potenziellen Studienrichtungen und Schwerpunkten sowohl themenspezifische als auch allgemeine Einsichten gewonnen werden können, die es ermöglichen, die pädagogische Praxis in unterschiedlichen Berufsfeldern zu orientieren. Dabei ist der Gedanke leitend, dass es gewissermaßen erst derartige er-

Themenfelder der Erziehungswissenschaft

Berufsfelder für Absolventen der Erziehungswissenschaft

ziehungswissenschaftliche und pädagogische Reflexionen sind, durch welche die spezifischen Berufsfelder für Absolventen der Erziehungswissenschaft konstituiert werden. Letztlich ist es die durch das Studium der Erziehungswissenschaft erarbeitete akademische Bildung, mit der sich eine besondere berufliche Qualifikation begründen lässt.

Fragen

1. Welche Bedeutung kam in Studiengängen der Diplompädagogik den sogenannten Studienrichtungen zu?
2. Qualifiziert das Studium spezifischer Studienrichtungen der Erziehungswissenschaft immer nur für die Arbeit in einem (mitunter gleichnamigen) pädagogischen Berufsfeld? Begründen Sie Ihre Überlegungen mit konkreten Beispielen.
3. Was spricht dafür, dass die im Zuge eines erziehungswissenschaftlichen Studiums durchgeführte vertiefte Auseinandersetzung mit spezifischen Studienrichtungen auch für die pädagogische Arbeit in Berufsfeldern qualifiziert, die auf den ersten Blick in keinem engen Zusammenhang mit diesen Studienrichtungen stehen?

Weiterführende Literatur

Fried, Lilian/ Dippelhofer-Stiem, Barbara/Honig, Michael-Sebastian/Liegle, Ludwig (2012): Pädagogik der frühen Kindheit. Weinheim, Basel: Beltz. – Kompaktes Einführungs- und Lehrbuch zur Pädagogik der frühen Kindheit, das einen ersten umfassenden Einblick in zentrale Themen vermittelt.

Hamburger, Franz (2012): Einführung in die Sozialpädagogik. Stuttgart: Kohlhammer. – Einführung in die Theorie und Praxis, die Geschichte sowie in Entwicklungsperspektiven der Sozialpädagogik.

Wittpoth, Jürgen (2013): Einführung in die Erwachsenenbildung. Opladen und Toronto: Barbara Budrich. – Klar strukturierte Einführung in Theorie, Geschichte und Forschung der Erwachsenenbildung, die auch auf Studium, Beruf und Arbeitsmarkt eingeht.

Wendt, Peter-Ulrich (2021): Lehrbuch Soziale Arbeit. Weinheim, Basel: Beltz Juventa. – Umfassende und strukturierte Einführung in Theorie und Praxis der Sozialen Arbeit.

Kapitel 5: Medienpädagogik und Medienbildung

Medien spielen sowohl in der praktischen Erziehungs- und Bildungsarbeit als auch in der Erziehungswissenschaft fraglos eine wichtige Rolle. Wie angesprochen gibt es beispielsweise in der Deutschen Gesellschaft für Erziehungswissenschaft (DGfE) eine Sektion Medienpädagogik. Aus einer im Internet abrufbaren Übersicht über „Studiengänge für Medienpädagogik und Erziehungswissenschaft" (Gesellschaft für Medienpädagogik und Kommunikationskultur/Sektion Medienpädagogik 2017) geht hervor, dass es einerseits eigene Studiengänge und Professuren für Medienpädagogik gibt, andererseits medienpädagogische Inhalte in vielen erziehungswissenschaftlichen Studiengängen enthalten sind. Dabei fällt eine gewisse Vielfalt an Bezeichnungen und Zuordnungen auf. Je nach Universität und Hochschule und je nach Studiengang ist dann beispielsweise von medienpädagogischen *Schwerpunkten* die Rede, von *Modulen* für Medienpädagogik, von einem *Ergänzungsfach* Medienbildung, von *Spezialisierungen* im Bereich der Medienpädagogik, von *Vertiefungsmodulen* oder von medienpädagogischen *Aspekten*. Angesprochen werden in diesem Zusammenhang darüber hinaus die Bereiche *Mediendidaktik*, *Neue Medien*, oder *Kultur und Medien*. In einigen Institutionen steht der Zusammenhang von *Kunst, Kultur und Medien* im Mittelpunkt, in anderen werden die Themen *Medien und Spiel* miteinander verknüpft, oder *Medien und Kommunikation*. Auch ist in einigen Studiengängen von einem *Handlungsfeld* Medienbildung die Rede.

Medienpädagogik

Ob es sich bei der Medienpädagogik um ein eigenes pädagogisches Handlungsfeld handelt, ist in der Fachdiskussion jedoch durchaus umstritten. Arnd-Michael Nohl (2019, S. 152) betont beispielsweise, dass „Ansätze der Medienpädagogik" zwar „in höchst unterschiedlichen pädagogischen Handlungsfeldern (von der Schule bis zur Erwachsenenbildung) zum Einsatz" kommen, man jedoch nicht „von einem genuin eigenen, mit Institutionen und Organisationen identifizierbaren Handlungsfeld der Medienpädagogik sprechen" könne. Diese Aussage ist insofern plausibel, als es keine eigenständigen allgemeinbildenden Bildungsinstitutionen gibt, die sich – beispielsweise unter der Bezeichnung „Medienschule" – nur dem Thema Medien widmen.

pädagogisches Handlungsfeld

5.1 Medienbegriff

Was sind Medien?

In Hinblick auf die Konturierung medienpädagogischer Praxisfelder stellt sich zunächst die zentrale Frage, was unter dem Begriff Medien verstanden wird. Um welche Medien geht es eigentlich konkret, so könnte man fragen, wenn über Medienpädagogik gesprochen wird? Diese Frage ist insofern nicht banal, als es zumindest in der Fachdiskussion hierzu keine einheitliche Antwort gibt. Betrachtet man beispielsweise den „Orientierungsrahmen für die Entwicklung von Curricula für medienpädagogische Studiengänge und Studienanteile" der Sektion Medienpädagogik der Deutschen Gesellschaft für Erziehungswissenschaft (2017), so fällt auf, dass der Medienbegriff in diesem bildungspolitischen Dokument an keiner Stelle konkretisiert wird. Was dieser Verein bzw. diese wissenschaftliche Gesellschaft für Medienpädagogik konkret unter Medien bzw. unter einem Medium versteht, bleibt zumindest hier offen. Allenfalls indirekt lässt sich aus der Aussage, dass die Medienpädagogik zu „Mediatisierungs- und Digitalisierungsprozessen kritisch Stellung nimmt" (ebd., S. 1), ableiten, dass mittlerweile digitale Medien in der Medienpädagogik eine zentrale Rolle spielen.

Während die Sektion Medienpädagogik den Medienbegriff in dem genannten Dokument weitgehend unbestimmt lässt, verweist Nohl (2019, S. 152) darauf, dass „die Medienpädagogik mit einem engen Begriff von Medien" arbeitet, „wozu früher vor allem Radio und Fernsehen, heutzutage indes vornehmlich die digitalen Medien gehören (nicht aber so etwas wie das Medium Geld)". Konkretisiert wird der Begriff der digitalen Medien nicht.

Medienbildung

In der von Benjamin Jörissen und Winfried Marotzki ausgearbeiteten Theorie der Medienbildung bzw. in ihrem Buch mit dem Titel „Medienbildung" (2009) werden drei Medien genannt, die in Hinblick auf Bildungsprozesse demnach von Bedeutung sein können: der Film, das Bild und das Internet. Diese Medien und ihr Bildungspotenzial werden ausführlich anhand konkreter Beispiele diskutiert, eine grundsätzliche Auseinandersetzung mit dem Medienbegriff und dem Zusammenhang von Erziehung, Bildung und Medien findet sich hier jedoch auch nicht.

5.2 Geschichte der Erziehungs- und Bildungsmedien

Erst vor Kurzem wurde von Marcelo Caruso (2019) eine Auseinandersetzung mit dem Thema Medien aus der Perspektive der Historischen Bildungsforschung vorgelegt. Einige zentrale Überlegungen aus diesem Werk sollen nun ausführlich rekapituliert werden, da sie geeignet sind, grundsätzliche Gedanken über die Bedeutung von Medien für Erziehungs- und Bildungsprozesse anzustoßen. Ausgangspunkt für diese historische Auseinandersetzung waren aktuelle Diskussionen über die Gefahren und Chancen der Digitalisierung. Gerade weil der Themenkomplex Digitalisierung und Bildung derzeit äußerst kontrovers diskutiert werde, sei es jedoch unmöglich, auf der Grundlage aktueller Diskussionsbeiträge ein klares und eindeutiges Urteil über die pädagogische Bedeutung der Digitalisierung zu fällen. Während auf der einen Seite, in Anlehnung an einen Ausdruck von Manfred Spitzer, beispielsweise von „digitaler Demenz“ die Rede sei, deren Ursache man auf den übermäßigen Gebrauch und Konsum digitaler Medien zurückzuführen könne, würden von einer anderen Seite die vielen Möglichkeiten und Erleichterungen betont, die sich durch den Gebrauch digitaler Medien für das Lernen, die Bildung und die Erziehung ergeben. „Die Eindrücke und Stellungsnahmen sind sehr disparat, ja, sie widersprechen sich. Gute und schlechte Erfahrungen mit dem Medienwandel gibt es überall. Forschungsergebnisse – wie so oft – geben kein einheitliches Bild der Lage: Die Fragen sind entweder zu neu oder zu komplex und ohnehin im Wandel“ (Caruso 2019, S. 11).

Digitalisierung

Aufgrund der konfusen aktuellen Diskussionen und der mitunter äußerst widersprüchlichen Gegenwartsdiagnosen setzt sich Caruso mit der Erziehungs- und Bildungsgeschichte auseinander, um „über Fragen der Medien, der Bildung und der Erziehung nachzudenken“ (ebd.). Dieses Vorgehen biete sich insofern an, als Menschen „seit dem Beginn ihrer gattungsgeschichtlichen Entwicklung“ „mit Medien und Medienwandel“ (ebd.) zu tun haben. Diese medientheoretische Rückbesinnung auf die Anfänge der Menschheitsgeschichte ist insofern aus pädagogischer Perspektive aufschlussreich, als man eine derartige Geschichtserzählung an dem Punkt beginnen lassen kann, an dem Menschen erstmals Wissen und Können an andere Menschen vermittelten, etwa Erwachsene an Kinder. Bedenkt man, dass das lateinische Wort *medium* ins Deutsche übersetzt Mitte oder Mittelpunkt bedeutet, so wird deutlich, dass bei jeder Form der Vermittlung ein Medium notwendig ist. Oder, anders ausgedrückt: Es ist das Medium, das zwischen zwei Menschen etwas vermittelt. So gesehen steht das Medium zwischen den Menschen, sozusagen in deren Mitte, und dient der Vermittlung. Ein Medium ist ein Mittel, das vermittelt.

Erziehungs- und Bildungsgeschichte

Vermittlung

Obwohl es „keine allgemein anerkannte Theorie der Medien“ gebe, teilten alle „Medienbegriffe und Medientheorien [...] die

Kommunikation

Ansicht, dass sie“ – die Medien – „überhaupt Kommunikation ermöglichen und dadurch Kommunikation etwas ist, das nicht direkt und unvermittelt zwischen Menschen ausgehandelt wird. Medien seien eher Kontaktorganisatoren. In Kommunikationsprozessen gibt es immer etwas ‚dazwischen', sei es die gesprochene Sprache, der geschriebene Brief oder die Wiedergabe von Aufnahmen in *youtube*“ (ebd., S. 30). Demnach kann sowohl die Sprache als auch ein Brief oder ein digitales Video als ein Medium bzw. Mittel betrachtet werden, dass zur Vermittlung und Kommunikation zwischen Menschen eingesetzt werden kann. Diese Begriffsbestimmung geht insofern mit einem sehr weiten Medienbegriff einher, als in diesem Sinne eigentlich jeder Gegenstand, jede Person oder jede Vorstellung prinzipiell als ein Medium betrachtet werden kann. Von einem Kommunikationsmedium kann in Bezug auf Gegenstände, Personen oder Vorstellungen zumindest dann gesprochen werden, wenn über diese Medien eine Botschaft oder ein Sinngehalt von einem Menschen zu einem anderen vermittelt wird. So können etwa Bücher als Medien verstanden werden, insofern diese einen Inhalt zwischen Autor und Leser vermitteln. Auch eine Nachrichtensprecherin oder Nachrichtenmoderatorin kann als ein Medium verstanden werden, wenn diese Person bestimmte Informationen an ihre Zuhörer oder Zuschauer vermittelt. Wie Caruso (ebd., S. 133–156) zeigt, können aber auch Vorstellungen als Medien fungieren, beispielsweise, wenn spezifische Vorstellungen über Kindheit bzw. Vorstellungen über Eigenschaften von Kindern pädagogische Ideen vermitteln.

Kommunikationsmedium

pädagogische Ideen

In seinen Überlegungen über die Anfänge der Erziehungs- und Bildungsgeschichte kommt Caruso zu dem Schluss, dass in den sogenannten Urgesellschaften zunächst vor allem unbewusst durch die Teilnahme am gesellschaftlichen und kulturellen Leben und durch Praktiken des Nachahmens gelernt wurde. „Routinen, Techniken und Gewohnheiten werden ohne formalisierte Anleitung eingeübt und einverleibt. Es handelt sich um Lernprozesse, die größtenteils nicht bemerkt werden, bzw. um ein Lernen, das nicht an ein explizites und ausdifferenziertes Lehren gebunden ist, sondern an ein unspezifisches Zeigen“ (ebd., S. 40–41). In diesem Kontext ist es also das Alltagsleben selbst, das Wissensinhalte und praktische Fertigkeiten vermittelt und in diesem Sinne als Erziehungs- und Bildungsmedium fungiert. Neben diesem Lernen im Alltag sei dann jedoch schon in den Urgesellschaften auch ein spezifisches und bewusstes Lehren und Lernen getreten. Caruso (ebd., S. 41) verweist in diesem Zusammenhang etwa auf nicht

Teilnahme

Praktiken des Nachahmens

Alltagsleben

bewusstes Lehren und Lernen

alltägliche Feste und Feiern, in denen Tänze und Tanzbewegungen vorgeführt und vermittelt wurden, sowie auf Initiationsrituale (ebd., S. 43–44).

Erzieherische Motive vermutet Caruso auch bei ritualisierten und sich wiederholenden Formen der mündlichen Überlieferung, durch die Erzählungen von den älteren Gesellschaftsmitgliedern an die Jüngeren weitergegeben wurden (ebd., S. 41). Ebenso schließt er, dass für das Anfertigen von Höhlen- und Felsmalereien ein gewisses Maß an Unterricht und Übung notwendig war. „Die Farbherstellung, Techniken fürs Auftragen, die Vielfalt an Motiven müssen sicherlich ab einem gewissen Punkt gelehrt – zumindest bewusst gezeigt – und gelernt werden" (ebd.). Das Beispiel der Höhlen- und Felsmalerei verdeutlicht jedoch nicht nur, dass ein gewisses Maß an Erziehung und Bildung bzw. an Unterricht und bewusster Unterweisung notwendig ist, um die entsprechenden Praktiken zu erlernen und ausführen zu können. Denn darüber hinaus ist es denkbar, dass mit diesen Bildern selbst pädagogische Ziele verfolgt wurden. Vielleicht handelt es sich bei diesen Gemälden nicht nur um „Symbole von etwas anderem" und bei der Malerei nicht nur um eine „magische Handlung in praktischer Hinsicht" (ebd.). Beispielsweise in Bezug zu gemalten Jagdszenen liege die Vermutung nahe, dass die Bilder „etwas stellvertretend einfach ‚zeigen' und damit als Speicher Informationen fixieren" (ebd., S. 41–42). In diesem Sinne könne man die „Malereien selbst [...] als Lehrmittel interpretieren" (ebd., S. 41).

Unterricht und Übung

Höhlen- und Felsmalerei

Am Beispiel der frühen Höhlen- und Felsmalereien wird eine doppelte pädagogische Bedeutung deutlich, die man dann auch allen weiteren Medien, Symbolsystemen und Kulturtechniken – wie etwa der Schrift bzw. dem Lesen und Schreiben – zuschreiben kann. Denn auf der einen Seite kann die Vermittlung bestimmter Kenntnisse und Fertigkeiten als Voraussetzung für das Malen gelten, auf der anderen Seite können die Malereien selbst wieder der Vermittlung bestimmter Kenntnisse und Fertigkeiten dienen. Versteht man diese Gemälde und Bilder also als Medien, die etwas vermitteln können, so ist die erfolgreiche Vermittlung durch dieses Medium an zwei Bedingungen geknüpft: Einerseits muss jemand Malen lernen, um die Gemälde anzufertigen, und andererseits müssen die Rezipienten dieser Bilder lernen, sie zu verstehen bzw. sie zu interpretieren. Analog verhält es sich bei der Schrift bzw. bei der Schriftkultur: Um geschriebene Texte anzufertigen, braucht es zunächst kompetente Schreiber, die zuvor im Schreiben ausgebildet werden müssen. Darüber hinaus braucht es dann aber auch Menschen, die lesen können, um die Texte zu entschlüsseln.

doppelte pädagogische Bedeutung

Schrift

Schreiben

Schriftkultur

Lesen

Inhalt

Neben diesen instrumentellen Fähigkeiten sind dann natürlich auch entsprechende Inhalte notwendig, wenn das Lesen nicht nur Selbstzweck sein, sondern der Erziehung und Bildung dienen soll. Denn ein Text ohne sinnvollen Inhalt kann kaum etwas Vernünftiges vermitteln. Diese Inhalte müssen jedoch generiert werden, vermutlich am besten durch jene Menschen, die die bislang kulturell bedeutsamen Schriften gelesen und weitgehend verstanden haben. Neben der eigenständigen Lektüre kann jedoch auch durch Zuhören gelernt werden, etwa wenn ein Text vorgelesen, auswendig rezitiert oder mehr oder weniger genau nacherzählt wird, oder wenn Inhalte aus Texten entnommen, mündlich zusammengefasst und wiedergegeben, oder auch kommentiert, kritisiert, problematisiert, ergänzt oder weitergedacht werden etc.

Setzt man sich allgemein mit dem Themenkomplex Erziehung und Bildung, oder, spezifischer, mit der Geschichte von Erziehung und Bildung auseinander, und konzentriert man sich dabei auf die Medien der Erziehung und Bildung und ihre Bedeutung, so kann das Besondere dieser medienpädagogischen Perspektive darin gesehen werden, dass die *Medien* in den Vordergrund, die *Inhalte* jedoch in den Hintergrund rücken. Entsprechend zeichnet Caruso eine Geschichte nach, die – um einen konkreten Anfangspunkt zu wählen – bei den frühen Höhlen- und Felsmalereien der Urgesellschaften beginnt, dann zur Entwicklung von Zeichensprachen bzw. Symbolschriften, zum Alphabet, zum Buch und schließlich zum Buchdruck führt. Sind es also zunächst Gemälde, die im Sinne einer frühen Symbolsprache als Medien der Erziehung und Bildung fungierten, so ist es später dann die Schrift, bzw. sind es Texte und schließlich eben Bücher, die in den Mittelpunkt der institutionalisierten Erziehungsmaßnahmen und individuellen Bildungsanstrengungen rücken.

Fokussierung auf Medien

Ausblendung von Inhalten

Die Fokussierung auf Medien der Erziehung und Bildung ist insofern vorteilhaft, als es durch die weitgehende Ausblendung von Inhalten möglich wird, einen relativ kulturneutralen bzw. kultur- und epochenübergreifenden sowie in gewisser Weise internationalen bzw. globalen Blick auf die Erziehungs- und Bildungsgeschichte sowie auf die Grundlagen und Grundstrukturen der Erziehung und Bildung zu werfen. Zwar existierten nicht zu allen Zeiten und in allen Weltgegenden immer schon komplexe Symbolsysteme, Schriftsprachen oder Buchkulturen, doch sind hiermit spezifische kulturelle Entwicklungen angesprochen, die weit über die engen Grenzen der europäisch-abendländischen Kultur- und Geistesgeschichte hinausweisen, wie Caruso beispielsweise in Hinblick auf Theorien zur Erfindung der Schrift zeigt: „Während in der westlichen Kulturüberlieferung die ältesten Schriftkulturen eher mit Altägypten oder Mesopotamien gleichgesetzt werden, sind mit altbalkanischen Vinca-Kultur in Südosteuropa um 5000 v. Chr. und mit der Indus-Kultur im heutigen Pakistan um 2500 v. Chr. mindestens zwei Fälle genannt, bei denen es sich jeweils um eine Protoschrift [...] bzw. ein hochwahrscheinlich ausgebautes Schriftsystem [...] handelt. Mit diesen und anderen Beispielen aus China und nicht zuletzt vom amerikanischen Kontinent (Mayas und Azteken) ist die These der ‚Monogenese' der Schrift [...] stark kritisiert und anstatt dessen die These einer Polygenese der Schrift [...] begründet worden" (ebd., S. 45).

Der medientheoretische und mediengeschichtliche Blick erlaubt es, auf pädagogisch bedeutsame Entwicklungen zu verweisen, die parallel, analog oder zumindest irgendwie ähnlich in unterschiedlichen Kulturen, Weltregionen oder Ländern verliefen – wie etwa die Erfindung der Schrift, des Buches oder des Buchdrucks; die Institutionalisierung von Sprach-, Schrift-, Schreib- und Leseunterricht etc. Darüber hinaus kann durch die Fokussierung auf Medien u.a. die europäisch-abendländische Erziehungs- und Bildungsgeschichte als Beispiel herangezogen werden, um über alle kulturellen Besonderheiten hinweg grundlegende und weltweit bedeutsame Einsichten in das Phänomen der Erziehung und Bildung zu vermitteln.

europäisch-abendländische Erziehungs- und Bildungsgeschichte

Als eine derartige Grundeinsicht kann sicherlich gelten, dass im Zuge der Entwicklung von Schrift und der Entstehung von Schrift- und Buchkulturen die Vermittlung von Schreib- und Lesekenntnissen zum Kern aller gehobenen Erziehungs- und Bildungsbemühungen avancierte. Da die Aneignung entsprechender Schreib- und Lesekenntnisse aber stets durchaus anspruchsvoll ist, erscheint es plausibel, hier einen zentralen Ausgangspunkt für die Entwicklung der Institution Schule zu verorten. Derartige Schreib- und Leseschulen, wo auch immer sie entstanden, waren lange Zeit jedoch nur einem kleinen Teil der jeweiligen Bevölkerung vorbehalten, wodurch auch der Zugang zu dem mit der Schriftkultur entstehenden kulturellen Gedächtnis, also zu den jeweils mit Hilfe der Schrift gespeicherten kulturellen Inhalten, als ein exklusives Privileg betrachtet werden muss (vgl. ebd., S. 44–55).

Vermittlung von Schreib- und Lesekenntnissen

Die pädagogische Bedeutung von Medien liegt also nicht nur in der Tatsache begründet, dass mit ihrer Hilfe kulturelle Inhalte vermittelt werden können. Darüber hinaus muss in einer mediatisierten Gesellschaft die Vermittlung von entsprechenden Medienkompetenzen zu einem zentralen Bestandteil der Erziehungsbemühungen, und die Aneignung dieser Fähigkeiten

Medienkompetenzen

und Fertigkeiten zu einem wesentlichen Ziel der individuellen Bildungsanstrengungen werden. Das gilt für das Schreiben und Lesen genauso wie für den Umgang mit Bildern, Filmen oder dem Internet. Werden spezifische Medien in der pädagogischen Praxis thematisiert und entsprechende Medienkompetenzen vermittelt, werden sie wiederum selbst zu einem Gegenstand von Erziehung und Bildung. Üben und festigen lassen sich solche Medienkompetenzen darüber hinaus aber auch dadurch, dass die jeweiligen Medien zur Vermittlung kultureller Inhalte eingesetzt werden.

das Buch als wichtigstes Medium der Erziehung und Bildung

Man kann Caruso sicherlich dahingehend zustimmen, dass das Buch bis heute das wichtigste Medium der Erziehung und Bildung geblieben ist. Entsprechend lässt sich die Geschichte der Erziehung und Bildung als eine immer wiederkehrende Abfolge von zähen Bemühungen lesen, insbesondere den nachwachsenden Generationen, mitunter aber auch den älteren Zeitgenossen, auf die eine oder andere Art und Weise möglichst umfangreiche Lese- und Schreibkompetenzen zu vermitteln, und sie zum Lesen und Schreiben zu motivieren. Denn, so die pädagogische Grundidee, sie sollen sich bilden. Das war und ist fraglos meist ein mühsames Unterfangen, das mitunter auch (nur) zu unbefriedigenden Ergebnissen führt. Aber ebenso fraglos ist es der Mühe wert.

5.3 Texte, Bilder, Dinge

Vergleicht man schriftlose Kulturen mit Schriftkulturen, so zeigt sich ein interessanter Unterschied. Während schriftlose Kulturen in Hinblick auf ihr Fortbestehen darauf angewiesen sind, dass ihre kulturellen Ausdrucksformen – etwa Tanz, Gesang, mündliche Erzählungen oder andere Rituale – mehr oder weniger konform durch Teilnahme und Wiedergabe reproduziert und angeeignet werden, entstehen in Schriftkulturen durch die Erschaffung von Textsammlungen und Büchern Traditionen, die mitunter nicht unmittelbar angeeignet werden können, weil die entsprechenden Texte nicht eindeutig oder den Lesern nicht gänzlich verständlich sind. In solchen Fällen wird es notwendig, die Schriften verständlich zu machen und zu interpretieren, um den Sinn – mehr oder weniger aufwendig – zu erschließen. Auf diese Aufgabe verweist der Begriff der Hermeneutik, mit dem die Kunst bzw. Theorie der Interpretation bezeichnet wird. In der erziehungswissenschaftlichen Lehre kommt insbesondere der

pädagogische Hermeneutik

pädagogischen Hermeneutik eine zentrale Rolle zu, da im Studium die pädagogische Interpretation von Texten geübt werden soll. In der pädagogischesn Praxis stellt sich dann wiederum die Aufgabe, konkrete Situationen und Phänomene pädagogisch zu interpretieren (vgl. Rittelmeyer/Parmentier 2006; Koller 2012a).

Auch wenn dem Studium und der Interpretation von Texten sowohl allgemein in hochentwickelten Schriftkulturen als auch speziell in der Erziehungswissenschaft eine besondere und herausragende Bedeutung zukommt, sollte bei aller gebotenen Fokussierung auf kulturell als wertvoll erachtete Texte nicht vergessen werden, dass auch andere Gegenstände – etwa Bilder oder Dinge – kulturelle Bedeutungen vermitteln können, und daher ebenso als wichtige Medien der Erziehung und Bildung betrachtet werden sollten. Daher erläutern etwa Christian Rittelmeyer und Michael Parmentier (2006) in ihrer pädagogischen Hermeneutik sowohl Grundzüge einer pädagogischen Texthermeneutik, als auch einer pädagogischen Bild- und Dinghermeneutik. Die besondere Bedeutung von Texten wird hier insofern deutlich, als auch Bilder und Dinge mit Hilfe der Sprache interpretiert, und die Interpretationen von den Autoren schriftlich festgehalten werden. Mit dieser Feststellung soll nicht der kulturelle Wert von künstlerischen Illustrationen in Abrede gestellt, sondern nur daran erinnert werden, dass in der Wissenschaft in der Regel keine Bilder gemalt, sondern vor allem Texte geschrieben werden. Texte und Bücher sind hier fraglos die zentralen Medien der Kommunikation, auch wenn andere Medien, je nach Kontext, ebenfalls von großer Bedeutung sein können.

Texthermeneutik
Bildhermeneutik
Dinghermeneutik

5.4 Sprache

Wenn aus medienpädagogischer Perspektive der Sprache und der Schrift eine größere Bedeutung zugesprochen wird als anderen Medien der Erziehung und Bildung, so lässt sich dies dadurch begründen, dass die Vermittlung und Aneignung von Sprach-, Lese- und Schreibkompetenzen für Menschen besonders wichtig ist, weil sie als Voraussetzung für die Aneignung vieler weiterer Kenntnisse und Fähigkeiten gelten können. Darüber hinaus kann dem Erlernen von Sprachen aber auch ein Eigenwert zugesprochen werden, da es in besonderer Weise der Bildung dienen kann. Diese Sichtweise artikulierte etwa Wilhelm von Humboldt (1767–1835), auf den immer wieder verwiesen wird, um die Bedeutung der Sprache als Bildungsmedium zu betonen. Aktuelle erziehungswissenschaftliche Beiträge zu Humboldts Bildungsbegriff (vgl. u.a. Koller 2012a, S. 70–92) betonen jedoch auch, dass

Bildungsmedium

es – allgemein gesprochen – die *Welt* ist, die laut Humboldt als Bildungsmedium dienen soll.

Zunächst versteht Humboldt unter Bildung die „höchste und proportionirlichste Bildung seiner Kräfte zu einem Ganzen" (Humboldt 1792/1851, S. 9). Damit die Menschen all ihre inneren Anlagen und Potenziale möglichst gut und ausgewogen entwickeln können, brauchen sie jedoch einen Gegenstand, an dem sie sich bzw. ihre Kräfte bilden können. Und diesen Gegenstand, mit dem sich die Menschen möglichst umfassend auseinandersetzen sollen, bezeichnet Humboldt als Welt. Menschen sollen sich die Welt aneignen, sollen „soviel Welt, als möglich [...] ergreifen" und diese „so eng" wie möglich „mit sich [...] verbinden" (Humboldt 1793/1959, S. 25). Humboldt spricht in diesem Zusammenhang auch von einer „Verknüpfung unsres Ichs mit der Welt" (ebd.). Indem man sich mit der Welt auseinandersetzt, und sie sich aneignet, macht man etwas aus sich, gibt man sich selbst Gestalt, formt man sich. Das ist bei Humboldt die Grundidee von Bildung.

Erlernen von Sprachen

Wenn Humboldt nun dem Erlernen von Sprachen eine besondere Rolle für Bildungsprozesse beimisst, so lässt sich dies dadurch erklären, dass für ihn das Verhältnis zur Welt in erster Linie sprachlich strukturiert ist (Koller 2012a, S. 84–87; vgl. auch Humboldt 1959a). Jede bewusste und reflektierte Auseinandersetzung mit der Welt ist demnach immer auch eine sprachliche Auseinandersetzung. Die Welt, so könnte man sagen, wird im Grunde sprachlich begriffen und angeeignet. Wenn wir über das nachdenken, was wir tun und wahrnehmen, geschieht dies im Medium der Sprache. Die Sprache ermöglicht das Nachdenken über die Welt und über uns selbst. „Die Sprache ist das bildende Organ des Denken" (Humboldt 1959b, S. 90). Sprache ist damit die Voraussetzung, um nachzudenken. Denken und Sprache stehen in einem engen Zusammenhang.

5.5 Fremdsprachen

Medienpädagogisch aufschlussreich ist die Rede von den über Sprache vermittelten Weltansichten insbesondere deshalb, da jede Sprache, wie Humboldt betont, mit einer spezifischen Weltansicht einhergeht. Unterschiedliche Sprachen eröffnen demnach auch unterschiedliche Zugänge zur Welt, oder eben unterschiedliche Weltansichten. Diese Unterschiede werden insbesondere beim Erlernen einer fremden Sprache deutlich, wie Jürgen Trabant (2018, S. 183) unlängst wieder betont hat. „Es ist [...] mit den

Erlernen einer fremden Sprache

‚Weltansichten' etwas gemeint, das wir alle beim Sprachenlernen wieder und wieder erfahren haben, nämlich, dass die semantischen und grammatikalischen Strukturen in den verschiedenen Sprachen nicht koinzidieren".

Um Missverständnissen vorzubeugen, unterstreicht Trabant (ebd.), dass mit dem Begriff der Weltansichten bei Humboldt keine unterschiedlichen Weltanschauungen gemeint sind, „wie etwa die kommunistische Weltanschauung oder die christliche". Auch sei damit nicht gemeint, dass Sprecher anderer Sprachen „eine völlig andere Auffassung von Gott und der Welt hätten, weil sie andere Sprache sprechen" (ebd., S. 182). Letztlich gehe es eben nur um sprachliche Unterschiede, also um Unterschiede in der Erfassung von Welt, die sprachlich begründet sind. „Die Italiener unterscheiden sprachlich nicht zwischen Treppe und Leiter, beides ist *scala*. Natürlich verwechseln auch Italiener eine Treppe nicht mit einer Leiter, aber sie machen den Unterschied nicht sprachlich. Insofern ‚sehen' Italiener und Deutsche die Welt an dieser Stelle verschieden" (ebd., S. 183).

sprachliche Unterschiede

Die Sprache kann demnach insofern als das zentrale Medium der Bildung bezeichnet werden, als die „primäre ‚Weltaneignung'" (ebd.) über die Sprache vermittelt wird. Dabei erscheint es wichtig, die *Aneignung von Welt* und die *Aneignung von Sprache* in ihrer Verwobenheit zu betrachten. Eine Sprache lernt man, indem man sie benutzt, um über bestimmte Themen zu sprechen, zu lesen oder zu schreiben; dabei erschließt man sich gleichzeitig aber auch diese Themen, und damit einen Teil der Welt.

primäre ‚Weltaneignung'

5.6 Fremde Gegenstände

Für dieses Verständnis von Bildung ist es darüber hinaus wichtig, die – wie es bei Humboldt (1793/1959, S. 25) heißt – Wechselwirkung zwischen Ich und Welt zu bedenken, die für den Bildungsprozess charakteristisch ist. Wie erwähnt kann man sich laut Humboldt nur an Gegenständen bilden, die man außerhalb seiner selbst findet, die einem fremd sind. Der Mensch „bedarf [...] einer Welt außer sich" (ebd., S. 24), um sich durch die Auseinandersetzung mit dieser Welt zu bilden. Und zu dieser äußeren Welt gehören eben auch alle Sprachen.

Wechselwirkung zwischen Ich und Welt

Wenn in Bezug auf Humboldts Bildungstheorie von Weltaneignung und Sprachaneignung die Rede ist, gilt es zu bedenken, dass es sich weder bei der Welt noch bei der Sprache um Gegenstände handelt, die von der Außenwelt direkt in die Innenwelt überführt werden können. Dies liegt zunächst allein daran, dass man sich streng genommen nicht die Welt , sondern nur Vorstellungen von der Welt aneignen kann. So kann man sich etwa mit dem Thema „Wald“ auseinandersetzen, darüber lesen und diskutieren, Exkursionen durchführen etc. Dadurch entwickeln sich im Inneren bestimmte Vorstellungen über das Thema und über den Begriff Wald, es bildet sich ein spezifisches Verständnis. Aber das, was wir dann als Wald bezeichnen, bleibt zumindest in seiner realen bzw. materialisierten Form selbstverständlich etwas dem Menschen Äußerliches.

Vorstellungen von der Welt

Darüber hinaus erscheint es aber problematisch schon dann von einem Bildungsprozess zu sprechen, wenn Informationen über die Welt, wie wir sie etwa in Büchern finden, einfach übernommen werden, ohne dass eine tiefere Auseinandersetzung stattfindet. In der aktuellen bildungstheoretischen Diskussion wird daher betont, dass Bildungsprozesse den Menschen und sein Denken auf eine grundlegende Art verändern (vgl. Koller 2012b). Von einem Bildungsprozess kann demnach erst dann gesprochen werden, wenn ein zunächst fremder Gegenstand individuell erschlossen wird, und sich dabei eigene Vorstellungen entwickeln und neue Bedeutungen generiert werden. Diese Arbeit am fremdartigen Gegenstand kann daher als „Grundfigur der Bildung“ bezeichnet werden, wie Trabant (2018, S. 190) in Bezug auf die Bildungstheorie von Georg Wilhelm Friedrich Hegel (1770–1831) betont. Bildung ist demnach mit Arbeit verbunden, mit Arbeit an uns selbst, unserer Sprache und unserer Vorstellung von der Welt.

Arbeit am fremdartigen Gegenstand

5.7 Intersubjektivität

Wenn behauptet wird, dass man sich nur selbst bilden kann, dann kommt dieser Aussage demnach eine doppelte Bedeutung zu. Denn einerseits verändern wir durch Bildung immer nur uns selbst, und niemals eine andere Person. Es ist sozusagen unser Selbst, das gebildet wird, oder unser Geist, den wir bilden. Und andererseits kann uns diese Arbeit an uns selbst niemand anderes abnehmen, wir können sie nicht delegieren. Wir müssen gewissermaßen selbst an unserem Selbst arbeiten. Diese Selbstbezüglichkeit der Bildung bedeutet jedoch nicht, dass Bildungsprozesse einsam und allein vollzogen werden müssen, isoliert von der Welt und den anderen Menschen. Gerade weil es die Welt und die Sprachen sind, die mit Humboldt zu den zentralen Medien der Bildung erklärt werden können, zeigen die in diesem Zusammen-

Selbstbezüglichkeit der Bildung

hang durchgeführten medienpädagogischen Überlegungen auch, dass Bildungsprozesse nur in Verbindung mit anderen Menschen denkbar sind. Bildung soll die Menschen laut Humboldt eng mit der Welt verknüpfen. Gerade dadurch entstehen aber immer auch Verbindungen zu anderen Menschen, mit denen wir diese Welt teilen – und, nicht zuletzt über die Sprache, aktiv teilen können. Darauf verweisen auch die pädagogischen Berufe, in denen es im Kern immer darum geht, etwas von sich und der Welt mitzuteilen, und von anderen zu lernen.

aktiv teilen

In diesem Zusammenhang sind auch die in Anlehnung an Humboldts Sprachphilosophie angestrengten Überlegungen Trabants zur „Bildung des Gedankens durch Sprache" (Trabant 2018, S. 186) aufschlussreich „Die Sprache ‚bildet' den Gedanken, sie ist im emphatischen Sinne ‚Bildung', nämlich Erzeugung und Formung kognitiver Strukturen" (ebd.). Entscheidend erscheint dabei die Verbindung von Vorstellungen mit Lauten, weshalb die Stimme und das Gehör neben dem Gedanken zu den drei wesentlichen Momenten geistiger Arbeit gezählt werden. Trabant erklärt diese „komplizierte perzeptive, verkörpernde und reflexive kognitive Aktivität" (ebd.) wie folgt: Zunächst wird die Welt durch die Sinne wahrgenommen. Dann bilden sich Vorstellungen, die mit Lauten assoziiert werden und gewissermaßen im Laut verkörpert werden. Werden diese Laute geäußert, können sie wieder durch die Sinne wahrgenommen werden. So erklärt es sich, dass die Sprache Vorstellungen vermitteln kann, die wir als geistig bezeichnen können.

Welt, Sinne, Laute, Sprache, Vorstellungen

Entscheidend ist nun aber der unter Bezug auf Aristoteles (384–322 v. Chr.) geäußerte Hinweis Trabants, dass dieses sprachliche Denken auf andere Menschen angewiesen ist, mit denen gesprochen wird. „Das Denken findet immer in der inter-subjektiven Dimension mit dem Anderen statt. Die Bildung des Gedankens ist noch nicht an ihr Ende gelangt, wenn der Gedanke nur an mein eigenes Ohr zurückkehrt. Er muss von dir gehört werden und vor allem aus der ‚fremden Denkkraft' zurückstrahlen. Die sprachliche Arbeit des Geistes endet erst im Mit-Denken und Mit-Sprechen des Anderen" (ebd., S. 187). Ob wir etwas verstanden haben, zeigt sich demnach vor allem dann, wenn wir darüber mit anderen Menschen sprechen können, und diese uns wiederum mit ihren Worten zu verstehen geben, dass wir uns in Hinblick auf diese Sache verstehen. „Die sprachliche Bildung des Gedankens ist ein viel komplizierterer Prozess, als es sich simple Repräsentations-Modelle vorstellen. Wir bilden nicht nur Vorstellungen im Kopf und kleben dann sozusagen Laute an die-

sprachliche Arbeit des Geistes

Mit-Denken und Mit-Sprechen des Anderen

se. Vorstellungen werden nur gebildet, wenn sie Laut geworden und gehört worden sind, und überhaupt erst dann wirklich fertig, wenn du mir mein Wort zurückgibst" (ebd.).

zwischenmenschliche Verständigung

Auch wenn die zwischenmenschliche Verständigung ein wichtiges Ziel der Sprachbildung und des sprachlichen Austauschs über die Welt ist, darf dabei nicht übersehen werden, dass „Sprache kein universell gleiches Denken generiert, sondern ein essentiell verschiedenes in verschiedenen Sprachen" (ebd., S. 187–188). Dies gilt nicht nur für unterschiedliche Nationalsprachen, sondern in einem gewissen Sinne auch innerhalb einer Sprachkultur bzw. Sprachgemeinschaft. Denn selbst wenn wir sozusagen die gleiche Sprache sprechen, entwickelt jeder Mensch eben auch seine eigene, individuelle Sprache. Sprache ist daher, wie bereits Friedrich Daniel Ernst Schleiermacher (1768–1834) in seinen Überlegungen zur Hermeneutik bemerkte, stets sowohl etwas Individuelles als auch etwas Kollektives (Schleiermacher 1838/1977; vgl. Knobloch 2018). „In der Alterität ‚nistet' gleichsam die Differenz. Du bist zwar wie ich, aber du bist trotzdem ein anderer oder eine andere. Es gibt daher nicht die Sprache überhaupt, sondern wir denken und bilden das Wort und den Begriff in verschiedenen Sprachen" (Trabant 2018, S. 188).

individuelle Sprache

Diese Aussage Trabants ist insofern interpretationswürdig, als aus ihr nicht eindeutig hervorgeht, was er an dieser Stelle mit dem Ausdruck „verschiedene Sprachen" meint. Denn aus der Tatsache, dass „du" ein anderer bist als „ich", lässt sich zunächst folgern, dass „meine" Sprache nie ganz identisch ist mit „deiner". Es gibt fraglos Unterschiede in der Art und Weise, wie Menschen sprechen, auch wenn sie dabei prinzipiell auf eine gemeinsame Sprache zurückgreifen, etwa auf das Deutsche oder das Spanische. Sprechen wir jedoch miteinander in einer gemeinsamen Sprache, so kann man kaum behaupten, dass wir „das Wort und den Begriff in verschiedenen Sprachen" denken und bilden.

Begriffsbildung

Die Begriffsbildung ist insofern von der Wortbildung zu unterscheiden, als Wörter dann zu Begriffen werden, wenn mit ihnen etwas begriffen wird. Hier geht es also um das Wortverständnis. Die Frage ist daher, was wir unter einem Wort verstehen. Nur weil wir ein Wort korrekt bilden und grammatikalisch korrekt verwenden können, heißt das noch nicht, dass dieses Wort auch etwas für uns bedeutet. Welche Bedeutung wir den Wörtern beimessen, ist daher von unserer Arbeit am Begriff abhängig, oder, abstrakt mit Humboldt gesprochen, von unserer Auseinandersetzung mit der Welt. Diese Auseinandersetzung findet aber immer in einer bestimmten Sprache statt. Natürlich kann man sich auch in unterschiedlichen Sprachen über ein bestimmtes Thema informieren, beispielsweise indem man sowohl auf deutschsprachige als auch spanischsprachige Fachliteratur zurückgreift. Dennoch, und das ist ja die Pointe von Humboldts Sprachtheorie, geht die eine Sprache nicht ganz in der anderen auf, lässt sich die eine nicht direkt und unmittelbar in die andere Sprache übersetzen.

5.8 Alterität

Wenn wir also von einer sprachlichen Alterität sprechen, so ist es aufschlussreich, zwischen einer innersprachlichen und einer zwischensprachlichen Alterität zu unterscheiden. Im ersten Fall ist damit die sprachliche Alterität gemeint, die beispielsweise zwischen zwei deutschsprachigen Menschen besteht. Im zweiten Fall bezieht sich der Begriff der sprachlichen Alterität auf Unterschiede, die etwa zwischen der deutschen und spanischen Sprache bestehen.

innersprachliche und zwischensprachliche Alterität

Betrachten wir zunächst den Fall zweier Personen, die ein- und dieselbe Sprache sprechen, also eine Sprache, die als Nationalsprache, als moderne Sprache oder auch als ausgebaute Sprache bezeichnet werden kann, wie beispielsweise die 24 Amtssprachen der Europäischen Union (vgl. Trabant 2018, S. 172–176). Von einer Alterität und Differenz zwischen zwei Sprechern derselben Sprache kann zunächst in Hinblick auf den Wortschatz gesprochen werden. Ein gemeinsam geteilter Grundwortschatz ist zwar sicherlich die Voraussetzung für eine erfolgreiche Verständigung, aber darüber hinaus kann der Wortschatz erheblich variieren. Ebenso kann es Differenzen in Bezug auf die Beherrschung der Grammatik geben. In diesen Bereich fällt auch die Fähigkeit zur korrekten Wortbildung. Entscheidend ist weiterhin, welche Vorstellungen und Bedeutungen die einzelnen Menschen mit den Wörtern verbinden, über welche Begriffe sie also verfügen. Über den Inhalt hinaus können aber auch Unterschiede in Bezug auf den Sprachstil und die rhetorischen Fähigkeiten auffallen. Dies lässt sich dadurch erklären, dass sich die Menschen auf je verschiedene Weise und mit spezifischer Intensität mit der Welt auseinandersetzen. All diese Differenzen können im Gespräch deutlich hervortreten, gerade wenn wir dabei im Grunde ein und dieselbe Sprache sprechen. Mit Humboldt kann man wohl auch sagen, dass es sich hierbei um Bildungsunterschiede handelt, die an der individuellen Sprache festgemacht werden können.

Alterität und Differenz

Wortschatz

Grammatik

Sprachstil

rhetorische Fähigkeiten

Bildungsunterschiede

Alterität zwischen unterschiedlichen Sprachen

Die Alterität die zwischen unterschiedlichen Sprachen besteht, kann als eine Form der Differenz verstanden werden, auf die Humboldt mit dem Begriff der Weltansichten verweist. Zwar kann man sich im Grunde auf jeder Sprache bilden, aber jede Sprache ermöglicht doch wieder einen anderen Zugang zur Welt. „Verschiedenheit und Mannigfaltigkeit der Sprachen sind ein Reichtum des Geistes und der Welt, weil wir die Welt durch die Sprachen jeweils anders sehen und jeweils anderes in ihr *entdecken*. Diese verschiedenen Aspekte des Weltentdeckens sind für Humboldt eine Erweiterung des ‚Menschendaseyns'. Sprachen sind etwas Kostbares, weil sie verschiedenes Denken sind" (ebd., S. 188).

Dass Humboldts Sprach- und Bildungstheorie auch teilweise anders interpretiert werden kann, als dies der Philologe Trabant macht, zeigt sich an aktuellen Beiträgen der deutschsprachigen Erziehungswissenschaft, in denen ein deutlich weiterer Sprachbegriff zugrundegelegt wird. „Als eine wesentliche Aussage über die Grundstruktur von Bildungsprozessen lässt sich [...] im Anschluss an Humboldt festhalten, dass es darin um die Erweiterung der je eigenen ‚Weltansicht' durch die Auseinandersetzung mit fremden Sprachen geht. Dabei ist wichtig, dass ‚Sprache' und ‚Sprachen' in diesem Kontext nicht nur als Nationalsprache(n) wie Deutsch, Englisch oder Französisch zu verstehen sind, sondern vielmehr als jede Form gruppenspezifischer oder sogar individueller Sprech- und Ausdrucksweisen. Bildung als Auseinandersetzung mit fremden Sprachen meint daher nicht nur den Fremdsprachenunterricht, sondern im Grunde jeden Dialog mit anderen Menschen, in dem sich ein Subjekt auf die fremde ‚Weltansicht' seines Gegenübers einlässt und auf diese Weise seine eigene ‚Weltansicht' erweitert oder sogar überschreitet" (Koller 2012a, S. 86–87).

5.9 Basis-, Grundlage- und Spezifizierungsmedien

Zusammenhang von Medien, Erziehung und Bildung

Versucht man sich den Zusammenhang von Medien, Erziehung und Bildung möglichst allgemein zu erschließen, so kann man dabei auf Wilhelm von Humboldts Bildungs- und Sprachtheorie zurückgreifen. Wie gesehen stellt für Humboldt einerseits die Welt das zentrale Bildungsmedium dar, und andererseits die Sprache sowie die Sprachen. Für die praktische pädagogische Arbeit bedeutet dies zunächst, dass man den Adressaten des pädagogischen Handelns Möglichkeiten zur Bildung eröffnen muss, indem man einerseits mit ihnen spricht, und ihnen andererseits Möglichkeiten der adäquaten und möglichst umfassenden Auseinandersetzung mit der Welt eröffnet. Diese basale medienpädagogische Einsicht liefert in Bezug auf alle Alters- und Bildungsstufen sowie pädagogischen Berufsfeldern eine erste, allgemeine Orientierung.

Da die eigenen sprachlichen Fähigkeiten aber auch das eigene Weltwissen stets begrenzt sind, bietet es sich an, sich in der pädagogischen Arbeit nicht nur auf sich selbst zu verlassen, sondern auch auf andere Medien zurückzugreifen. Dabei lassen sich mit Caruso basale Medien, Grundlagemedien und Spezifizierungsmedien der Bildung und der Erziehung unterscheiden. „Mit ‚basalen Medien' bezeichnet man insgesamt diejenigen Medien, die die Basis allgemeiner Kulturtechniken darstellen" (Caruso 2019, S. 34). Dabei lassen sich hier wieder sinnliche *Basismedien* „wie Ton und Bild" von unsinnlichen „wie Zahlen und Buchstaben" (ebd.) unterscheiden. In Hinblick auf die Frage, ob die Schrift selbst ein Medium sei oder vielmehr erst ein Medium wie beispielsweise Papier benötige, um sich zu materialisieren, argumentiert Caruso, dass die Schrift „immer auf Materie angewiesen" (ebd.), und damit fraglos ein Medium sei. Unter *Grundlagemedien* versteht Caruso Medien, die „als Grundlage von Bildungsinstitutionen" (ebd., S. 35) gelten können. Als wichtigstes Grundlagemedium bezeichnet er das Buch, auch wenn ebenso „Bilder, Sammlungen von Naturalien, Musikinstrumente etc. Bildungs- und Erziehungsvorgänge entscheidend prägen können" (ebd.). Mit dem Begriff *Spezifizierungsmedien* bezeichnet Caruso solche Medien, die speziell für den Erziehungs- und Bildungsbereich entwickelt wurden, etwa Schulbücher, das Schulkino, den Schulrundfunk oder das Bildungsfernsehen (ebd.).

basale Medien, Grundlagemedien und Spezifizierungsmedien der Bildung und der Erziehung

Fragen

1. Was wird in der Erziehungswissenschaft unter Medien bzw. unter Medien der Bildung oder Medien der Erziehung verstanden?
2. Warum kann man behaupten, dass Medien eine doppelte pädagogische Bedeutung haben?
3. Was spricht dafür, die Sprache als wichtigstes Bildungsmedium zu bezeichnen?

Weiterführende Literatur

Kohout, Annekathrin/Ullrich, Wolfgang (Hrsg.) (2021): Digitale Bildkulturen. Bildproteste, Screenshots, Hassbilder, Netzfeminismus und Selfies.

Bonn: bpb. – Zusammenstellung von fünf Büchern aus einer innovativen und aktuellen Buchreihe über digitale Bildkulturen.

Moser, Heinz (2019): Einführung in die Medienpädagogik. Aufwachsen im digitalen Zeitalter. Wiesbaden: Springer VS. – Standardwerk zur Medienpädagogik, das auf die Geschichte der Medienentwicklung und insbesondere auf digitale Welten Bezug nimmt.

Sander, Uwe/Gross, Friederike von/Hugger, Kai-Uwe (Hrsg.) (2022): Handbuch Medienpädagogik. Wiesbaden: Springer VS. – Sehr umfangreiches und vielseitiges Grundlagenwerk zu den wichtigsten Aspekten der erziehungswissenschaftlichen Teildisziplin Medienpädagogik.

Vossler, Karl/Spitzer, Leo/Poppenberg, Gerhard (Hrsg.) (2022): Sprachwandel und Kulturwandel. Berlin: Matthes & Seitz. – Zusammenstellung zweier klassischer Texte über den Zusammenhang von Sprach- und Kulturwandel, ergänzt durch einen aktuellen Beitrag, der die früheren Überlegungen auf gegenwärtige Entwicklungen bezieht und weiterdenkt.

Kapitel 6: Ästhetische und Kulturelle Bildung

Das Nachdenken über Erziehung und Bildung ist kaum denkbar, ohne in der Auseinandersetzung mit diesen beiden Begriffen auch den der Kultur heranzuziehen. Dies lässt sich zumindest für den deutschen Sprachraum behaupten, da sich hier eine spezifische Art über Erziehung und Bildung zu sprechen herausgebildet hat, in der der Kulturbegriff herangezogen wird, um den Bildungsbegriff zu erläutern – und umgekehrt. So kann man vereinfacht sagen, „dass ‚Bildung' als die Form gilt, in der die Individuen an der Kultur teilhaben" (Fuhrmann 2006, S. 36). Aus dieser Aussage lässt sich der Schluss ziehen, dass Bildung immer auch kulturelle Bildung ist. Von Kultur ist hierbei in einem sehr weiten Sinne die Rede. Der Kulturbegriff lässt sich jedoch auch in einem engeren Sinne verwenden, etwa wenn man ihn ausschließlich auf den Bereich der Kunst bezieht. Verwendet man den Begriff der Kunst wiederum als Oberbegriff für all jene Kulturbereiche, in denen ästhetische Kriterien und Qualitäten eine besondere Rolle spielen, so lassen sich neben der Kunst im engeren Sinne zu den Künsten beispielsweise auch die Bereiche Literatur, Musik, Theater und Tanz zuordnen.

Erziehung
Bildung
Kultur

Kunst

In Hinblick auf dieses weite und enge Verständnis von Kultur, stellt sich die Frage, ob es entsprechend auch ein enges und weites Verständnis von kultureller Bildung gibt. Darüber hinaus kann man fragen, ob ein auf den ästhetischen Bereich fokussiertes Bildungsverständnis im Sinne der begrifflichen Klarheit dann besser als ästhetische Bildung bezeichnet, und von einem allgemeinen Begriff der kulturellen Bildung abgegrenzt werden sollte.

kulturelle Bildung

ästhetische Bildung

Laut Birgit Althans und Kathrin Audehm (2019, S. 9) werden die Begriffe der kulturellen Bildung und der ästhetischen Bildung in der Erziehungswissenschaft mittlerweile meist synonym verwendet, weshalb sie von einer „begrifflichen Unschärfe" sprechen. Auch werde im „kulturwissenschaftlichen Diskurs kaum (noch) zwischen Kultur*vermittlung* und kultureller *Bildung* unterschieden" (ebd.).

begriffliche Unschärfe

Auch in den wissenschaftstheoretischen Diskussionen zeigt sich eine Vielfalt an Begriffen, die nicht immer trennscharf und eindeutig zu bestimmen sind. So wird in Hinblick auf die wissenschaftliche Auseinandersetzung mit kulturellen und ästheti-

Kulturelle Bildung · Ästhetische Bildung · Kulturpädagogik · kulturwissenschaftliche Pädagogik

schen Erziehungs- und Bildungstheorien etwa von der Kulturellen Bildung, der Ästhetischen Bildung, der Kulturpädagogik oder auch von einer kulturwissenschaftlichen Pädagogik gesprochen (Fuchs 2003).

Theorien · pädagogische Arbeitsfelder

In diesem Zusammenhang wird auch diskutiert, inwieweit es sinnvoll ist, diese auf Kultur und Ästhetik bezogenen Theorien nur auf spezifische pädagogische Arbeitsfelder zu beziehen, und sozusagen von Arbeitsfeldern her zu bestimmen, die in den Bereich der Literaturvermittlung, der Kunst-, Musik- oder Theaterpädagogik fallen. Damit verbunden wird auch der Frage nachgegangen, wie sinnvoll es ist, den Begriff der Kultur und den Bereich der Ästhetik auf das Feld von Kunst, Musik, Literatur, Tanz oder Film zu beschränken (ebd.).

Studienrichtungen und Berufsfelder

Vor dem Hintergrund dieser unterschiedlichen Verständnisse von kultureller und ästhetischer Bildung stellt sich die Frage, welche Konsequenzen dies für die Klärung des Zusammenhangs von Studienrichtungen und Berufsfeldern der Erziehungswissenschaft hat. Qualifizieren Studienschwerpunkte im Bereich der kulturellen und ästhetischen Bildung direkt und ausschließlich für die praktische Arbeit im Bereich der kulturellen und ästhetischen Bildung? Qualifizieren diese Schwerpunktsetzungen auch für die Arbeit in anderen Bildungsbereichen? Können auch andere Studienrichtungen den Weg in Praxisfelder der kulturellen und ästhetischen Bildung weisen? Fragen kann man darüber hinaus auch, inwiefern kulturelle und ästhetische Bildung als Formen allgemeiner Bildung zu verstehen sind, und ob allgemeine Bildung nicht immer auch den Bereich von Kultur und Ästhetik betrifft. Um Anregungen zur Diskussion dieser Fragen zu bekommen, soll zunächst das Verhältnis von Bildung und Kultur, daran anschließend das von Bildung und Ästhetik in den Blick genommen werden.

6.1 Bildung und Kultur

Das Begriffspaar Bildung und Kultur ist insofern interessant, als es sich hierbei um eine Besonderheit der deutschen Sprache handelt. „Man schlage in einem beliebigen deutsch-englischen, deutsch-französischen oder deutsch-italienischen Lexikon nach, wie dort ‚Bildung' (im Sinne der geistigen Prägung, als Prozess und als Resultat, eines Menschen) wiedergegeben wird: Stets stößt man auf den Begriff ‚culture', ‚cultura', oft mit dem spezifizierenden Hinweis, dass hiermit neben anderem die intellektuelle, die wissenschaftliche Formung und somit exakt das, was man im Deutschen unter Bildung versteht, gemeint sei" (ebd.). Bei der Unterscheidung zwischen Bildung und Kultur handelt sich also um eine Besonderheit der deutschen Sprache, die in anderen Sprachen keine exakte Entsprechung findet.

Bildung und Kultur

Bei dem Begriffspaar Bildung und Kultur verhält es sich, wie bei den beiden Begriffen „Treppe" und „Leiter", die Jürgen Trabant (2018) anführt, um Wilhelm von Humboldts Bildungs- und Sprachtheorie zu erklären. Während in der deutschen Sprache zwischen „Treppe" und „Leiter" begrifflich unterschieden wird, meint im Italienischen der Begriff „scala" beides. Aufschlussreich sind diese sprachtheoretischen Ausführungen Trabants daher auch für das Verständnis der Begriffe Bildung und Kultur, da ihm zufolge derartige sprachliche Besonderheiten zunächst einfach nur sprachlich begründet sind, und noch keinen Rückschluss darauf zulassen, ob Sprechern anderer Sprachen der Unterschied zwischen zwei Begriffen allein deshalb nicht bewusst ist, weil sie ihn sprachlich nicht direkt ausdrücken können. Wie erwähnt verweist Trabant darauf, dass auch Italienern der Unterschied zwischen einer Treppe und einer Leiter bewusst ist, auch wenn sie ihn nicht sprachlich bzw. begrifflich zum Ausdruck bringen können.

Dieser Hinweis ist insofern wichtig, als es immer wieder Auseinandersetzungen über die Frage gab, ob diese sprachliche Unterscheidung zwischen Bildung und Kultur nicht doch auch auf einen bedeutenden Unterschied zwischen „den Deutschen" und „anderen Völkern" verweist, ob also beispielsweise die deutsche Kultur eine besondere Beziehung zum Thema Bildung hat, vielleicht die Deutschen gar gebildeter sind als andere. „Die in Westeuropa unbekannte Duplizität der Begriffe ‚Bildung' und ‚Kultur' wurde als ‚semantischer Sonderweg' der Deutschen charakterisiert und zu weitreichenden mentalitätsgeschichtlichen Folgerungen benutzt" (Fuhrmann 2006, S. 38).

Ähnlich wie Trabant in Bezug auf die Unterscheidung zwischen „Treppe" und „Leiter", verweist auch der Philologe Manfred Fuhrmann (2006) darauf, dass die begriffliche Unterscheidung zwischen „Bildung" und „Kultur" im Grunde nichts Außergewöhnliches sei und der Sinn dieser Unterscheidung auch von Sprechern anderer Sprachen leicht eingesehen werden könne, bzw. diesen natürlich ebenso bewusst ist oder zumindest bewusstgemacht werden könne. Das Begriffspaar habe „als solches nichts Sonderbares an sich [...]; es scheint vielmehr auf ein altüberkommenes Denkschema zu verweisen, auf das platonische Verhältnis der Ideen zu den ihnen untergeordneten Dingen der wahrnehmbaren Welt" (ebd.).

Ideen
Dinge

Diesem platonischen Denkschema zufolge gibt es auf der einen Seite abstrakte Ideen und Begriffe, und auf der anderen Seite sinnlich wahrnehmbare Dinge, die mit diesen Begriffen bezeichnet werden können. Um diesen Gedanken zu erläutern, zieht Fuhrmann den Begriff „Tisch" heran, der fraglos in einer engen Beziehung zu allen konkreten existierenden und sinnlich wahrnehmbaren Tischen steht. „Platon hat für die Relation zwischen den Ideen und Begriffen einerseits und den sinnlich wahrnehmbaren Dingen andererseits den Terminus ‚Methexis' (‚Teilhabe') geprägt: Die vielen sicht- und greifbaren Tische haben teil an der einen Idee, an der Form oder Gestalt des Tisches" (ebd.). Während die Ideen bzw. Begriffe diesem Verständnis nach vollkommen und perfekt sind, seien die wahrnehmbaren Dinge stets unvollkommen. Tische gibt es sozusagen viele, und man kann sicherlich nicht sagen, dass dieser oder jener Tisch perfekt sei, alle anderen Tische jedoch unvollkommen sind. Dagegen kann man an dem Begriff „Tisch" schwer etwas aussetzen, da er als Begriff gewissermaßen perfekt ist: Mit dem Begriff Tisch können Tische als solche bezeichnet werden. „Die wahrnehmbaren Dinge sind nach Maßgabe dieses ontologischen Modells den Begriffen gegenüber im Nachteil: Sie vermögen die Begriffe nur unvollkommen abzubilden. Doch immerhin verweisen sie vermöge der Teilhabe auf die Vollkommenheit der Begriffe, an denen sie teilhaben, und fordern so den Betrachter auf, sich eben dieser Vollkommenheit bewusst zu werden" (ebd.).

Dieses Denkschema überträgt Fuhrmann nun auf die Begriffe Bildung und Kultur. Dabei rückt er den Begriff der Kultur in die Nähe der platonischen Ideen und Begriffe, den der Bildung assoziiert er dagegen mit den wahrnehmbaren Dingen. „‚Bildung' wird repräsentiert durch zahlreiche Individuen, die Gebildeten, die somit den vielen wahrnehmbaren Einzeldingen der platonischen Ontologie entsprechen; die ‚Kultur' wiederum ist eine Abstraktion, eine nur in der Vorstellung vollziehbare Synthese" (ebd., S. 39).

Dem platonischen Denkschema entsprechend bezeichnet Fuhrmann dann auch die Kultur als etwas Vollkommenes, die Bildung dagegen als etwas Unvollkommenes. „Zwischen Bildung und Kultur besteht dasselbe ambivalente Verhältnis wie zwischen den wahrnehmbaren Dingen und den Ideen Platons. Der um Bildung sich Bemühende befindet sich der Kultur gegenüber im Nachteil: Er hat, so sehr er sich anstrengt, stets nur auf unvollkommene Weise Anteil an der Kultur. Andererseits spiegelt Bildung ein Stück Kultur und weist so über sich hinaus auf den Quellgrund, der sie ermöglicht" (ebd.).

Wenn Fuhrmann behauptet, dass die begriffliche Unterscheidung zwischen Bildung und Kultur zwar eine „semantische Besonderheit" der deutschen Sprache sei, jedoch darüber hinaus aus dieser keine Rückschlüsse über eine kulturelle Sonderstellung der Deutschen bzw. der deutschen Kultur abzuleiten sei, so begründet er dies damit, dass, zumindest in Europa, trotz aller nationalen Unterschiede, lange Zeit von einer weitgehend einheitlichen Kultur gesprochen werden kann. Diesen Zeitraum, in dem sich die europäische Kultur bildete und entwickelte, lässt er mit dem Übergang von der Antike ins Mittelalter beginnen, auch wenn die Grundlagen aus der Antike stammten, abstrakt gesprochen aus „Jerusalem, Athen und Rom" (ebd., S. 9).

semantische Besonderheit

Wenn der Bildungsbegriff demnach auf die Art und Weise verweist, in der einzelne Menschen an der Kultur teilhaben, so lässt sich daraus auch eine erste Bestimmung von Erziehung ableiten. Unter Erziehung können dann all jene Versuche verstanden werden, andere Menschen mit der Kultur in Verbindung zu bringen. Da der Begriff Kultur aber eben insofern abstrakt bleibt, als er etwas derart Umfassendes meint, das vom einzelnen Menschen gar nicht überblickt werden kann, stellt sich für die pädagogische Praxis die grundlegende Frage, was im Einzelfall unter Kultur verstanden werden soll, was es also Wert ist, anderen Menschen, insbesondere Kindern und Jugendlichen, aber auch Erwachsenen und älteren Menschen, zu vermitteln.

6.2 Erziehung und Kultur

Erziehung

Dass Erziehung auf die Vermittlung von Kultur zielt, ist auch der grundlegende Gedanke in einem Buch Klaus Mollenhauers (1928–1998), das daher den Untertitel „Über Kultur und Erziehung" (1983/2008) trägt. Darin kommt Mollenhauer zu dem Schluss, dass Erziehung im Sinne der Kulturvermittlung nur dann sinnvoll sein kann, wenn zunächst überlegt wird, was konkret vermittelt werden soll. „Erziehung ist [...] zuallererst Überlieferung, Mitteilung dessen, was uns wichtig ist" (ebd., S. 20). Deshalb müssten die Erwachsenen sich zunächst selbst fragen, was ihnen denn wichtig, was mitteilungswert sei. Dies könne aber nur dadurch geklärt werden, dass die Erwachsenen über sich selbst, über ihre eigene Lebensform, ja über ihre eigene Kultur und Bildung nachdenken.

Kulturvermittlung

Diesen Gedanken setzt Mollenhauer in seinem Buch insoweit um, als er sich mit der Kulturgeschichte auseinandersetzt, um dort nach Hinweisen zu suchen, was ihm überlieferungswert erscheint. Dabei geht es ihm als Professor für Pädagogik nicht darum zu klären, welche Elemente der Kultur er selbst an bestimmte Kinder oder Jugendlichen vermitteln will, sondern was er den Studierenden der Erziehungswissenschaft sowie den Fachkolleginnen und Fachkollegen über Pädagogik mitzuteilen hat. Um dies zu klären, zieht Mollenhauer in seinem Buch konkrete Kulturzeugnisse aus unterschiedlichen Epochen heran, die er dann in Hinblick auf seine Frage analysiert und interpretiert. Dabei handelt es sich einerseits um Texte, andererseits um Bilder. Unter den Texten befinden sich beispielsweise Auszüge aus einem Brief von Franz Kafka an seinen Vater, aus den *Confessiones* des Aurelius Augustinus oder aus der Autobiographie von Büffelkind Langspeer, dem „Häuptling eines Dorfes der Schwarzfuß-Indianer im nordwestlichen Teil der USA" (ebd., S. 33). Unter den Bildern befinden sich unter anderem Holzschnitte aus dem 15. Jahrhundert, ein paar Druckseiten des *Orbis sensualium pictus* von Johann Amos Comenius und Gemälde, beispielsweise *Las Meninas* von Diego Velazquez, oder Selbstportraits von Albrecht Dürer, Rembrandt, van Gogh und Max Beckmann. Die Methode Mollenhauers, allgemeine pädagogische Erkenntnisse über die Interpretation von kulturgeschichtlich bedeutsamen Texten und Bildern zu gewinnen, erinnert an die pädagogische Hermeneutik von Rittelmeyer und Parmentier (2006). Diese zeigen exemplarisch auf, wie Texte, Bilder und Dinge pädagogisch interpretiert werden können.

Kulturgeschichte

Kulturzeugnisse

Die Grundidee Mollenhauers kann wohl darin gesehen werden, dass er diese mehr oder weniger alten Kunst- und Kulturwerke danach befragen will, welchen Sinn und welche Bedeutung sie haben, was sie ihm also über seine Kultur sagen können. Inwieweit können diese Kunst- und Kulturwerke selbst die Bedeutung von Kultur und Bildung, damit aber auch von Erziehung vermitteln? Inwieweit lassen sie sich pädagogisch interpretieren? Die Kultur soll sozusagen für sich selbst sprechen.

6.3 Präsentation von Kultur

Ohne die komplexen Gedankengänge Mollenhauers hier im Detail nachvollziehen zu können, ist es doch wert, zunächst zumindest auf zwei Einsichten Mollenhauers einzugehen: Erziehung bedeute einerseits Präsentation von Kultur, und andererseits Repräsentati-

Präsentation von Kultur

on von Kultur. Von Präsentation spricht Mollenhauer, da den Kindern zunächst die eigene Lebensform präsentiert wird, und zwar einfach dadurch, dass die Kinder mit den Erwachsenen zusammen sind, und sozusagen den Alltag teilen. Unsere Lebensform, also die Art und Weise, wie wir unser Leben gestalten, folge einer gewissen Ordnung und Struktur, weshalb den Kindern im direkten Zusammensein letztlich kulturelle Grundstrukturen präsentiert würden. Dabei kommt für Mollenhauer dem Spracherwerb und der Sprache eine zentrale Rolle zu. Denn die Sprache besitzt selbst eine bestimmte Struktur und Ordnung, und kann nur dadurch gelernt werden, dass mit ihr über die unmittelbar vorhandene Alltagswelt gesprochen wird. Unter Rückgriff auf Humboldt kann man in diesem Zusammenhang sagen, dass durch die Sprache die Welt mit dem Menschen verknüpft wird. Es entsteht sozusagen Kultur, indem das Kind kulturelle Strukturen bildet. „In *der* Form, in welcher die Sätze, die das Kind hört, erscheinen, präsentieren diese allemal eine bestimmte historische Lebensform" (Mollenhauer 1983/2008, S. 32–33).

Repräsentation von Kultur

historische Lebensform

Durch das Zusammensein mit Erwachsenen lernen Kinder in der Regel also zumindest Grundstrukturen der Sprache und der Kultur. Mollenhauer betont jedoch auch, wie wichtig es ist, die Kinder erst schrittweise mit der gesamten Kultur zu konfrontieren. Dazu sei es notwendig, sogenannte kulturelle Filter einzusetzen. „Die ‚Wirklichkeit' des Erwachsenen ist – in welcher Kultur auch immer – ein ausdifferenziertes System von Gegenständen, Handlungen und Symbolen, das, unvermittelt dargeboten, es zunächst verwirren und dann, mangels irgendeiner Orientierungsmarke, zur zufälligen Imitation irgendwelcher in der Wahrnehmung des Kindes besonders hervortretender Vorgänge, Vorbilder, Verrichtungen, Empfindungen, Vorstellungen usw. veranlassen würde" (ebd., S. 35). Es macht also durchaus Sinn, beispielsweise mit Kleinkindern anders zu sprechen als mit Erwachsenen, und mitunter auch über andere Themen.

6.4 Repräsentation von Kultur

Mollenhauer zeigt an verschiedenen historischen Holzstichen, wie sich im Laufe der Zeit die Präsentation der Arbeitswelt veränderte. Waren die Kinder einer bäuerlichen Familie zunächst noch bei der Arbeit anwesend, wie Holzschnitte aus der Zeit um 1500 zeigen, so werden im Zuge der Entstehung pädagogischer Räume und Institutionen, insbesondere der Schule, die Lebenswelten

pädagogische Räume und Institutionen

von Erwachsenen und Kindern zunehmend getrennt. Dies zeigt Mollenhauer an anderen historischen Bildern auf. Diese Trennung besteht zumindest in den Zeiten, in denen die Erwachsenen arbeiten, und die Kinder – mitunter im selben Raum oder aber an einem anderen Ort – lernen. „Die Kultur wird dem Kinde nicht mehr als das Ganze einer Lebensform repräsentiert, sondern hälftig: zunächst als pädagogische Einübungsweisen, wie für Fremde" (Mollenhauer 1983/2008, S. 50).

Wenn nun seit der frühen Neuzeit immer mehr Kinder nicht mehr die Eltern bei der Arbeit begleiten, da sie separat unterrichtet, beschult und betreut werden, entstehen damit auch immer neue und umfangreichere pädagogische Berufsfelder. Besondere pädagogische Institutionen werden notwendig: „Schulen (nun nicht nur für ganz wenige, sondern für das städtische Bürgertum insgesamt), innerhäusliche Lernübungen, Waisenhäuser – später dann (im 19. Jahrhundert) Kinderbewahranstalten, Kindergärten, Jünglingsvereine, schließlich im 20. Jahrhundert die endgültige Durchsetzung der allgemeinen Schulpflicht, Vorschulerziehung, Heimerziehung, außerschulische Jugendbildung, berufliche Grundausbildung usw." (ebd.).

pädagogische Berufsfelder

Durch die Entstehung dieser pädagogischen Berufsfelder werden die Kinder immer weniger auf die kulturelle Lebensform ihrer Eltern festgelegt. Ihre Bildung und ihre Kultur lösen sich von der ihrer Eltern, da sie in weiten Teilen nicht mehr an dieser teilnehmen und dadurch auch nicht teilhaben. Das ist in gewisser Weise ein Kulturverlust, aber auch ein Freiheitsgewinn. Nun stellt sich jedoch für die pädagogischen Institutionen die Frage, welche kulturellen Inhalte, welche Aspekte der Gesamtkultur, sie vermitteln wollen, sollen und können. Dadurch, dass nun immer mehr Kinder unabhängig vom Beruf ihrer Eltern zusammen unterrichtet werden sollen, stellt sich mit Nachdruck auch die Frage, was man ihnen *allen* beibringen soll. Was ist für alle wichtig zu lernen? Was sind die Grundlagen der gemeinsam geteilten Kultur? Was bedeutet Bildung für alle?

Kulturverlust

Freiheitsgewinn

Gesamtkultur

Diese Fragen verweisen laut Mollenhauer auf eine zentrale pädagogische Aufgabe. Diese besteht einerseits darin, dass Pädagoginnen und Pädagogen eine Auswahl aus der schier unendlichen Vielfalt möglicher Bildungsgegenstände treffen müssen. Andererseits müssen sie die Dinge auch noch ordnen, da ja nichts weniger als die gesamte Kultur – mit Humboldt gesprochen: die Welt – vermittelt werden soll. Gewendet kann man auch sagen, dass die Erzieher und Lehrer über die Ordnung der Welt und der Kultur nachdenken müssen, um dann jene Bildungsgegenstände

Auswahl Bildungsgegenstände

Ordnung der Welt

auszuwählen, die diese Ordnung repräsentieren. Es geht also um Repräsentation.

Einen ersten Versuch, auf die Frage der pädagogischen Repräsentation der Welt eine Antwort zu finden, sieht Mollenhauer in dem 1658 in Nürnberg erschienenen Schul- und Lehrbuch „Orbis sensualium pictus" des Johann Amos Comenius (1592–1670). Hier wird die Welt präsentiert, geordnet in Themenbereiche. Zu jedem Thema gibt es ein Bild, dazu einen kurzen erklärenden Text mit den wichtigsten Wörtern auf Latein und Deutsch. Das erste Thema lautet „Deus", Gott; es folgt „Mundus", die Welt. Letztlich geht es um alles, um Blumen, Tiere, den Menschen, die Philosophie, den Zimmermann etc. Denkt man an das Thema Medien und Medienpädagogik zurück (vgl. Kapitel 6), so ist es interessant zu sehen, dass sich Comenius auch den Themen Schreibkunst, Papier, Buchdruckerei, Buchladen, Buchbinder, Buch, und darauffolgend der Schule und dem Kunstzimmer – auf Latein: Muséum – widmet. Zu dem letzten Thema schreibt er laut einer digitalen Reedition, die im Internet aufrufbar ist: „Das Musenzimmer ist ein Ort/wo der Kunstliebende [Student] abgesondert von den Leuten/alleine sitzet/dem Kunstfleiß ergeben/indem er liset Bücher/welche er neben sich auf dem Pult aufschläget/und daraus in sein Handbuch das bäste auszeichnet/oder darinnen mit Unterstreichen/oder am Rand mit einem Sternlein/bezeichnet" (Comenius 1658, S. 200).

pädagogische Repräsentation der Welt

Schul- und Lehrbuch

Wie Mollenhauer betont, hat sich die auf Comenius zurückführbare Idee, die Repräsentation der Welt als pädagogische Kernaufgabe zu begreifen, global durchgesetzt. „Pädagogik, so könnte man sagen, ist seit 300 Jahren die Welt ‚noch einmal', und zwar in stilisierten Abbildungen, ein gewaltiges ästhetisch-symbolisches Unternehmen, eine Art Riesen-Collage, die inzwischen, nachdem unsere Curriculum-Konstrukteure auch in die Entwicklungsländer eindringen, im Weltmaßstab betrieben wird" (Mollenhauer 1983/2008, S. 53).

Pädagogik

ästhetisch-symbolisches Unternehmen

Riesen-Collage

Einen besonderen didaktischen Wert enthält das Buch des Comenius durch die Bebilderungen. Denn die Bilder machen das jeweilige Thema anschaulich, das bedeutet, durch die Sinne wahrnehmbar. Darüber hinaus wird nun das, was hier abgebildet ist, sprachlich erklärt und somit geordnet. Das Bild vermittelt also zwischen der wahrnehmbaren Welt, dem Denken und der Sprache. „Die Vielfalt der möglichen Sinneseindrücke und die Tatsache, daß ein angemessenes Bewußtsein von der rechten, menschenwürdigen Ordnung verloren zu gehen droht, zumal aber die Notwendigkeit, daß Kinder mit Freude lernen, machen

Bilder

eine Bebilderung der pädagogischen Beziehung nötig, in der die Sinneswahrnehmungen und Ideen miteinander verknüpft werden" (ebd., S. 60).

Für Mollenhauer symbolisiert der „Orbis sensualium pictus" die „Geburtsstunde der modernen Pädagogik" (ebd., S. 67), da es nun nicht mehr um eine Vermittlung der Kultur durch Partizipation geht, sondern um die pädagogische Repräsentation der kulturellen Grundordnung. Dabei treten drei pädagogische Grundfragen hervor, die bis heute aktuell sind: „1. Was ist, aus der Fülle möglicher Bildungsstoffe, zu lernen *wichtig*? 2. Wie kann das Wichtige in der nötigen *Anschaulichkeit* vermittelt werden? 3. Wie kann beim Kinde die *Motivation* erzeugt werden, sich das Repräsentierte anzueignen" (ebd., S. 67–68)?

pädagogische Repräsentation der kulturellen Grundordnung

6.5 Bildsamkeit

Motivation Bildsamkeit

Dem Thema der Motivation widmet Mollenhauer ein weiteres, eigenes Kapitel seines Buches, das er mit dem Begriff „Bildsamkeit" betitelt. „Wie bildet sich im Kinde die Bereitschaft, etwas zu lernen" (1983/2008, S. 79)? Auch Mollenhauer weiß, dass gerade Säuglinge und Kleinkinder meist sehr lernbereit sind. Das Problem zeige sich jedoch immer dort, wenn das Kind den Sinn des Lernens nicht einsieht, und auch gar nicht einsehen kann. Dieses Problem stellt sich natürlich nicht nur bei Kindern und Jugendlichen, sondern auch bei Erwachsenen. Wie sollte man etwa einsehen, wie wichtig die theoretische Auseinandersetzung mit dem Bildungsbegriff für die pädagogische Praxis ist, ohne sich zum einen bereits ernsthaft mit dem Begriff theoretisch auseinandergesetzt zu haben, und ohne andererseits bereits die Erfahrung gemacht zu haben, dass der Gewinn dieses gesteigerten Begriffsverständnisses durchaus für die Arbeit in pädagogischen Handlungsfeldern bedeutsam ist? Ist es wirklich wichtig, Erziehungswissenschaft zu studieren? Und was bedeutet eigentlich „studieren" in diesem Zusammenhang?

Aufforderungen

Aufgaben

Laut Mollenhauer bleibt es letztlich unergründlich, wie die Entstehung der Bildsamkeit erklärt werden kann. Wichtig erscheint ihm jedoch festzuhalten, dass Bildsamkeit durch Aufforderungen von außen motiviert werden kann, weshalb es wichtig ist Kinder herauszufordern, ihnen Aufgaben zu stellen. „Bildsamkeit ist also kein Gewächs, das bei mildem Klima von selbst gedeiht, sondern eine Disposition, die sich in Auseinandersetzung mit Erwartungen artikuliert" (ebd., S. 103). Um „die Würde des Kindes" zu achten, müsse man ihm daher „Aufgaben zumuten" (ebd.). Dabei sei es außerdem wichtig das Kind zu motivieren, sich eine positive Zukunft vorzustellen. Denn „nicht die Zufriedenheit mit dem, der ich gegenwärtig bin, sondern die Herausforderung durch den Entwurf dessen, der ich sein könnte, bringt eine Bildungsbewegung hervor, ist die Bedingung dafür, daß Bildsamkeit als Möglichkeit zur Wirklichkeit wird" (ebd.).

pädagogische Anregungen und Herausforderungen

Diese pädagogischen Anregungen und Herausforderungen sollen laut Mollenhauer die Selbsttätigkeit motivieren. Mit diesem Begriff, dem er ein weiteres Kapitel widmet, betont er, dass Bildung nicht anders als eine selbsttätige Operation verstanden werden kann. „Diese Operationen sind nicht ‚lehrbar'. Lehrbar und demonstrierbar sind nur die Problemstellungen [...]. Das jeweilige Problem aber muß das Kind selber lösen, durch seine eigene geistige Tätigkeit. Diese Problemlösung bedeutet für das Kind ‚Sinn' insofern, als ihm daraus eine Kompetenz erwächst, es anders ist, es mehr kann, es beteiligter wird als vordem" (ebd., S. 115).

Selbsttätigkeit

Dennoch sollte auch erwähnt werden, wie wichtig guter Unterricht und insbesondere die Überprüfung und gegebenenfalls die Korrektur der Lernergebnisse ist. Auch wenn das Kind nur selbst lernen kann, benötigt es zunächst eine gute Einführung und Unterweisung in das jeweilige Thema, und dann eine qualifizierte Rückmeldung in Bezug auf das Gelingen oder Misslingen seiner Anstrengungen. Hilfreich ist darüber hinaus eine Rückmeldung zur Frage, inwieweit es sich ausreichend in Hinblick auf die Thematik sowie die eigene Bildung angestrengt hat.

6.6 Zwischenfazit: Kulturelle Bildung

Mit Fuhrmann (2006) und Mollenhauer (1983/2008) lässt sich ein allgemeiner Zusammenhang von Erziehung, Bildung und Kultur herstellen. Unter Bildung wird grundsätzlich die Aneignung und Teilhabe an der Kultur verstanden. Entsprechend wird die Erziehung bei Mollenhauer als eine Form der Kulturvermittlung betrachtet. Diese Kulturvermittlung beginnt bereits im Alltagsleben, da die Kinder durch die jeweilige Lebensweise oder Lebensform geprägt werden. An diesen Gedanken schließen auch aktuelle Beiträge aus dem Bereich der Kulturellen Bildung an, die sich mit der kulinarischen Bildung auseinandersetzen. Dabei wird dieses Thema auch mit dem Konzept der Bildung für nachhaltige Entwicklung verbunden und vor dem Hintergrund der Konsumkultur diskutiert (vgl. Zirfas 2011; Zirfas/Knobloch 2016).

Kulturvermittlung

Auswahl der Bildungsgegenstände

Eine wichtige Aufgabe für die Erziehung sieht Mollenhauer in der Auswahl der Bildungsgegenstände. Dabei gilt es nicht nur zu klären, was als wichtig und vermittlungswert erachtet wird, sondern insbesondere auch, in welchem Zusammenhang die einzelnen Elemente stehen, und inwieweit sie die Gesamtkultur repräsentieren können.

Zu den wichtigen Kulturelementen zählen sowohl für Mollenhauer als auch für Fuhrmann (2006, S. 39–47) die aus dem Bereich der Künste. So betont etwa Fuhrmann in seiner Abhandlung über die klassische Bildungsidee, dass im Bildungsbürgertum sowohl die Lese- und Schreibkultur wie auch der Besuch von Museen, Konzerten, Oper-, Ballett- und Theateraufführungen sowie die Auseinandersetzung mit Kunstwerken als zentrale außerschulische Elemente dieser Bildungsform zu betrachten sind. Mollenhauer (1983/2008, S. 126–129) setzt sich an einer Stelle mit der pädagogischen Bedeutung des Malens auseinander, an der er auch die Kulturtechniken des Redens, Rechnens und Gehens behandelt. Wie erwähnt hebt er in Bezug auf Comenius auch den pädagogischen Wert von Bilderbüchern hervor, und verweist dabei auf die sinnliche Dimension. Vor allem nutzt er selbst Kunstwerke und literarische Werke, um sie pädagogisch zu interpretieren und die herausgestellten pädagogischen Ideen seinen Lesern zu vermitteln.

6.7 Ästhetische Bildung

Auch wenn die Idee Mollenhauers (1983/2008) überzeugt, aus ausgewählten Kulturzeugnissen verschiedener (meist europäischer) Epochen zentrale Aspekte der Pädagogik herauszuarbeiten, und damit diese pädagogischen Grundideen direkt mit den gewählten Kunst- und Kulturwerken zu verknüpfen, ist es doch interessant zu sehen, dass er in seiner akribischen Analyse eine wichtige pädagogische Bedeutung von Kunst und Kultur übersieht. Denn Kunst- und Kulturwerke können nicht nur über ihre jeweilige Zeit und die Gefühle und Gedanken der jeweiligen Künstler bzw. Kulturschaffenden Auskunft geben, sondern haben auch einen ästhetischen Eigenwert. Einfach ausgedrückt: Kunst- und Kulturwerke können nicht nur zum Denken und zur Ausbildung kognitiver Strukturen anregen, sondern auch einfach Freude bereiten und intensive Gefühle hervorrufen. Die Idee, dass solche ästhetischen Empfindungen auch einen Bildungswert haben, und auch in diesem Sinne von ästhetischer Bildung

pädagogische Bedeutung von Kunst und Kultur

ästhetischer Eigenwert

gesprochen werden kann, wurde vor allem durch Friedrich Schiller (1759–1805) bekannt. Kulturelle Bildung kann demnach auch ästhetische Bildung bedeuten. Diesen Gedanken hat Schiller in seinen berühmten Briefen „Über die ästhetische Erziehung des Menschen" (1795/2009) entfaltet.

ästhetische Bildung

Ähnlich wie Mollenhauer einerseits von der sinnlichen Wahrnehmung und andererseits von den kognitiven Strukturen, spricht, geht auch Schiller davon aus, dass der Mensch sowohl durch seine Sinnlichkeit als auch durch seinen Verstand charakterisiert werden kann. Während es bei Mollenhauer und Humboldt die Sprache ist, die zwischen der sinnlichen Wahrnehmung und dem Denken vermittelt, ist es bei Schiller in erster Linie das *Schöne*, das zur Bildung führt.

Sinnlichkeit
Verstand

Ob etwas schön ist, oder nicht, lässt sich laut Schiller nicht am Gegenstand selbst festmachen. Es handelt sich also um kein objektives Urteil über die Qualitäten eines Objekts. Vielmehr sind für Schiller jene Dinge schön, die ein bestimmtes Gefühl auslösen, das Gefühl des Schönen. Wenn jemand etwas schön findet, sei es ein Gemälde, ein Musikstück, ein Gedicht oder ein Kleid, so ist dies auf die Wirkung des Schönen zurückzuführen.

Gefühl des Schönen

Dieses ästhetische Gefühl des Schönen entrückt den Menschen aus dem Alltag und verzaubert ihn gewissermaßen. Dies liegt daran, dass das Schöne eine Ganzheitserfahrung bewirkt. Man fühlt sich sozusagen ganz bei sich. Außergewöhnlich ist ein derartiger Gefühlszustand für Schiller deshalb, weil der Mensch, so seine anthropologische Grundannahme, eine doppelte Natur habe, im Alltag jedoch stets nur eine Seite seines Wesens zur Geltung komme. Von einer doppelten Natur spricht Schiller, da der Mensch für ihn einerseits ein Vernunftwesen bzw. ein Wesen mit Verstand ist, und andererseits – ähnlich wie Tiere – ein Sinneswesen. Auf der einen Seite hat der Mensch also Sinnesorgane, mit denen er die Welt wahrnehmen kann, bzw. mit denen er sieht, hört, riecht, schmeckt oder tastet. Diese Sinneswahrnehmungen stimulieren dann wiederum natürliche Triebe, denen der Mensch manchmal unbewusst oder willenlos – sozusagen wie ein Tier – folgt, und die er befriedigen will. Schiller spricht hier von einem Stofftrieb. Auf der anderen Seite kann der Mensch jedoch auch seinen Verstand entwickeln, über sein Handeln nachdenken und bewusste, vernünftige und freie Entscheidungen fällen, auch gegen die Macht und Kraft der natürlichen Bedürfnisse und Triebe. Hier spricht Schiller von einem Formtrieb. Nie ganz bei sich sind die Menschen für Schiller meist deshalb, da sie normalerweise entweder ihren unmittelbaren Bedürfnissen, sinnlichen Trieben oder Ge-

Ganzheitserfahrung
doppelte Natur
Vernunftwesen
Sinneswesen
Stofftrieb
Formtrieb

fühlen folgen, oder aber ihrem Verstand. So komme zwar immer eine Seite der doppelten Natur zur Geltung, jedoch auf Kosten der anderen.

Diese anthropologische Beobachtung bzw. Annahme Schillers lässt sich an einem banalen Beispiel veranschaulichen. Man stelle sich etwa vor, dass man sich vorgenommen hat einen schwierigen Text zu studieren, und bekommt dabei plötzlich starken Hunger. Nun lässt sich das unangenehme Hungergefühl ganz einfach dadurch beseitigen, dass man das Buch zur Seite legt und sich aufmacht, um etwas zu essen. In Anbetracht einer baldigen Seminarsitzung mag es aber vernünftiger sein, zuerst den Text zu Ende zu lesen, sich über die Bedeutung des Textes Gedanken zu machen, ihn zu studieren. Laut Schiller muss man sich nun entscheiden: Entweder man folgt dem Verstand und der Vernunft, und setzt die Lektüre fort, oder man bricht ab, um den Hunger zu stillen. Wie auch immer man sich entscheidet, man gibt einer Seite der menschlichen Natur den Vorzug, und unterdrückt die andere. Welche Entscheidung nun wirklich vernünftiger ist, müsste in der konkreten Situation abgewogen werden. Auf jeden Fall ist es in Schillers Denkmodell nicht vorgesehen, gleichzeitig genussvoll zu essen und konzentriert zu lesen; vielleicht mit gutem Grund.

Derartige Alltagsphänomene sind allbekannt und für sich genommen sicherlich nicht besonders problematisch und tragisch, insbesondere wenn es gelingt, insgesamt die Balance zu halten. Die bei Schiller anklingende Problematik erscheint jedoch darin zu bestehen, dass man im Alltag sehr viele solcher Entscheidungen treffen muss, und sich auf diese Weise gewisse einseitige Gewohnheiten ausbilden können. Im Extremfall stellt man den Wunsch etwas zu verstehen zurück und entscheidet sich für die Befriedigung der unmittelbaren sinnlichen Bedürfnisse, oder auch umgekehrt. Es leuchtet ein, dass sich dadurch Gewohnheiten bilden können, die einen Charakter stark, aber nicht immer vorteilhaft, prägen.

Balance

Gewohnheiten

Um solche extrem einseitigen Entwicklungen anschaulich in Worte zu verfassen, greift Schiller die Begriffe „Wilder" und „Barbar" auf. Als „Wilde" bezeichnet er Menschen, die stets ihren natürlichen Trieben folgen, als „Barbaren" jene, die ihre Natur unterdrücken und immer vernünftig sein und alles verstehen wollen. In den ästhetischen Briefen schreibt er: „Der Mensch kann sich aber auf eine doppelte Weise entgegengesetzt sein: entweder als Wilder, wenn seine Gefühle über seine Grundsätze herrschen; oder als Barbar, wenn seine Grundsätze seine Gefühle zerstören. Der Wilde verachtet die Kunst, und erkennt die Natur als seinen unumschränkten Gebieter; der Barbar verspottet und entehrt die

„Wilder"

„Barbar"

Natur, aber verächtlicher als der Wilde fährt er häufig genug fort, der Sklave seines Sklaven zu sein“ (Schiller 2009, S. 19).

Diese Worte verbergen nicht eine gewisse Dramatik. Das liegt sicherlich auch am Begriff des *Sklaven*, den Schiller an dieser Stelle heranzieht. Sich selbst zum Sklaven seiner Grundsätze zu machen, bedeutet ja nicht weniger, als seine eigene Freiheit aufzugeben – und zwar aus eigenem Unvermögen, seiner eigenen doppelten Natur gerecht zu werden. Ebenso drastisch ist die Beschreibung des „Wilden“. Wenn der Mensch alle Grundsätze aufgibt, alle Prinzipien, wird er, im übertragenen oder wörtlichen Sinne, zum Tier; und auch Tiere entbehren eben jener Freiheit, die den Menschen eigentlich auszeichnet, und von den Tieren unterscheidet.

Freiheit

Um einen Ausweg aus diesem Dilemma aufzuzeigen, greift Schiller an dieser Stelle seiner Überlegungen auf den Bildungsbegriff zurück. „Der gebildete Mensch macht die Natur zu seinem Freund, und ehrt ihre Freiheit, indem er bloß ihre Willkür zügelt“ (ebd.). Der Gebildete unterdrückt seine natürlichen Triebe also nicht, aber gibt sich ihnen auch nicht willenlos hin. Wie stellt sich Schiller das vor? Wie bildet man sich, um dieses Ziel zu erreichen?

Bildungsbegriff

Wenn Schiller hier von Bildung spricht, so meint er damit eine spezifische Art der Charakterbildung, die durch die Auseinandersetzung mit dem Schönen erfolgen kann. Ob man das Schöne in der Kunst erkennt, oder in der Natur, ist dabei prinzipiell gleichgültig, da es auf die Wirkung des Schönen ankommt. Die ästhetische Erfahrung des Schönen bewirkt nun, dass die Einseitigkeit aufgehoben und ein *harmonischer* Zustand erreicht wird. Heute würde man vermutlich sagen, dass dieser Zustand dadurch charakterisiert werden kann, dass hier Körper und Geist in ein Gleichgewicht gelangen. Der Mensch entspannt sich laut Schiller in diesem ästhetischen Zustand, da sowohl den natürlichen Trieben als auch dem Drang danach, alles analysieren und verstehen zu wollen, die Kraft genommen wird. Dennoch handelt es sich um einen sowohl sinnlichen als auch bewussten Zustand.

Charakterbildung

Körper
Geist
Gleichgewicht

Diese Art der ästhetischen Erfahrung dürfte uns allen sehr bekannt sein, und jeder wird schnell eigene Beispiele für Situationen finden, in denen er sich auf ästhetischem Wege entspannt hat. Man muss nur an die Kraft der Musik denken, an solche Momente, in denen einen die Musik „packt“, wie man sagen kann, in denen man von der Musik „verzaubert“, vereinnahmt und überwältigt wird. Am Beispiel der Musik wird auch schnell deutlich, dass ästhetische Zustände bei aller Entspannung dennoch sowohl sinnlich als auch bewusst sind, also sowohl die natürliche Seite als auch die Seite der Vernunft, bzw. vor allem der Verstand beteiligt

ästhetische Erfahrung

Musik

sind. Sinnlich ist das Musikhören allein deshalb, da wir Musik eben hören, sie mit dem Hörsinn aufnehmen. Musik wirkt sozusagen unmittelbar, sie zieht uns unvermittelt in ihren Bann. Man muss nicht erst über die Musik nachdenken, sie analysieren oder darüber diskutieren, um ihre Wirkung zu spüren. Sie zieht uns auch so, geradezu körperlich, in ihren Bann. Natürlich fasziniert uns nicht jede Art von Musik, nicht jedes Musikstück. Viele Lieder finden wir ganz furchtbar. In solchen Fällen würde Schiller dann aber auch nicht von einer Erfahrung des Schönen sprechen.

Dennoch kann man auch nicht behaupten, dass der Verstand beim Hören schöner Musik ganz ausgeschaltet ist. Vielmehr erleben wir die Musik bewusst, auch machen wir uns Gedanken, lassen uns dabei Gedanken durch den Kopf gehen. Dennoch kann man die Musik nicht im engeren Sinne verstehen, nicht begreifen. Das gilt zumindest für die ästhetische Wirkung, da es sich dabei um etwas Sinnliches handelt, um etwas Unmittelbares. Oder, anders ausgedrückt: Beginnt man Musikstücke zu analysieren, geht zwangsweise auch der ästhetische Zustand wieder verloren. Die Harmonie zwischen Körper und Geist wird aufgelöst, der Verstand drängt in den Vordergrund.

pädagogische Kunstinterpretationen

Denkt man nun an die pädagogischen Kunstinterpretationen von Mollenhauer zurück, so zeigt sich auch hier dieser Unterschied sehr deutlich. Mollenhauer wendet sich der Kunst zu, um etwas zu verstehen, um eine pädagogische Botschaft aus den Kunst- und Kulturwerken herauszulesen. Es ist eine rationale Zuwendung zur Kunst, keine ästhetische. Dies mag auch der Grund dafür sein, dass die pädagogische Bedeutung des Ästhetischen in seinem Werk nicht thematisiert wurde. Damit übersieht er aber auch einen ganz wesentlichen Aspekt aller pädagogischen Bemühungen: Erziehung zielt auch darauf, den Kindern und Jugendlichen einen Sinn für Ästhetik zu vermitteln, indem man ihnen Angebote unterbreitet, die ästhetische Erfahrungen ermöglichen. Dies ist etwa in den Bereichen Musik, Literatur und Bildende Kunst möglich, wie Cornelie Dietrich, Dominik Krinninger und Volker Schubert (2013, S. 123–168) exemplarisch in ihrem Entwurf pädagogischer Arrangements für die ästhetische Bildung zeigen.

pädagogische Bedeutung des Ästhetischen

Sinn für Ästhetik

6.8 Bildung der Sinne und Spiel

Wenn Schiller davon spricht, dass ästhetische Zustände durch die Wirkung des Schönen hervorgebracht werden, und dass Schönheit keine objektive Qualität eines Gegenstands ist, dann kann aus diese Aussage auch der Schluss gezogen werden, dass die Menschen zunächst einen Sinn für das Schöne entwickeln müssen. Wenn die Fähigkeit, Schönheit wahrnehmen zu können, aber erst entwickelt werden muss, stellt sich die Frage, wie die ästhetische Erziehung und Bildung hier anschließt.

Sinn für das Schöne

ästhetische Erziehung und Bildung

Nun kann man davon ausgehen, dass auch schon sehr kleine Kinder zumindest einen rudimentären *Sinn für Ästhetik* und Schönheit haben. Dieser Gedanke drängt sich zumindest dann auf, wenn man beobachtet, wie gebannt Kinder zuhören, wenn ihnen eine Geschichte erzählt wird, wie sie sich auf Bilderbücher konzentrieren, oder auch – bei aller damit verbundenen Problematik – vor dem Fernseher, Tablet oder Smartphone ‚kleben', wenn sie etwa Zeichentrickfilme sehen. Man muss wohl davon ausgehen, dass sie mitunter gar nicht so viel verstehen, und doch müssen die mit diesen Praktiken einhergehenden Gefühle doch als schön empfunden werden. Wie sollte es sonst zu erklären sein, dass sie sich so ungern von diesen Medien – insbesondere den digitalen – trennen lassen?

Erzählungen, Bilderbücher, Fernseher, Tablet, Smartphone

Einen weiteren Hinweis darauf, dass Kinder schon sehr früh einen Sinn für das Schöne haben, liefert auch das Spiel. Bekanntlich empfinden Kinder Freude am Spielen, und sie spielen gerne. Mit Schiller lässt sich dies damit erklären, dass das Spielen so faszinierend ist, weil es den Menschen in einen ausgeglichenen Zustand versetzt, ganz wie er durch die ästhetische Erfahrung des Schönen bewirkt wird. Wir wissen, so Schiller, „daß unter allen Zuständen des Menschen gerade das Spiel und *nur* das Spiel es ist, was ihn vollständig macht, und seine doppelte Natur auf einmal entfaltet" (Schiller 1795/2009, S. 63). Daher spricht Schiller von einem Spieltrieb. Menschen möchten nicht nur (formal) verstehen, begreifen und lernen, und sie möchten nicht nur ihre natürlichen Bedürfnisse (durch den Konsum von Sachen) befriedigen, sondern sie möchten auch spielen. Dabei verbindet der Spieltrieb jene anderen beiden Triebe, die Schiller in Hinblick auf das Begehren der sinnlichen Bedürfnisse Sachtrieb, in Hinblick auf den Wunsch zu verstehen und zu begreifen Formtrieb nennt. „Spieltrieb ist nicht bloß Sachtrieb, und soll nicht bloß Formtrieb, sondern beides zugleich, das ist Spieltrieb, sein" (ebd., S. 64). Die Idee Schillers ist es nun, dass er diesen Spieltrieb nicht nur Kindern zuschreibt, sondern dem Menschen allgemein. Und nun sind es eben die Kunst und die Kultur, die Schiller zu jenen Gegenständen erhebt, an denen auch ältere Menschen ihren Spieltrieb – ihren Wunsch nach Harmonie, Ganzheit und Identität – befriedigen können. Entsprechend könne man mit der Schönheit spielen,

Spiel

Spieltrieb

Sachtrieb

Formtrieb

Harmonie, Ganzheit und Identität

bzw. sei die Empfindung der Schönheit ein Spiel. „Mit anderen Worten: der Mensch soll mit der Schönheit *nur spielen*, und er soll *nur mit der Schönheit* spielen" (ebd.). Diese normative Forderung, also die Aufforderung zum Spiel und zur Auseinandersetzung mit dem Schönen, begründet er wiederum in der damit verbundenen Ganzheitserfahrung. „Denn, um es endlich auf einmal herauszusagen, der Mensch spielt nur, wo er in voller Bedeutung des Worts Mensch ist, und *er ist nur da ganz Mensch, wo er spielt*" (ebd.). Mit dem Spieltrieb liefert Schiller eine anthropologische Begründung für das Bedürfnis, sich mit Kunst und Kultur auseinandersetzen und sich faszinieren zu lassen.

6.9 Kultureller Geschmack und Gesellschaft

Ein weiteres Argument für die These, dass schon kleine Kinder einen gewissen basalen Sinn für Ästhetik haben, liefert der Soziologe Pierre Bourdieu (1930–2002). Dabei geht er von der Beobachtung aus, dass die Menschen in Bezug auf Werke der Kunst und Kultur zwar unterschiedliche Geschmacksvorlieben haben, aber alle – wertfrei betrachtet – einen Geschmack. Dies führt er darauf zurück, dass der kulturelle Geschmack als eine Weiterenwicklung des angeborenen Geschmackssinns zu verstehen sei, der sich beim Essen und Riechen zeigt. „Ein umfassendes Verständnis des kulturellen Konsums ist freilich erst dann gewährleistet, wenn ‚Kultur' im eingeschränkten Sinn von ‚Bildung' dem globaleren ethnologischen Begriff von ‚Kultur' eingefügt und noch der raffinierteste Geschmack für erlesene Objekte wieder mit dem elementaren Schmecken von Zunge und Gaumen verknüpft wird" (Bourdieu 1987, S. 17).

Geschmack

kultureller Konsum

Bourdieu analysiert die unterschiedlichen Geschmacksvorlieben soziologisch. Dabei kommt er zu dem Ergebnis, dass es einen Zusammenhang zwischen objektiv messbaren sozialen Positionen und den unterschiedlichen Lebensstilen gibt, die wiederum über Geschmacksvorlieben Auskunft geben. In Hinblick auf die sozialen Positionen gibt es für ihn höhere und niedrigere Positionen, ganz ähnlich wie etwa soziologische Schichtmodelle beispielsweise zwischen einer Ober-, einer Mittel- und einer Unterschicht differenzieren. Wie hoch bzw. niedrig ein Mensch in diesem Modell verortet wird, ist seiner Theorie zufolge insbesondere vom Besitz zweier Kapitalsorten abhängig: vom ökonomischen und vom kulturellen Kapital. Wieviel *ökonomisches Kapital* man besitzt, wird vor allem daran festge-

Geschmacksvorlieben

soziale Positionen

Lebensstile

macht, über wieviel Geld man verfügt. Das *kulturell Kapital* setzt sich wiederum aus drei Bestandteilen zusammen: aus inkorporiertem, objektiviertem und institutionalisiertem kulturellen Kapital. Unter objektiviertem kulturellen Kapitel versteht er insbesondere kulturelle Gegenstände, über die man verfügen kann: Bücher, Musikinstrumente, Kunstwerke etc. Unter institutionalisiertem kulturellen Kapitel versteht er Bildungstitel, also Schulzeugnisse, Ausbildungsnachweise, akademische Abschlüsse etc. Das inkorporierte kulturelle Kapital entspricht weitgehend dem oben unter Bezug auf Fuhrmann, Mollenhauer und Schiller skizzierten Verständnis von Bildung, verstanden als das Ergebnis der geistigen und – wie Bourdieu betont – körperlichen Aneignung von Kultur. Dies schließt sowohl Wissen und Kenntnisse als auch Fertigkeiten und Fähigkeiten und nicht zuletzt den individuellen Geschmack ein – sei es der Geschmack für Essen, für Mode oder für Literatur und Kunst etc.

Die Analysen von Bourdieu sind für den Praxisbereich der kulturellen und ästhetischen Bildung insofern relevant, als damit der Zusammenhang zwischen soziokulturellem Hintergrund und kulturellen sowie ästhetischen Vorlieben und Prägungen thematisiert werden kann. In Bezug auf die Gestaltung von Bildungsangeboten stellt sich die Frage, inwieweit auch diese bevorzugt privilegierte Gesellschaftsgruppen ansprechen, benachteiligte Gruppen ausschließen, und damit zur Reproduktion sozialer Ungleichheiten beitragen. Derartige Phänomene lassen sich laut Barbara Hornberger beobachten, da in der kulturellen Bildung die Populäre Kultur immer noch weitgehend ausgeschlossen bleibt. „Mit dem Ausblenden der Populären Kultur agieren die verschiedenen Institutionen der formalen und non-formalen Bildung und ihre Akteure und Akteurinnen vor allem als Vermittlungsinstanzen einer hegemonial bestimmten bürgerlichen Kultur. Sie heben die sozialen und kulturellen Gräben nicht etwa auf, sondern bestätigen sie, indem sie den Geschmack, das Schönheitsempfinden derer, die sich für Populäre Kultur entscheiden, marginalisieren“ (Hornberger 2019, S. 51).

Hornberger plädiert daher dafür, die Populäre Kultur stärker in die kulturelle Bildungsarbeit einzubeziehen. Dabei betont sie, dass auch die Kulturprodukte, die aus der Perspektive des herrschenden Geschmacks als minderwertig wahrgenommen werden, als Gegenstände ästhetischer Bildung fungieren können. Dabei stellt sich wieder die Frage, was genau in diesem Zusammenhang unter ästhetischer Bildung zu verstehen ist, da viele Menschen bereits in ihrem Alltag ästhetische Erfahrungen machen. „Kulturelle Bildung tritt an, um Menschen Zugang zu ästhetischen Erfahrungen zu verschaffen. Dabei wird allerdings häufig übersehen, dass sie solche Erfahrungen bereits machen, nur eben mit Populärer Kultur, oder diese Erfahrungen werden aus einer hegemonialen Position heraus geringgeschätzt und marginalisiert bzw. problematisiert“ (ebd., S. 49).

Bei der Auswahl von Gegenständen für die kulturelle Bildung ist es demnach wichtig, eine gesellschaftskritische Perspektive einzunehmen, um einerseits alle sozialen Gruppen anzusprechen, und ihnen andererseits spezifische Bildungsmöglichkeiten zu eröffnen. Ästhetische Bildungsangebote müssen also einerseits mit den Geschmacksdispositionen der Adressaten harmonieren, um keine Aversion hervorzurufen, und müssen andererseits spielerisch zugänglich sein. Darüber hinaus müssen sie aber auch von dem Gegenstand herausgefordert werden, um ihre bisherigen Grenzen zu übersteigen, und zwar sowohl in formaler (bzw. kognitiver) als auch sachlicher (bzw. sinnlicher) Hinsicht.

6.10 Orte und Akteure der kulturellen Bildung

Ästhetische Erfahrungen lassen sich sowohl im Alltag machen als auch im Kontext spezifischer pädagogischer Arrangements. Auch wenn mit Schiller den ästhetischen Erfahrungen selbst bereits ein Bildungswert beigemessen werden kann, darf nicht vergessen werden, dass der Zugang zu vielen Kulturwerken und Kulturbereichen nicht voraussetzungslos ist, und erst erschlossen werden muss. Das betrifft sowohl die Rezeptions- als auch die Produktionsseite und schließt die Schulung der Wahrnehmung, die Bildung des Geschmacks sowie die Vermittlung und Aneignung von Wissen, praktischen Fertigkeiten und Kulturtechniken ein. Pädagogische Unterstützung ist daher sowohl im Kontext der Familie als auch in den verschiedenen Bildungseinrichtungen hilfreich, oftmals auch notwendig, um ästhetische und kulturelle Bildungsprozesse zu unterstützen.

Familie

Kindertagesstätte

Kindergarten

Schule

außerschulische kulturpädagogische Institutionen und Praxisfelder

Zu den Orten der Kulturellen Bildung zählen die Familien, daneben Kindertagesstätten, Kindergärten und allgemeinbildende Schulen, aber auch eine Vielzahl „außerschulischer kulturpädagogischer Institutionen und Praxisfelder“ (Fuchs 2023, S. 3) Geht man von einem engen Begriff kultureller Bildung aus, so findet sie in der Schule vor allem in den künstlerischen Schulfächern statt, beispielsweise in den Bereichen „Musik, Kunsterziehung, Theater, Tanz“ (ebd., S. 2). Die Auseinandersetzung mit Literatur und Dichtung im Sprachunterricht kann hier auch zugeordnet werden. Außerhalb der Schule können zunächst spezialisierte Institutionen zu den zentralen Orten kultureller Bildung zählen. In diesen Bereich fällt etwa das Feld der Museumspädagogik, sowie spezialisierte Musik-, Kunst-, Tanz- und Ballettschulen. Darüber hinaus werden Unterrichts- und Bildungsangebote in diesem Bereich mitunter auch privat angeboten, etwa von Musiklehrerinnen und Musiklehrern.

Fuchs betont, „dass ästhetische (oder kulturpädagogische) Praxis nicht nur in spezialisierten Kultur- und Bildungseinrichtungen stattfindet, sondern dass auch in anderen pädagogischen Arbeitsfeldern wie etwa der Jugend- und Sozialarbeit, der Erwachsenenbildung, dem Bereich der beruflichen Bildung und der interkulturellen Bildungsarbeit die Möglichkeiten einer solchen ästhetischen Praxis genutzt wird" (ebd.). Besonders wichtig ist auch der Elementarbereich, der u.a. mit dem Begriff der Pädagogik der frühen Kindheit angesprochen werden kann. Gerade auch bei jüngeren Kindern ist es von größter Bedeutung, spielerische und ästhetische Formen der Kultur- und Weltaneignung einzusetzen. Fraglos gilt dies auch für alle Bereiche der Sonder-, Heil und Inklusionspädagogik. An der Schnittstelle zwischen schulischer und außerschulischer Kultureller Bildung stehen die pädagogischen Arbeitsfelder der Schulsozialarbeit und der Ganztagsbildung.

In Bezug auf die Akteure der Kulturellen Bildung kann zwischen pädagogischen und künstlerischen Qualifikationen unterschieden werden. Während in manchen Arbeitsbereichen pädagogische und erziehungswissenschaftliche Qualifikationen besonders wichtig sind, können in anderen fundierte Kenntnisse und Kompetenzen in spezifischen künstlerischen Sparten notwendig sein. Je nach Anforderungsprofil können dafür Ausbildungen oder Studienabschlüsse vorausgesetzt werden, mitunter kann man sich die Kenntnisse und Fertigkeiten jedoch auch autodidaktisch aneignen. Für die Erteilung von professionellem Instrumentalunterricht sind andere Voraussetzungen zu erfüllen als beispielsweise für die Jugend- und Sozialarbeit, oder für die Organisation und Planung von Angeboten und Programmen der Kulturellen Bildung.

In Hinblick auf das Studium der Erziehungswissenschaft lässt sich daraus der Schluss ziehen, dass es in Hinblick auf eine künftige Berufstätigkeit im Bereich der Kulturellen Bildung zu prüfen gilt, inwieweit in dem anvisierten Arbeitsfeld Kenntnisse und Fähigkeiten vorausgesetzt werden, über die man noch nicht verfügt, und die im Studium nicht erworben werden können. Hier gibt es jedoch zahlreiche Möglichkeiten der Fort- und Weiterbildung, die sowohl studienbegleitend, im Anschluss an das Studium oder berufsbegleitend wahrgenommen werden können.

Fragen

1. Was verstehen Sie nach der Lektüre dieses Kapitels unter Ästhetischer Bildung, was unter Kultureller Bildung? Gibt es unterschiedliche Vorstellungen?
2. Welche pädagogischen Institutionen haben sich auf den Bereich der Kulturelle Bildung spezialisiert? Ist eine solche Spezialisierung sinnvoll?
3. Inwiefern können Absolventen eines Studiums der Erziehungswissenschaft im Berufsfeld der Kulturellen Bildung an ihre fachlichen Grenzen stoßen? Was folgt daraus?

Weiterführende Literatur

Bockhorst, Hildegard/Reinwand, Vanessa-Isabelle/Zacharias, Wolfgang (Hrsg.) (2012). Handbuch Kulturelle Bildung. München: kopaed. – Sehr umfangreicher Sammelband, der sich u.a. auf Theorie, Praxisfelder, Kontexte, Adressaten der Kulturellen Bildung, sowie auf die Themen Fort- und Weiterbildung sowie Forschung bezieht.

Jentgens, Stephanie (2016): Lehrbuch Literaturpädagogik. Eine Einführung in Theorie und Praxis der Literaturvermittlung. Weinheim, Basel: Beltz Juventa. – Vielseitige Einführung, die auch umfassend auf die Geschichte der Kinder- und Jugendliteratur sowie auf Grundbegriffe des Diskurses über Kinder- und Jugendliteratur eingeht.

Peez, Georg (2022): Einführung in die Kunstpädagogik. Stuttgart: Kohlhammer. – Aktuelles Einführungswerk, das u.a. auf Theorie, Praxis, Praxisfelder und die Geschichte der Kunstpädagogik eingeht.

Schatt, Peter W. (2021): Einführung in die Musikpädagogik. Darmstadt: wbg. – Strukturierte Einführung in Grundideen, Prinzipien und Konzepte der Musikpädagogik.

Scheunpflug, Annette/Wulf, Christoph/Züchner, Ivo (Hrsg.) (2022): Kulturelle Bildung. Wiesbaden: Springer VS. – Aktueller Sammelband mit Fachbeiträgen zu zentralen Themen der Forschung über Kulturelle Bildung.

Kapitel 7: Interkulturelle Pädagogik und Interkulturelle Bildung

Die Begriffe Erziehung, Bildung, Kultur und Sprache stehen auch in jenen erziehungswissenschaftlichen Studiengängen, Studienschwerpunkten, Profilen oder Modulen im Zentrum, die mit den Begriffen Interkulturelle Pädagogik, Interkulturelle Bildung, zunehmend auch Migrationspädagogik oder Pädagogik der Vielfalt etc. bezeichnet werden. Ähnlich wie in Bezug auf die erziehungswissenschaftlichen Fachrichtungen der Medienpädagogik oder Medienbildung wird auch hier in der Fachdiskussion davon ausgegangen, dass sich diese Bezeichnungen nicht auf ein eigenständiges pädagogisches Handlungs- oder Berufsfeld beziehen, sondern vielmehr auf eine allgemeine *Querschnittsaufgabe* aller pädagogischen Praxisfelder (Roth 2018, S. 1). Diese Aufgabe kann dann als die der interkulturellen Erziehung und Bildung bezeichnet werden.

Interkulturelle Pädagogik

Interkulturelle Bildung

Migrationspädagogik

Pädagogik der Vielfalt

7.1 Allgemeine Erziehungswissenschaft und Interkulturelle Bildung

Da interkulturelle Bildung mittlerweile als allgemeine Aufgabe aller pädagogischer Praxisfelder gesehen wird, stellt sich die Frage nach dem Verhältnis zwischen Allgemeiner Erziehungswissenschaft und Interkultureller Pädagogik. Hans-Joachim Roth (2018) ist dieser Frage nachgegangen und hat dazu die wichtigsten Einführungsbücher analysiert. Dabei kommt er zu dem Ergebnis, dass die Aufgabe der wissenschaftlichen Subdisziplin der Interkulturellen Bildung darin besteht, einerseits „spezifische Themen interkulturellen Lernens, migrationsbedingter Bildungsbenachteiligung und Methoden des Deutschen als Zweitsprache zu generieren und damit auf im 20. Jahrhundert aufgekommene gesellschaftliche Herausforderungen zu reagieren“, und andererseits „Selbstverständlichkeiten und Normalitätsvorstellungen der Allgemeinen Pädagogik immer wieder neu in Frage zu stellen und auf diese Weise das Denken über Erziehungs- und Bildungsverhältnisse in Bewegung zu halten“ (ebd., S. 14).

Verhältnis zwischen Allgemeiner Erziehungswissenschaft und Interkultureller Pädagogik

Die akademische Interkulturelle Bildung kann demnach einerseits als Teil der Allgemeinen Erziehungswissenschaft betrachtet

Irritation von vermeintlichen Selbstverständlichkeiten

werden, der sich auf eine spezifische Form der Irritation von vermeintlichen Selbstverständlichkeiten fokussiert, der andererseits aber auch über eine relative Eigenständigkeit verfügt, als hier spezifische Fachthemen wie Mehrsprachigkeit, Diskriminierung, Interkulturalität und kulturelle Vielfalt aus erziehungswissenschaftlicher Perspektive analysiert, diskutiert und weiterentwickelt werden.

Mehrsprachigkeit, Diskriminierung, Interkulturalität und kulturelle Vielfalt

Von einer gewissen Eigenständigkeit der Interkulturellen Bildung kann auch insofern gesprochen werden, als es sich hier um ein interdisziplinäres Wissenschaftsfeld handelt, zu dem neben der Erziehungswissenschaft auch die Soziologie und die Sprachdidaktik beitragen (ebd., S. 2–3). In der Konsequenz sind auch eigenständige Studiengänge entstanden, die Namen wie beispielsweise „Interkulturelle Bildung, Migration und Mehrsprachigkeit" tragen, und daher nicht mehr spezifisch als erziehungswissenschaftliche Studiengänge ausgewiesen sind.

interdisziplinäres Wissenschaftsfeld

Betrachtet man die zentralen Begriffe und Schreibweisen in dem Text von Roth, so fällt auf, dass das Adjektiv „interkulturell" an manchen Stellen mit einem großen Anfangsbuchstaben, an anderen mit einem kleinen geschrieben wird. So ist etwa von der „Interkulturellen Pädagogik" die Rede, aber auch von der „interkulturellen Pädagogik" (vgl. u.a. ebd., S. 2). Ebenso wird sowohl von der „Interkulturellen Bildung" als auch von der „interkulturellen Bildung" gesprochen (vgl. u.a. ebd., S. 8). Diese unterschiedlichen Schreibweisen deuten darauf hin, dass einerseits der Begriff „Interkulturell", wenn von der Interkulturellen Pädagogik und der Interkulturellen Bildung gesprochen wird, als Teil eines Eigennamens verwendet wird, und dass andererseits das Adjektiv „interkulturell" zur Beschreibung einer spezifischen Art von Pädagogik und Bildung dient.

Diese sprachlichen Unterschiede können nun so interpretiert werden, dass die Begriffe Interkulturelle Pädagogik und Interkulturelle Bildung verwendet werden, um wissenschaftliche Disziplinen oder Subdisziplinen, Felder sowie Fach- oder Spezialgebiete zu bezeichnen. In diesem Sinne ermöglichen es diese Begriffe, unterschiedliche Wissenschaftsbereiche zu differenzieren bzw. die Differenzierung innerhalb der Wissenschaft abzubilden. Innerhalb der Erziehungswissenschaft lässt sich die Interkulturelle Pädagogik und die Interkulturelle Bildung dann beispielsweise neben der Allgemeinen Pädagogik, der Medienpädagogik oder der Medienbildung und der Kulturellen Bildung verorten. Da Roth sich in seinem Text mit dem Verhältnis von Allgemeiner Erziehungswissenschaft und Interkultureller Pädagogik auseinandersetzt, handelt es sich um einen wissenschaftstheoretischen Beitrag. Um dies zu verdeutlichen, spricht er von einer metatheoretischen Auseinandersetzung. Es geht hier also um die Frage, in welchem Verhältnis unterschiedliche Theorien und Theoriebereiche zueinander stehen. Eine Metatheorie ist demnach eine Theorie über Theorien. Das griechische Präfix *meta* lässt sich u.a. mit dem deutschen Wort „hinter" übersetzen. Es geht also um eine Theorie, die hinter den Theorien steht. Analog nennt man eine Theorie, die das Feld oder einen Teilbereich der Wissenschaft begrifflich ordnen will, Wissenschaftstheorie.

Metatheorie

Wissenschaftstheorie

Wenn nun von interkultureller Pädagogik und interkultureller Bildung gesprochen wird, beschreibt das Adjektiv „interkulturell" spezifische Arten von Pädagogik und Bildung. Dabei deutet die hier vorliegende Begriffsverwendung darauf hin, dass hier eine Praxis gemeint ist, und keine Theorie. Darauf deutet auch der Ausdruck „Praxis der Pädagogik" (ebd., S. 2) hin. Diese Praxis der Pädagogik wird üblicherweise als Erziehung bezeichnet. Mit der Praxis der Bildung wäre demgegenüber das gemeint, was ein Mensch macht, um sich zu bilden. In diesem Sinne stellt Bildung eine Handlung und eine Tätigkeit dar. Mit Humboldt können wir die Praxis der Bildung als Aneignung von Welt bezeichnen, mit Mollenhauer als Aneignung von Kultur. Diesem Verständnis nach bedeutet der Begriff interkulturelle Pädagogik letztlich interkulturelle Erziehung, der Begriff interkulturelle Bildung demnach die interkulturelle Aneignung von Welt und Kultur.

Praxis der Pädagogik

Praxis der Bildung

Wenn der Begriff „Interkulturelle Pädagogik" abstrakt gesprochen auf eine Theorie verweist, und der Begriff „interkulturelle Pädagogik" auf eine Praxis, dann liegt es nahe anzunehmen, dass sich jene Theorie auf diese Praxis bezieht. Bei der „Interkulturellen Pädagogik" handelt es sich demnach im Kern um die Theorie der interkulturellen Erziehung. Entsprechend lässt sich sagen, dass der Begriff „Interkulturelle Bildung" die Theorie der interkulturellen Bildung bezeichnet. Diese Überlegungen mögen zunächst verwirrend anmuten, sollen aber darauf hinweisen, dass es auch im Bereich dieser Theorien, wie generell in der Erziehungswissenschaft, im Kern um die Klärung des Erziehungs- und Bildungsbegriffs geht.

Theorie

Praxis

In diesem Zusammenhang soll auch darauf hingewiesen werden, dass das Verhältnis von Theorie und Praxis traditionellerweise als ein wichtiges und vielleicht sogar das zentrale Grundproblem der Pädagogik bezeichnet wird (vgl. Böhm 1995). Dies liegt insofern nahe, als pädagogisches Handeln eine Praxis ist, die sich dadurch auszeichnet, dass sich die Handelnden etwas bei ihrem

Tun denken. Dazu gehört es, sich zu fragen, welche Ziele und Intention verfolgt werden sollen. Damit verbunden stellt sich auch die Frage nach der richtigen Methode, um das anvisierte Ziel zu erreichen. Pädagogische Theorien sollen dabei Orientierung stiften.

Erziehungs- und Bildungstheorien können sicherlich viele Hinweise über die Aufgaben, Ziele und Methoden von Erziehung und Bildung liefern, aber sicherlich nicht alle konkreten Situationen antizipieren. Daher müssen diese Theorien mehr oder weniger allgemein bleiben, da sie ansonsten nutzlos wären. Dies ist der Grund, warum in der Pädagogik betont wird, dass es keine Rezepte für die Erziehung gibt, aus denen alles hervorgeht, was man konkret tun oder vermeiden sollte. Dies bedeutet jedoch nicht, dass man sich nicht auf die praktische pädagogische Arbeit vorbereiten kann, soll und muss. Dies gelingt etwa dadurch, dass man sich im Studium der Erziehungswissenschaft an drei Fragen orientiert (vgl. ebd.): Was ist das Ziel der Erziehung? Was zeichnet einen Menschen aus? Wie können die Ziele der Erziehung erreicht werden? Auf diese Überlegungen kann dann in der Praxis Bezug genommen werden, wenn man die Fragen auf eine konkrete Situation und einen spezifischen Menschen bezieht.

Rezepte

7.2 Kulturelle Vielfalt und die Kritik am Kulturbegriff

In der Interkulturelle Pädagogik nehmen Diskussionen über den Kulturbegriff und den Begriff der kulturellen Vielfalt eine zentrale Rolle ein. Das Phänomen der kulturellen Vielfalt lässt sich zunächst daran festmachen, dass Menschen mit unterschiedlichen kulturellen Hintergründen zusammen in einer Gesellschaft leben. Dabei nimmt die Interkulturelle Pädagogik insbesondere jene kulturellen Unterschiede und Entwicklungen in den Blick, die auf Migration zurückzuführen sind. Von kultureller Heterogenität kann in diesem Zusammenhang beispielsweise in Bezug auf Sitten, Normen und Traditionen, Religionen und Weltanschauungen, aber auch auf unterschiedlichste Alltagspraktiken, Rituale und Dispositionen gesprochen werden, die mitunter auch in pädagogischen Kontexten eine Rolle spielen können. Besonders klar zeigt sich die kulturelle Vielfalt in Bezug auf die Sprachen, die in einer Migrationsgesellschaft gesprochen werden, und das Phänomen der migrationsbedingten Mehrsprachigkeit.

Darüber hinaus kann jedoch auch in Bezug auf das durch globale und internationale Einflüsse geprägte Kultur- und Konsumangebot von kultureller Vielfalt gesprochen werden. Kulturelle

Vielfalt macht sich daher „sowohl in der ethnischen Komposition der Bevölkerung als auch in den kulinarischen und kulturellen Angeboten – Musik, Theater, Film und Literatur – bemerkbar", wie die Historikerin Petra Gödde (2014, S. 536) feststellt. Darüber hinaus beobachtet sie aber auch eine zunehmende Homogenität in den „urbanen Zentren der Welt" (ebd.), da man dort mittlerweile „die gleiche Markenkleidung, dieselben Restaurant- und Hotelketten und sogar vertraute Biersorten und Kaffeespezialitäten" (ebd.) findet.

Auch wenn die beschriebenen Phänomene kultureller Vielfalt zumindest in den meisten westeuropäischen Städten und Regionen kaum mehr zu übersehen sind, wird in der Interkulturellen Pädagogik immer wieder über den Kulturbegriff und das Kulturverständnis diskutiert, an dem sie sich orientiert. Dabei erwies sich insbesondere die Vorstellung als problematisch, dass Kulturen klar voneinander abgegrenzt werden könnten, und sich Menschen diesen Kulturen eindeutig zuordnen ließen. Denn dies könnte nicht nur dazu führen, dass die Komplexität und Vielfalt kultureller Prägungen und Konstellationen übersehen werden, sondern auch Formen der Ausgrenzung und Diskriminierung begünstigen.

moderner Kulturbegriff

Der in die Kritik geratene Kulturbegriff wird in der Fachliteratur üblicherweise als moderner Kulturbegriff bezeichnet, da er seine bis heute gängige Bedeutung erst im 17. und 18. Jahrhundert erhielt. Der Wortursprung lässt sich jedoch auf die abendländische Antike und das lateinische Substantiv *cultura* zurückführen (vgl. Knobloch 2019, S. 137). Der wesentliche Unterschied zwischen dem modernen und dem antiken bzw. vor-modernen Kulturbegriff kann daran festgemacht werden, dass der Begriff *cultura* zuvor nur mit Genitiv verwendet wurde, um auf spezifische Arten der Kultivierung zu verweisen. Damit war zunächst vor allem die Kultivierung des Bodens gemeint, des Ackers, also die Agrikultur. Wilde Natur wird dabei kultiviert und in Ackerland umgewandelt. Der traditionelle Kulturbegriff bekommt seine Bedeutung demnach durch die Unterscheidung zwischen Natur und Kultur. Dabei gilt es zu bedenken, dass die Natur zwar kultiviert werden kann, aber dennoch in gewisser Weise Natur bleibt. Sie verschwindet nicht, sondern soll gepflegt und veredelt werden. „Die Begriffe Natur und Kultur gewinnen daher zwar in der Abgrenzung ihr Profil, bleiben dabei jedoch aufeinander angewiesen" (ebd.).

moderner, antiker bzw. vor-moderner Kulturbegriff

Cicero (106–43 v. Chr.) übertrug den Kulturbegriff von der Landwirtschaft in den Bereich des Geistigen, und sprach von einer *cultura animi*, einer Kultivierung des Geistes. Dabei scheint der

cultura animi

Gedanke leitend gewesen zu sein, dass, analog zur Kultivierung des Ackers, auch der menschliche Geist gepflegt und veredelt werden kann. Möglich schien ihm dies durch die Auseinandersetzung mit der Philosophie. Vermutlich war bei Cicero daher zum ersten Mal von Kultur im Sinne der geistigen Bildung die Rede.

Will man den Begriff *cultura animi* in die deutsche Sprache übertragen, so liegt es nahe, sowohl von Kultur im Sinne der Geisteskultur als auch von Bildung im Sinne der Geistesbildung zu sprechen. Hier zeigt sich, wie nahe die Begriffe Bildung und Kultur zueinanderstehen. Fuhrmann (2006, S. 34–39) spricht daher auch von einem Begriffspaar. Dass es sich hierbei um eine Besonderheit der deutschen Sprache handelt, die sich vor allem dann zeigt, wenn man versucht, die Begriffe Bildung und Kultur in andere moderne Sprachen zu übersetzen, wurde bereits erwähnt (vgl. Kapitel 6).

Geisteskultur
Geistesbildung

Zusammenfassend lässt sich festhalten, dass der antike bzw. vormoderne Kulturbegriff stets mit *Genitiv* verwendet wird. Es gibt also immer einen Gegenstand, der kultiviert wird, wenn in diesem Sinne von Kultur die Rede ist. Bei der Agrikultur wird der Acker kultiviert, bei der Geisteskultur der Geist. Im christlichen Mittelalter ist analog von der *cultura dei* oder von der *cultura Christi* die Rede. Gemeint ist hier die Verehrung von Gott und Christus. Das lateinische Substantiv *cultura* hat demnach unterschiedliche Bedeutungen, und muss je nach Kontext unterschiedlich in die deutsche Sprache übersetzt werden. Den Acker kultivieren oder bestellen wir, den Geist bilden wir, Gott wird verehrt.

Entsprechend wird dieser Kulturbegriff mit Genitiv auch heute noch in den unterschiedlichsten Kontexten verwendet. So wird von Körperkultur gesprochen, wenn man sich auf die Pflege des Körpers bezieht. Der Kulturbeutel, den man auf Reisen mitnimmt, enthält Produkte der Körperpflege: Duschgel, Zahnbürste und Zahnpasta etc.

Körperkultur

Mit der kalifornischen Körperkultur assoziieren wir dagegen eher das Bodybuilding. Ganz offensichtlich ist das englische Wort *building* mit dem deutschen Wort Bildung verwandt. Beim Bodybuilding ist von der Körpergestaltung durch Kraftsport die Rede. Auch ein Gebäude wird im Englischen als *building* bezeichnet. Bildung kann demnach auch Bauen oder Gestalten bzw. Bauwerk oder Gestaltung bedeuten. Diese Begriffsverwendung verweist auf den Ursprung bzw. auf die Herkunft des deutschen Bildungsbegriffs aus dem Bereich des Handwerks und der Kunst. Handwerker und Künstler machen sich zunächst ein Bild von dem, was sie machen wollen, einen Entwurf, der dann in die Realität umgesetzt werden

Bodybuilding

soll. Oft wird in diesem Zusammenhang auf die Mystik und insbesondere auf Meister Eckhart (ca. 1260–1328) verwiesen, der das Wort Bildung aus dem Kontext des Handwerks entlieh und auf den Bereich des Geistes und der religiösen Geisteskultur übertrug (vgl. u.a. Böhm 2004, S. 40–44; Koerrenz et al. 2017, S. 77–80).

moderner Kulturbegriff

Der sogenannte moderne Kulturbegriff unterscheidet sich nun insofern von dem Kulturbegriff mit Genitiv, als nun nur noch von Kultur die Rede ist, und der Begriff ohne Genitiv verwendet wird.

Kultur ohne Genitiv

Diese Begriffsverwendung von Kultur ohne Genitiv lässt sich erstmals im 17. Jahrhundert bei Samuel Pufendorf (1632–1694) nachweisen. „Mit Kultur ist nun der sittliche Zustand einer Gemeinschaft gemeint. Das kultivierte Leben in der Gesellschaft wird dem Leben außerhalb der Gesellschaft entgegengestellt. Die Kultur wird vom Naturzustand, von der Barbarei, abgegrenzt" (Knobloch 2019, S. 137). Mit Mollenhauer können wir demnach sagen, dass mit Kultur nun eine bestimmte *Lebensform* einer Gemeinschaft oder Gesellschaft gemeint ist. Dabei steht der Begriff Kultur für eine kultivierte Lebensform, die von natürlichen Lebensformen unterschieden wird. Im Grunde zeigt sich auch hier wieder die Unterscheidung zwischen Kultur und Natur, nun aber bezogen auf eine Gruppe, eine Gemeinschaft oder Gesellschaft.

Interessant ist es zu sehen, dass die Unterscheidung zwischen kultivierten und natürlichen Lebensformen zu ganz unterschiedlichen Urteilen über die eigene Gesellschaft führen kann. Während für Pufendorf die Kultur gut ist und der Naturzustand überwunden werden soll, dreht sich bei Jean-Jaques Rousseau (1712–1778) das Bild: Für ihn ist es die Kultur, die den Menschen unglücklich macht.

Während es bei Rousseau noch um die Gesellschaft bzw. die Kultur an sich geht, und die Vor- und Nachteile der Zivilisation diskutiert werden, verbreitet sich dann ungefähr ab der Mitte des 18. Jahrhunderts ein weiteres Kulturverständnis. Kulturen werden nun mit Nationen assoziiert. Jede Nation hat demnach auch ihre eigene Kultur, sozusagen ihre Nationalkultur. In diesem Sinne kann nun auch behauptet werden, dass jede Nation eine Kultur ist. Die Begriffe werden in gewissem Sinne austauschbar.

In den Fachdiskussionen wird immer wieder darauf verwiesen, dass es Johann Gottfried Herder (1744–1803) war, der diesen modernen nationalen Kulturbegriff prägte. „Bekanntlich hat sich ‚Kultur' als *Generalbegriff*, der nicht nur einzelne, sondern alle menschlichen Lebensäußerungen umfassen soll, erst im späten 17. Jahrhundert, bei Samuel Pufendorf, herausgebildet, um dann hundert Jahre später durch Herder seine wirkmächtige Bestimmung als organische Lebensgestalt von Völkern zu erfahren, in denen sich die allgemeine menschliche Humanität entfaltet" (Welsch 1994, S. 149–150). Dabei seien es im Grunde drei Charakteristika, die laut Wolfgang Welsch diesen national fundierten Kulturbegriff auszeichnen: „Erstens ein Moment der *Abgrenzung:* Jede Kultur ist von den anderen Kulturen spezifisch unterschieden. Zweitens als definitorischen Kern, das *Volk:* Kultur ist immer Kultur eines Volkes; dieses gilt als Träger und Produzent der Kultur; es soll in der Kultur sein Wesen zur Blüte bringen. Drittens gehört zu diesem klassischen Kulturbegriff eine *Vereinheitlichungsfunktion:* Die Kultur prägt das Leben eines Volkes im ganzen wie im einzelnen und macht jede Handlung und jedes Objekt zu einem unverwechselbaren Bestandteil gerade *dieser* Kultur" (ebd., S. 150).

7.3 Interkulturalität und Transkulturalität

In Hinblick auf die Klärung der Begriffe Interkulturelle Pädagogik, Interkulturelle Bildung, interkulturelle Pädagogik und interkulturelle Bildung ist nun der Hinweis von Welsch bedeutend, dass es dieser auf Herder zurückführbare moderne Kulturbegriff ist, der als Grundlage für das Konzept der Interkulturalität dient. Das aus dem Lateinischen übernommene Wort *inter* bedeutet auf Deutsch „zwischen". Interkulturell ist ein Gegenstand demnach, wenn er zwischen zwei Kulturen verortet ist, wenn er zwischen den Kulturen steht. So bezeichnet man etwa die Kommunikation zwischen zwei Menschen aus unterschiedlichen Kulturen – oder eben: Nationen – als interkulturelle Kommunikation. Nicht die beteiligten Menschen sind interkulturell, sondern die Kommunikation, die zwischen den Menschen vermittelt. Von interkultureller Verständigung kann dann gesprochen werden, wenn die beteiligten Personen unterschiedlichen Kulturen zugeordnet werden, sich aber dennoch verständigen können; gleichbedeutend kann auch von internationaler Kommunikation die Rede sein, wenn der Begriff Nation als Synonym für Kultur verwendet wird. Deutlich wird demnach, dass der Begriff der Interkulturalität mit der Annahme einhergeht, dass in der interkulturellen Kommunikation oder Verständigung zwei Kulturen aufeinandertreffen. Diese Annahme setzt voraus, dass es überhaupt so etwas wie unterschiedliche Kulturen gibt, also unterschiedliche Nationalkulturen bzw. Nationen mit unterschiedlicher Kultur.

Interkulturalität

Für Welsch stellte sich die Frage, wie sinnvoll es ist, den Begriff der Interkulturalität zu verwenden, um über die gegenwärtige Gesellschaft, Kultur sowie über die einzelnen Menschen und ihr Zusammenleben zu sprechen. Denn ihm schien die Annahme nicht mehr plausibel, dass es derart deutlich voneinander trennbare Kulturen überhaupt noch gibt: „Mein Einwand gegen das Interkulturalitätskonzept ist einfach. Das Interkulturalitätskonzept ist zweistufig. Auf der *Primärebene* geht es von wohlabgegrenzten und beträchtlich verschiedenen Kulturen aus; auf der *Sekundärebene* fragt es dann, wie diese Kulturen sich miteinander vertragen, wie sie einander ergänzen, wie sie miteinander kommunizieren, einander verstehen oder anerkennen können. Nun bestreite ich aber schon die Primärbehauptung. Sie scheint mir heute nicht mehr zuzutreffen und überdies seit längerem konzeptionell hochproblematisch, um nicht zu sagen fatal zu sein“ (ebd., S. 149).

Welsch leugnet jedoch nicht die Tatsache, dass immer noch kulturelle Unterschiede zwischen den Menschen existieren. Jedoch gibt er zu bedenken, dass sich moderne Gesellschaften durch kulturelle Pluralität auszeichnen. Daher könne man nicht mehr behaupten, dass die gegenwärtigen Gesellschaften in sich kulturell homogen seien, und die jeweilige Bevölkerung eine einheitliche Kultur teile. „Es stimmt einfach nicht, daß wir unsere Lebensläufe, unsere Tage und Nächte noch alle in der gleichen Weise zubrächten. So uniform lebt man in der Moderne nicht mehr. Die Kultur eines Arbeitermilieus, eines Villenviertels und der Alternativszene haben keinen solchen gemeinsamen Nenner mehr“ (ebd., S. 151).

moderne Gesellschaften

kulturelle Pluralität

Um die Überlegungen von Welsch an einem einfachen Beispiel nachzuvollziehen, mag es hilfreich sein, sie auf den Bereich der Esskultur zu übertragen. Denkt man beispielsweise an die verschiedenen Restaurants, die es in vielen Städten gibt – hier ein italienisches, daneben ein chinesisches oder bayerisches etc. – so hat es zunächst durchaus den Anschein, als ob es noch klar abgrenzbare Ess- und Nationalkulturen gibt. Dennoch verweist gerade die Vielzahl unterschiedlicher Restaurants innerhalb einer Stadt oder eines Landes darauf, dass insgesamt eine kulturelle Pluralität an Speiseofferten vorliegt. Bedenkt man nun noch, dass auch in anderen Städten, Ländern und Weltgegenden eine ähnliche Vielfalt an Angeboten vorliegt, so ist es kaum mehr möglich, von klar abgrenzbaren Esskulturen zu sprechen. Vielmehr kann behauptet werden, dass die nationalen Spezialitäten zu einem Bestandteil einer sich zunehmend global ausbreitenden Weltkultur geworden sind. Dadurch wird aber auch fraglich, wie sinnvoll es

nationale Spezialitäten

Weltkultur

ist, diese Speisen überhaupt noch spezifischen und authentischen Kulturen zuzuordnen. „Authentizität ist zum Bestandteil der Folklore geworden, ist simulierte Eigenheit für andere, zu denen man als Einheimischer längst selbst gehört“ (ebd., S. 158).

Da sich für Welsch faktisch die Kulturen aufgelöst haben, es also keine wesentlich unterschiedlichen nationalen Kulturen mehr gibt, wie der von Herder geprägte moderne Kulturbegriff suggeriert, betont er die Notwendigkeit einer Begriffsrevision. Kultur müsse nun anders gedacht werden als noch von Herder. Sein Vorschlag besteht nun darin, von Transkulturalität zu sprechen. „Als Alternative zu *Interkulturalität* schlage ich *Transkulturalität* vor. Ich will damit auf die veränderte Verfassung von Kulturen aufmerksam machen und die These vertreten, daß Fragestellungen, die man ehedem unter dem Gesichtspunkt der Interkulturalität diskutieren mochte, heute in der Perspektive der Transkulturalität zu behandeln wären. Das bedeutet mehr als den Wechsel des Terminus“ (ebd., S. 147).

Transkulturalität

Transkulturalität ist bei Welsch in erster Linie ein empirisches Phänomen. Im Kern beobachtet er eine faktische Vermischung unterschiedlicher Kulturen, eine, wie er sagt, „Auflösung der Kulturen“ (Welsch 1994, S. 147). Eine solche Vermischung erkennt er im Bereich der Musik (ebd., S. 167–168), der Architektur (ebd., S. 164–165) und der Menschen (ebd., S. 163–164). Um die kulturelle Vermischung unter den Menschen zu thematisieren, greift er auf den Begriff „Cross-Culture-People“ (ebd., S. 164) zurück. Gemeint sind damit „Leute [...], deren Eltern aus unterschiedlichen Kulturkreisen kommen“ (ebd.). Auch in der Wissenschaft, insbesondere der Philosophie, erkennt er Zeichen dafür, dass sich die zunehmende Transkulturalisierung auf die Sprache auswirkt. Dies zeige sich insbesondere dort, wo kulturelle Metaphern zunehmend von transkulturellen ersetzt würden: „Zu selbstverständlich hat man sich lange Zeit territorialer Ausdrücke bedient, hat allenthalben von ‚Grund‘, ‚Boden‘, ‚Bereich‘, ‚Gebiet‘ etc. gesprochen. Dieses Denken der *arche* und des Dominiums war seiner Struktur nach ein Denken der Herrschaft sowie der Abgrenzung und Ausgrenzung. Heute gehen wir zu anderen Denkformen über: zu Denkformen und Metaphoriken des *Gewebes*, der *Verflechtung*, der *Verkreuzung*, der *Vernetzung* – ein Vorgang, der von den Einzelwissenschaften bis zur philosophischen Vernunfttheorie reicht“ (ebd., S. 165–166).

Cross-Culture-People

Auch wenn sich die Kulturen in dem von Welsch beschriebenen Sinne auflösen und der moderne Kulturbegriff daher zunehmend ungeeignet ist, um die kulturelle Wirklichkeit zu fassen, kann man feststellen, dass die Menschen unterschiedliche Sprachen sprechen, die sich zumindest grundsätzlich klar abgrenzen lassen. Begreift man die Sprache als einen Teilbereich der Kultur, so stellt sich daher die Frage, ob wir es hier mit einem Kulturbereich zu tun haben, der von dem Phänomen der Transkulturalität nicht berührt wird. Spricht und denkt eine Person in unterschiedlichen Sprachen, könnte man durchaus behaupten, dass sie sich allein sprachlich zwischen unterschiedlichen Kulturen bewegt. Dies würde aber auch bedeuten, dass Humboldt (vgl. Kapitel 5) bereits eine spezifische Form interkultureller Bildung skizziert hat, bei der das Erlernen fremder Sprachen, der Wechsel zwischen den Sprachen und der Sprachvergleich eine zentrale Rolle spielt. Die Fähigkeit, zwischen Sprachen hin- und herwechseln zu können, wird mittlerweile als Code Switching (Dirim/Mecheril 2010, S. 115) bezeichnet und stellt auch in aktuellen Konzepten interkultureller Bildung ein zentrales Thema dar.

Code Switching

7.4 Sprachbildung im Kontext von Migration

Auch wenn Humboldts Bildungstheorie unter Einbezug seiner Sprachtheorie aufgrund der Idee der Gewinnung neuer Weltansichten durch das Erlernen fremder Sprachen bereits als interkulturell bezeichnet werden kann, widmet sich die Interkulturelle Pädagogik innerhalb der Erziehungswissenschaft zumindest nicht vorrangig dem Thema des Fremdsprachenunterrichts, wie er beispielsweise in der Sekundarstufe angeboten wird. Auch wenn sprachliche Bildung und Mehrsprachigkeit im Feld der Interkulturellen Bildung einen zentralen Platz (vgl. Roth 2018, S. 3) einnehmen, so ist damit nicht das Erlernen von Latein oder Altgriechisch gemeint, wie am Neuhumanistischen Gymnasium, und auch nicht das Erlernen moderner europäischer Fremdsprachen wie Englisch, Französisch, Spanisch und Italienisch.

sprachliche Bildung

Mehrsprachigkeit

Das Feld der Interkulturellen Pädagogik und Bildung hat sich in der deutschsprachigen Erziehungswissenschaft vielmehr als pädagogische Reaktion auf massive Einwanderungsbewegungen entwickelt. Für die Bundesrepublik Deutschland zentral ist in diesem Zusammenhang u.a. seit den 1950er Jahren die Einwanderung von sogenannten „Gastarbeitern“, ab den 1970er Jahren von sogenannten „Asylanten“, später, ab den 1970er Jahren – insbesondere auch seit 2015 – von sogenannten „Flüchtlingen“, aber auch von vielen anderen Menschen aus dem Ausland, die – je nach Zuschreibung und Konnotation – ebenso gruppenbezogen benannt und bezeichnet werden können (vgl. u.a. Alexopoulou 2020). Dass derartige Bezeichnungen mitunter äußerst problematisch sein können, ist eine wichtige Feststellung im Diskurs der Interkulturellen Pädagogik.

In der Interkulturellen Pädagogik bezieht sich der Begriff sprachliche Bildung vor allem auf den Migrationskontext, und meint in erster Linie den Erwerb von Deutsch als Zweitsprache oder auch Deutsch als Fremdsprache. Auch der Begriff der Mehrsprachigkeit bezieht sich in der Interkulturellen Pädagogik vor allem auf eingewanderte Ausländer bzw. Migranten und ihre Kinder, sogenannte Menschen mit Migrationshintergrund, wie es seit dem Mikrozensus aus der Jahr 2005 oftmals heißt. Als mehrsprachig werden diese Person insofern bezeichnet, als sie – auf welchem Niveau auch immer – sowohl eine sogenannte Herkunftssprache als auch die Landessprache Deutsch sprechen. Sprechen sie noch kein Deutsch, weil sie etwa erst kürzlich eingewandert sind oder aus anderen Gründen die Landessprache nicht oder nur rudimentär gelernt haben, ist es das Ziel der Politik und der dafür aufgebauten pädagogischen Institutionen – etwa in den sogenannten Integrationskursen für Erwachsene –, die Menschen mehrsprachig zu machen, ihnen also Deutsch auf möglichst hohem Niveau – angefangen bei der Alphabetisierung über das Sprachniveau A1, A2, B1, B2, C1 bis zu C2 – beizubringen. Das schließt mitunter auch die Alphabetisierung von Erwachsenen ein, die auch in ihrer Erstsprache noch nicht alphabetisiert wurden, manchmal zum ersten Mal in ihrem Leben eine Schule besuchen.

Deutsch als Zweitsprache

Deutsch als Fremdsprache

Menschen mit Migrationshintergrund

Integrationskurse

Alphabetisierung

Der traditionelle (schulische) Fremdspracherwerb spielt in den Diskussionen der Interkulturellen Pädagogik – anders als in der neuhumanistischen Tradition seit Humboldt – daher keine Rolle. Dafür gibt es an vielen Orten beispielsweise für die Kinder von Einwanderern die Möglichkeit, bereits ab der Grundschule Bildungsangebote in sogenanntem herkunftssprachlichem Unterricht wahrzunehmen. Dabei hängt es sowohl von finanziellen als auch personalen Ressourcen ab, ob dem jeweiligen Kind vor Ort in seiner spezifischen Herkunftssprache ein entsprechendes Angebot gemacht werden kann. Neben staatlichen Institutionen existiert darüber hinaus ein mehr oder weniger kommerzieller und freier Markt, auf dem von unterschiedlichen Trägern für Kinder und Erwachsene herkunftssprachliche Sprachkurse angeboten werden.

herkunftssprachlicher Unterricht

7.5 Sprachbildung und Sprachkritik

Eine spezifische Form der Sprachbildung wird von der sogenannten Migrationspädagogik propagiert, einer Spielart, Ergänzung oder Weiterentwicklung Interkultureller Pädagogik und Interkultureller Bildung. Diese akademische Spezialdisziplin der Erziehungswissenschaft setzt sich mit dem Begriff der Migration auseinander, mit den Bedeutungen, die diesem Wort beigemessen werden, und mit den Konsequenzen, die aufgrund unterschiedlicher Konnotationen das jeweilige Begriffsverständnis in pädagogischen Institutionen und Kontexten mit sich bringt. Dabei geht es nicht in erster Linie um den Begriff der Migration an sich, sondern vor allem um die Frage, was es bedeutet, wenn Menschen beispielsweise als Migranten, als Menschen mit Migrationserfahrung oder mit Migrationshintergrund bezeichnet werden.

Migrations-pädagogik

In der Migrationspädagogik wird darauf hingewiesen, dass das Phänomen der Migration in den sogenannten Migrationsgesellschaften zu der kontrovers diskutierten Frage führt, wer denn nun zu der jeweiligen Gesellschaft gehört, und wer nicht. Im Grund werde daher bei derartigen Diskussionen zwischen einem „‚Innen' und ‚Außen'" und zwischen einem „‚Wir' und ‚Nicht-Wir'" (Mecheril 2010a, S. 13) unterschieden. Zugehörigkeit wird zum Thema, und zwar sowohl für sogenannte Migranten als auch sogenannte Nicht-Migranten. Da es jedoch viele unterschiedliche Aspekte gibt, an denen Zugehörigkeit festgemacht werden kann und auch faktisch festgemacht wird – wie beispielsweise Kultur, Staatsangehörigkeit, Herkunft, Sprachvermögen etc. –, betont die Migrationspädagogik die begriffliche Unschärfe, die diese Zugehörigkeitsdiskussionen mit sich bringen und diese charakterisieren. Während dies bei komplexen Begriffen wie „Kultur" sofort einsichtig ist, da es eben durchaus fragwürdig ist, was unter Kultur in einem spezifischen Kontext zu verstehen ist, so zeigt sich die Unschärfe auch bei vermeintlich eindeutigen Bestimmungen wie der Staatsangehörigkeit. Macht es etwa Sinn, jemandem die Zugehörigkeit zur deutschen Gesellschaft zuzusprechen, der selbst noch nie in Deutschland war und kein Deutsch spricht, aber die deutsche Staatsangehörigkeit besitzt, weil seine Vorfahren beispielsweise vor 100 Jahren aus Deutschland nach Amerika ausgewandert sind? Eine solche Frage kann kaum anders als kontrovers diskutiert werden. Zur Diskussion steht dabei nicht weniger als die Bedeutung von Zugehörigkeit.

Migrations-gesellschaften

Zugehörigkeit

Vor diesem Hintergrund wurde in der Migrationspädagogik das Kunstwort „natio-ethno-kulturell" gebildet, mit dem zumindest eingegrenzt werden soll, über welche Art von Zugehörigkeit hier nachgedacht wird. „Migrationspädagogik beschäftigt sich mit natio-ethno-kulturellen Zugehörigkeiten" (ebd.). Damit wird wenigstens deutlich, welche Arten von Zugehörigkeit – etwa „Geschlechts- und Milieuzugehörigkeit" (ebd.) – nicht gemeint sind. Darüber hinaus wird mit diesem Ausdruck versucht deutlich zu machen, dass unterschiedliche Aspekte zusammenwirken, wenn über die Frage nach der Unterscheidung von „uns" und „anderen" bzw. zwischen einem „Wir" und „Nicht-Wir" nachgedacht wird. „Wenn in Deutschland von ‚Migrant/innen', ‚Ausländern', ‚Polen', von ‚Migrantenkindern', von ‚Deutschen' oder ‚Brasilianer/innen' die Rede ist, dann – so die hier formulierte These – ist in der Regel nicht allein von *Kultur, Nation* oder *Ethnizität* die Rede, sondern in einer diffusen und mehrwertigen Weise von den auch begrifflich aufeinander verweisenden Ausdrücken *Kultur, Nation* und *Ethnizität*. Der Ausdruck natio-ethno-kulturell zeigt dies an. Er ruft in Erinnerung, dass die sozialen Zugehörigkeitsordnungen, für die Phänomene der Migration bedeutsam sind, von einer diffusen, auf Fantasie basierenden, unbestimmten und mehrwertigen ‚Wir'-Einheit strukturiert werden" (ebd., S. 14).

natio-ethno-kulturelle Zugehörigkeiten

Bei aller Konfusion scheint es daher besonders wichtig, zumindest die Funktionslogik zu klären, mit der diese Vorstellungen von Zugehörigkeit erzeugt werden. Von einem „Wir" könne nur dann gesprochen werden, wenn eine Abgrenzung von einem „Nicht-Wir" erfolge. Es braucht also immer jemanden, der anders ist als wir, oder der zumindest als anders wahrgenommen wird, um über die Wahrnehmung dieser Differenz die eigene Identität im Sinne eines Zugehörigkeitsgefühls bzw. Wir-Gefühls zu erzeugen. Um diese Unterscheidungslogik oder Unterscheidungspraxis begrifflich auf den Punkt zu bringen, führt die Migrationspädagogik die Begriffe „Migrationsandere" und „Nicht-Migrationsandere" ein. Damit soll zum Ausdruck gebracht werden, „dass es ‚Migrant/innen' und ‚Ausländer/innen' und komplementär ‚Nicht-Migrant/innen' und ‚Nicht-Ausländer/innen' nicht an sich, sondern nur als relationale Phänomene gibt" (ebd., S. 17). Das Eigene wird durch die Abgrenzung vom Fremden bzw. Anderen konturiert.

Wir

Nicht-Wir

Migrationsandere

Nicht-Migrationsandere

Es ist durchaus nachvollziehbar, dass gerade in solchen Gesellschaften, die von massiven Einwanderungsbewegungen geprägt sind, die Frage nach Zugehörigkeit und Nicht-Zugehörigkeit eine zentrale Rolle in der individuellen und öffentlichen Kommunikation einnimmt. Individuell von großer Bedeutung dürfte die Frage zunächst vor allem für Menschen sein, die sich selbst aufgrund einer persönliche oder familiären Migrationsgeschichte nicht sicher sind, inwieweit sie sich selbst mit der Gesellschaft und der Kultur identifizieren können, in der sie leben, und diese Unklarheit auch von außen widergespiegelt bekommen. Ebenso individuell bedeutsam dürfte diese Frage auch für jene werden, die sich selbst solche Fragen eigentlich nicht stellen – etwa, weil sie auf keine eigene oder familiäre Migrationsgeschichte zurückblicken – aber beispielsweise aufgrund migrationsbedingter demographischer und kultureller Veränderungen dann doch in ambivalenter Weise über ihre eigene Zugehörigkeit – und die der Migrationsanderen – nachdenken. Entscheidend ist nun am Konzept der Migrationspädagogik, dass hier davon ausgegangen wird, dass solche individuellen Überlegungen durch Diskurse geprägt werden, die gewissermaßen die ganze Gesellschaft durchziehen, und die jeweils imaginierten Zugehörigkeitsordnungen beeinflussen, vielleicht sogar maßgeblich prägen. „Diskurse bestehen aus Aussagen, die in einem veränderlichen System der Wiederholung und Ähnlichkeit verbunden sind. Unter ‚Aussagen' sind hierbei nicht allein gesprochene Worte zu verstehen, sondern in einem weiten Sinn alle mit Bedeutung versehenen und Bedeutung erzeugende Zusammenhänge und Prozesse wie Bilder, Gesten, architektonische Objekte und institutionelle Abläufe. Insbesondere weil Diskurse in komplexer Weise mit Institutionen verbunden sind, konstitutionieren sie sich als materielle Wirklichkeit" (Castro Varela/Mecheril 2010, S. 36).

Diskurse

Für die Migrationspädagogik ist dieses auf Arbeiten von Michael Foucault (1926–1984) zurückgehende Verständnis von Diskurs insofern zentral, als hier davon ausgegangen wird, dass Diskurse Machtphänomene sind. So hätten Diskurse etwa die Macht, Subjekte zu konstituieren. „Diskurse über Andere machen die Anderen zu dem, was sie sind, und produzieren zugleich Nicht-Andere" (ebd.). Demnach könne das Gefühl, selbst ein – abstrakt und akademisch gesprochen – Migrationsanderer zu sein, auf Diskurse über natio-ethno-kulturelle Zugehörigkeit und natio-ethno-kulturelle Differenz zwischen Migrationsanderen und Nicht-Migrationsanderen zurückgeführt werden. Vereinfacht ausgedrückt: Diskurse über Ausländer, Migranten und Kultur können demnach beispielsweise dazu führen, dass sich Menschen als Ausländer bzw. Einheimische fühlen, und zwar unabhängig davon, wie lange sie und ihre Familien schon im Land leben, welche Staatsangehörigkeit(en) sie besitzen oder welche Sprache(n) sie sprechen etc. An diesen Diskursen beteiligen sich Menschen, die sich als Ausländer oder Nicht-Ausländer, als

Macht

Migranten oder Nicht-Migranten, als Einheimische oder Nicht-Einheimisch etc. verstehen, oder diesen Kategorien indifferent gegenüberstehen, vielleicht auch als transnationale oder transkulturelle Personen bezeichnet werden können. Traditionell spricht man bei der letzten Gruppe auch von sogenannten Kosmopoliten bzw. Weltbürgern.

Die Migrationspädagogik kann als Kritik all jener Diskurse verstanden werden, die dazu beitragen, dass sich Menschen – insbesondere Kinder und Jugendliche – als Migrationsandere fühlen. Dabei untersucht und kritisiert diese wissenschaftliche Teildisziplin insbesondere die Diskurse, die in der Erziehungswissenschaft sowie in der pädagogischen Praxis geführt werden, und zur diskursiven Konstruktion, Konstitution, Abwertung und Ausgrenzung von Migrationsanderen beitragen bzw. beitragen könnten.

In die Kritik geraten sind dabei die Interkulturelle Pädagogik und alle interkulturell orientierten Forschungsprojekte, da bereits der Begriff der Interkulturalität – wie auch Welsch betont (vgl. u.a. Welsch 1994; Mecheril 2010b, S. 54–76) – suggeriere, es gebe unterschiedliche Kulturen, also mehr oder weniger homogene Nationalkulturen, wie es der Kulturbegriff von Herder (vgl. 1774/2007) nahelege. Insoweit sich die Interkulturelle Pädagogik mit kulturellen Differenzen auseinandersetze, würde dadurch die Vorstellung zementiert, dass Kinder und Jugendliche in der Migrationsgesellschaft kulturell unterschiedlich seien, wodurch in der Konsequenz wiederum die Unterscheidung zwischen Migrationsanderen und Nicht-Migrationsanderen – und damit der Diskurs über natio-ethno-kulturelle Unterschiede – produziert bzw. reproduziert werde.

Analyse und Kritik von Diskursen

Kritik am Sprechen über Kulturen und kulturelle Unterschiede

Vor diesem Hintergrund leuchtet es ein, dass sich die Migrationspädagogik weniger mit konkreten Kulturen, Kulturgeschichten und kulturellen Unterschieden auseinandersetzt, sondern ihren Fokus vor allem auf die Analyse und Kritik von Diskursen richtet, die die Vorstellung – sozusagen die Fiktion – verbreiten, es gäbe unterschiedliche Ethnien, Nationen und Kulturen. Vereinfacht ausgedrückt lässt sich das migrationspädagogische Programm demnach als eine Kritik am Sprechen über Kulturen und kulturelle Unterschiede fassen.

7.6 Kritik am Sprechen über Sprachen

Auch in der Auseinandersetzung mit den Themen Sprache und Sprachbildung in der Migrationsgesellschaft richtet die Migrationspädagogik ihren Fokus hauptsächlich auf Diskurse über Sprache und Mehrsprachigkeit, also – wieder vereinfacht ausgedrückt – auf das Sprechen über Sprache und Mehrsprachigkeit. „Im Disput über die Sprache(n), die als legitime Sprache(n) der Migrationsgesellschaft gilt (gelten), artikuliert sich ein Kampf um Zugehörigkeit: Wer gehört zu ‚uns'? Aber noch viel mehr: Wer sind ‚wir'? Sind ‚wir' auch die, die in erster Linie Russisch sprechen? Sind ‚wir' auch die, die Deutsch-Türkisch sprechen?" (Dirim/Mecheril 2010, S. 105).

Diskurse über Sprache und Mehrsprachigkeit

Aus migrationspädagogischer Perspektive wird darauf hingewiesen, dass die Sprachfertigkeiten und Sprachkenntnisse eines Menschen wesentlich zur Entwicklung von Selbstbildern und zur Bildung von Selbstwertgefühlen beitragen. Dabei sei die subjektive Bewertung der eigenen Sprachkompetenzen vor allem auch von sozialer Anerkennung abhängig. Je nachdem, wie das soziale Umfeld die eigenen Sprachfertigkeiten bewerte, könne sich entsprechend auch ein eher negatives oder eher positives Selbstwertgefühl ausbilden.

Sprachfertigkeiten und Sprachkenntnisse

Selbstbilder

Selbstwertgefühle

soziale Anerkennung

Bei mehrsprachigen Kindern und Jugendlichen mit Migrationshintergrund habe dies zur Folge, dass Kompetenzen in solchen Sprachen, die in der Gesellschaft hohes Prestige genießen, tendenziell mit positiven Formen der Anerkennung einhergingen, während dies in Bezug auf alle anderen Sprachen nicht so sei. „Türkisch gilt nicht als ‚Welt'-Sprache und besitzt höchstens ‚subversives' Prestige [...]; Englisch oder Französisch hingegen genießen ein ganz anderes Ansehen. Aus der Perspektive der gesellschaftlichen Machtverhältnisse betrachtet wird deutlich, dass Ein-, Zwei- und Mehrsprachigkeit nicht miteinander gleichzusetzen sind, dass sogar Zweisprachigkeit und Zweisprachigkeit, Einsprachigkeit und Einsprachigkeit nicht gleichzusetzen sind, dass es sehr darauf ankommt, welche Sprache es ist, die im Rahmen von Ein- und Zweisprachigkeit gesprochen wird, und welcher Wert dieser Sprache zukommt" (ebd., S. 109–110).

Prestige

Aufschlussreich ist auch die Auseinandersetzung der Migrationspädagogik (ebd., S. 110–115) mit den im Kontext von Migration entstandenen Sprachvarietäten, die von den sogenannten Standardsprachen deutlich abweichen. Solche Sprachvarietäten können sowohl in den sogenannten Herkunftssprachen als auch im Deutschen beobachtet werden. Aufgrund eines Vergleichs mit den Standardsprachen würden diese ethnolektalen Äußerungen mitunter als fehlerhaft bezeichnet. Auch werde in diesem Zusammenhang von Halbsprachigkeit gesprochen, wenn beispielsweise bei zweisprachigen Sprechern nur eine der beiden Sprachen standardsprachlich

Sprachvarietäten

Standardsprachen

ethnolektale Äußerungen

Halbsprachigkeit

und auf altersgemäßem Niveau gesprochen bzw. beherrscht wird. Werden beide Sprachen als ethnolektale Varietäten identifiziert, kann auch von doppelter Halbsprachigkeit die Rede sein.

doppelte Halbsprachigkeit

Die Migrationspädagogik wendet sich gegen Abwertungen, die man mit dem Begriff der Halbsprachigkeit assoziieren könne, und betont demgegenüber, dass es sich bei den Ethnolekten um Ressourcen handelt, die vermutlich oftmals „nicht durchgängig, sondern vielmehr kontextrelativ als sinnvoll betrachtet und verwendet" (Dirim/Mecheril 2010, S. 112) werden, und mit denen die jeweiligen Sprecher versuchen, „kommunikationsbezogene Ziele zu erreichen" (ebd., S. 115). Spricht man statt von doppelter Halbsprachigkeit und Halbsprachigkeit von Semilingualismus und dominantem Bilingualismus, wie in der Fachdiskussion üblich, klingen diese Begriffe bereits ein bisschen neutraler (vgl. Allemann-Ghionda 2013, S. 88–89).

Semilingualismus

dominanter Bilingualismus

Letztlich geht es wohl darum, die Ethnolekte nicht nur als Verfallsformen, sondern als zumindest subjektiv wertvolle Sprachen anzuerkennen, mit denen ihre Sprecher – ähnlich wie bei einem Dialekt – im Alltag kommunizieren. Dies bedeutet natürlich nicht, dass etwa in der Schule nicht auch die Standardsprache vermittelt werden sollte. „Pädagogisch geht es darum, den Kindern und Jugendlichen ein Bewusstsein von verschiedenen Registern zu vermitteln und ihnen die Entwicklung der in offiziellen Zusammenhängen benötigten Deutschkompetenzen zu ermöglichen, ohne ihnen ihren eigenen Deutschgebrauch als Bestandteil der migrationsgesellschaftlichen Mehrsprachigkeit abzusprechen" (Dirim/Mecheril 2010, S. 118).

subjektiv wertvolle Sprachen

7.7 Interkulturelle Kulturgeschichte

Abschließend soll nun nochmals auf die Ausführungen von Welsch zum modernen Kulturbegriff und zum Konzept der Transkulturalität eingegangen werden. Denn auch wenn die Kritik an diesem Kulturbegriff in Hinblick auf die damit verbundenen Gefahren und Probleme der Ausgrenzung und Diskriminierung fraglos berechtigt und daher äußerst wichtig ist, stellt sich die Frage, ob die Forderung nach einer generellen Verabschiedung des modernen Kulturbegriffs wirklich in jeder Hinsicht und in Hinblick auf alle pädagogischen Situationen und Kontexte sinnvoll ist. Diese Frage drängt sich insofern auf, als Herder seinen national konnotierten Kulturbegriff zusammen mit einem Bildungskonzept entwickelte, das die Kulturgeschichte zu einem zentralen Bildungsgegenstand erklärt.

Verabschiedung des modernen Kulturbegriffs

Nimm man die Schrift „Auch eine Philosophie der Geschichte zur Bildung der Menschheit" (Herder 1774/2007) zur Hand, so zeigt sich überraschenderweise, dass auch Herder der Ansicht war, dass homogene Kulturen bzw. Nationen zu seiner Zeit, der Zeit der europäischen Aufklärung, nicht existierten: „Bei uns sind gottlob! alle Nationalcharaktere ausgelöscht! wir lieben uns alle, oder vielmehr keiner bedarfs, den anderen zu lieben; wir gehen miteinander um, sind einander völlig gleich – gesittet, höflich, glückselig! haben zwar kein Vaterland, keine Unsern, für die wir leben; aber sind Menschenfreunde und Weltbürger" (Herder 1774/2007, S. 75).

europäische Aufklärung

In Herders Kulturgeschichte lassen sich zwei Zeiträume unterscheiden. Einerseits beschreibt er die Vergangenheit, in der es unterschiedliche, weitgehend geschlossene Kulturen gegeben habe. Andererseits entwirft er ein Bild seiner Gegenwart, in der es tendenziell nur noch eine kosmopolitische Weltkultur gibt. Mit der Kulturgeschichte will er zeigen, wie sich die moderne Kultur entwickelte, und den Einfluss früherer Kulturen betonen. Letztlich entwirft er eine Geschichte, die in der Antike beginnt und, mit Welsch gesprochen, zur Auflösung der Kulturen in der Moderne führt. Die Bildung dieser kosmopolitischen Weltkultur führt er vor allem auf die Verbreitung der Gedanken der Aufklärung und der französischen Sprache zurück, die für ihn nun zur einheitlichen Weltsprache wird.

Kosmopolitismus

Die Auflösung der geschlossenen Kulturen bewertete Herder insofern als positiv, als diese nach außen fremdenfeindlich und vorurteilsbeladen gewesen seien, und die Bildung der Menschen und ihr geistiger Horizont dort in der Konsequenz sehr beschränkt waren. Jedoch gibt er auch zu bedenken, dass mit der Entstehung dieser homogenen Weltkultur auch die kulturelle Vielfalt bzw. die Vielfalt an charakteristischen nationalen Kulturen verloren gegangen sei.

homogene Weltkultur

kulturelle Vielfalt

Aufschlussreich sind die Schilderungen von Herder, da er nicht nur eine Kulturgeschichte entwirft, sondern vor allem erklärt, wie er das macht. Dafür benötigt er seinen viel zitierten Kulturbegriff. Dabei handelt es sich letztlich um ein Konzept, das es ermöglicht, die Geschichte der Menschheit als Kulturgeschichte unterschiedlicher Völker zu begreifen.

Kulturgeschichte

Kulturen werden von Herder in Analogie zur Natur gedacht: Sie wachsen, blühen und vergehen wieder. Außerdem haben sie einen Kern, der ihren jeweiligen Charakter ausmacht und von anderen Kulturen unterscheidbar macht. Die Blühte erreicht eine Kultur demnach dann, wenn sie ihren Charakter vollkommen entfaltet hat; danach droht der Niedergang. Herder verwendet an vielen Stellen das Bild einer Kugel, um seine Vorstellung von Kultur zu veranschaulichen: „jede Nation hat ihren Mittelpunkt der Glückseligkeit in sich, wie jede Kugel ihren Schwerpunkt!" (ebd., S. 35). Eine Kultur ist also nicht besser als eine andere, sondern jede ist einfach anders und etwas ganz Besonderes. Darüber hinaus beeinflussen sich die Kulturen gegenseitig, überschneiden sich. Übernommen werde von anderen Kulturen aber immer nur das, was auch zum Wesen oder Charakter der eigenen Kultur passt, alles andere werde abgestoßen und abgelehnt. Nationalkulturen zeichnen sich bei Herder daher einerseits durch Vorurteile und auch Fremdenhass aus, andererseits jedoch auch durch ein spezifisches Interesse an kulturellen Aneignungen und Übernahmen.

Herder macht mit seinem Geschichtsentwurf demnach nicht nur auf die kulturellen Grundlagen der modernen europäischen Kultur und auf die Einflüsse unterschiedlichster vorausgegangener Kulturen (etwa der Ägypter, Griechen, Römer, Christen, Araber) aufmerksam, sondern verweist mit Nachdruck auch auf den Konstruktionscharakter von Kultur. Um sich ein Bild von einer Nationalkultur machen zu können, müsse notwendigerweise abstrahiert und vieles ignoriert werden. Daher betont Herder (ebd., S. 30) auch, dass es beispielsweise *die* Griechen im engeren Sinne niemals gegeben habe, allein weil Griechenland aus vielen unterschiedlichen Nationen bestand. Da sich Kulturen entwickeln und verändern, sind sie auch zu keinem Zeitpunkt gleich. Darüber hinaus gibt er zu bedenken, dass sich die beschriebenen Kulturen in vielem sehr ähnlich waren. Letztlich seien Begriffe wie „die Römer" auch nur Wörter, unter denen sich dann doch jeder wieder etwas Anderes vorstelle (ebd., S. 28).

Konstruktionscharakter von Kultur

Die Auseinandersetzung mit der Kulturgeschichte erachtet Herder insbesondere in Hinblick auf eine Gegenwartskultur für bedeutsam, die nicht mehr mit dem modernen Kulturbegriff sinnvoll zu fassen ist. Die Kulturgeschichte wird als ein wichtiger moderner Bildungsgegenstand begriffen, und zur kulturgeschichtlichen Bildung gehört für ihn eben auch, über die vielen Probleme nachzudenken, die mit dem Kulturbegriff und seiner Verwendung sowie mit der Kulturgeschichtsschreibung einhergehen.

kulturgeschichtliche Bildung

Herder kann demnach durchaus auch herangezogen werden, um mit seinen Ausführungen zum Konstruktionscharakter moderner Kulturvorstellungen die Kritik der Interkulturellen Pädagogik an oberflächlichen Vorstellungen von Kultur sowie an simplifizierenden und diskriminierenden kulturellen Zuschreibungen und Verortungen zu unterstützen. Anschlussfähig erscheint auch immer noch die Idee, auf die kulturellen Einflüsse aus unterschiedlichen Räumen und Zeiten hinzuweisen.

Die vertiefte Auseinandersetzung mit der Kulturgeschichte dürfte immer noch ein Weg sein, um sich der Komplexität kultureller Entwicklungen bewusst zu werden. Dafür bietet es sich an, sich im Studium der Erziehungswissenschaft auch mit Beiträgen der Historischen Bildungsforschung und der Vergleichenden Erziehungswissenschaft auseinanderzusetzten (vgl. Kapitel 3). Dies liegt insofern nahe, als in diesen Fachrichtungen die Sozial- und Kulturgeschichte von Erziehung und Bildung, Prozesse der kulturellen Globalisierung sowie die Themen Transkulturalität und Transnationalität eine zentrale Rolle einnehmen. Verhindert werden kann so hoffentlich, dass sich jene Vorstellungen von Kultur bilden und verbreiten, die zur Entwicklung eines sogenannten kulturellen Rassismus führen (vgl. u.a. Welsch 1994, S. 152–154; Mecheril 2010b, S. 66; Kalpaka/Mecheril 2010, S. 84–88).

kultureller Rassismus

Fragen

1. Was ist der Unterschied zwischen „interkultureller Bildung“ und „Interkultureller Bildung“?
2. Was ist der Unterschied zwischen dem modernen und dem vormodernen Kulturbegriff? Warum wird der moderne Kulturbegriff und damit verbunden das Konzept der Interkulturalität sowie der interkulturellen Bildung und Interkulturellen Pädagogik von manchen kritisiert?
3. Was spricht für und/oder gegen die Auseinandersetzung mit der Kulturgeschichte im Studium der Erziehungswissenschaft bzw. in der pädagogischen Praxis?

Weiterführende Literatur

Knobloch, Phillip D. Th./Drerup, Johannes (Hrsg.) (2022): Bildung in postkolonialen Konstellationen. Erziehungswissenschaftliche Analysen und pädagogische Perspektiven. Bielefeld: transcript. – Aktueller Sammelband zur Bedeutung post- und dekolonialer Theorien in Erziehungswissenschaft und Pädagogik.

Lohmann, Ingrid/Böttcher, Julika (Hrsg.) (2022): Auf dem Weg ins Türkische Reich. Ein bildungshistorisches Lesebuch. Bad Heilbrunn: Klinkhardt. – Aufschlussreiche Sammlung historischer Texte über die Verwobenheit der deutsch-türkischen Kolonial- und Bildungsgeschichte.

Mignolo, Walter (2012): Epistemischer Ungehorsam. Rhetorik der Moderne, Logik der Kolonialität und Grammatik der Dekolonialität. Wien: Turia + Kant. – Grundlagenwerk zur dekolonialen Theorie lateinamerikanischer Provenienz.

Quijano, Aníbal (2016): Kolonialität der Macht, Eurozentrismus und Lateinamerika. Wien: Turia + Kant. – Grundlagenwerk zum Konzept der Kolonialität.

Todorov, Tzvetan (1985): Die Eroberung Amerikas. Das Problem des Anderen. Frankfurt a.M: Suhrkamp. – Klassiker über die europäische Konstruktion von Alterität im Zuge der Eroberung und Kolonialisierung der Neuen Welt.

Kapitel 8: Politische Bildung

Der Zusammenhang und das Verhältnis von Politik und Pädagogik wird in der Erziehungswissenschaft immer wieder diskutiert, analysiert und in Erziehungs- und Bildungstheorien thematisiert. Dies liegt nicht zuletzt daran, dass Mündigkeit seit der Aufklärung als ein zentrales Erziehungsziel gilt, vielleicht sogar als das wichtigste. Daher wird der Begriff der Mündigkeit in den klassischen Bildungstheorien auch herangezogen, um das Ziel von Bildung zu verdeutlichen. Erziehung zielt auf Bildung, und Bildung ist die Grundlage von Mündigkeit. In seiner Auseinandersetzung mit den klassischen deutschen Bildungstheorien – oder, aufgrund ihrer fragmentarischen Qualität besser: Bildungsphilosophien –, die etwa im Zeitraum 1770 bis 1830 entstanden, verweist auch Wolfgang Klafki (1927–2016) auf diesen Zusammenhang zwischen Bildung und Mündigkeit. Dabei betont er, dass es eine ganze Reihe von Begriffen gab, mit denen Bildung umschrieben wurde: „Das *erste* Moment von Bildung wird in den grundlegenden Texten durch folgende Begriffe umschrieben: *Selbstbestimmung, Freiheit, Emanzipation, Autonomie, Mündigkeit, Vernunft, Selbsttätigkeit*. Bildung wird also verstanden als Befähigung zu vernünftiger Selbstbestimmung, die die Emanzipation von Fremdbestimmung voraussetzt oder einschließt, als Befähigung zur Autonomie, zur Freiheit eigenen Denkens und eigener moralischer Entscheidungen. Eben deshalb ist denn auch *Selbsttätigkeit* die zentrale Vollzugsform des Bildungsbegriffs“ (Klafki 1985/1996, S. 19).

Politik
Pädagogik

Bildung und Mündigkeit

Bildung als Befähigung zu vernünftiger Selbstbestimmung

8.1 Aufklärung und Mündigkeit

In diesem Zusammenhang wird immer wieder auf Immanuel Kants (1724–1804) Schrift „Was ist Aufklärung?“ verwiesen, da hier der Begriff der Aufklärung mit dem der Mündigkeit verbunden und gewissermaßen beide Begriffe wechselseitig erhellt werden. „Aufklärung ist der Ausgang des Menschen aus seiner selbstverschuldeten Unmündigkeit. Unmündigkeit ist das Unvermögen, sich seines Verstandes ohne Leitung eines anderen zu bedienen“ (Kant 1784/2004, S. 5).

Aufklärung

Aufklärung ist demnach ein selbsttätiger, selbstbestimmter Prozess. Man klärt sich auf, indem man lernt, seinen Verstand selbst zu gebrauchen, autonom, unabhängig von Vorgaben anderer Menschen. Mündig kann man demnach nur sein, wenn man nicht blind glaubt, was einem von anderen weisgemacht wird, sondern wenn man selbst vernünftig über einen Sachverhalt nachdenkt und prüft, was Sache ist. Das muss man aber erst lernen.

Bekanntlich hat Kant mit seinen pädagogischen Überlegungen auf eine zentrale Schwierigkeit jeder Form von Erziehung hingewiesen, die sich am Ideal der Aufklärung orientiert. Ein Kind zu erziehen ist insofern schwierig, als man gewissermaßen von außen auf einen anderen Menschen einwirkt, um diesen dazu bewegen, selbstständig zu werden. Selbstständigkeit gewinnt man aber gerade dadurch, dass man sich von anderen Menschen – und daher auch von den Erziehern – unabhängig macht. Daher zielt Erziehung gewissermaßen auf die eigene Aufhebung. Erziehung soll zunehmend überflüssig werden, und sie ist dann überflüssig, wenn das Erziehungsziel erreicht ist: Mündigkeit. Bis dahin ist es aber meist ein langer, oftmals auch steiniger und verworrener Weg – wenn man dieses Bild benutzen möchte.

Selbstständigkeit

8.2 Freiheit und Zwang

Bis heute bezieht man sich in der Pädagogik auf Kant, um sich die Konsequenzen der Erziehungs- und Bildungsidee der Aufklärung für das praktische pädagogische Handeln ins Bewusstsein zu rufen (vgl. u.a. Koller 2012a). Dabei wird üblicherweise eine zentrale Frage zitiert, die gewissermaßen die Erziehungsaufgabe und die mit Erziehung für die Erzieher einhergehende Herausforderung auf den Punkt bringt: „Wie kultivire ich die Freyheit bei dem Zwange?“ (Kant 1803, S. 27).

Freiheit und Zwang

Der Zusammenhang und das Verhältnis von Freiheit und Zwang sind für jedes pädagogische Handeln insofern von großer Bedeutung, als man Kinder in gewisser Weise und in bestimmten Situationen zum vernünftigen und sinnvollen Gebrauch ihrer eigenen Freiheit zwingen muss, aber jedes erzwungene Verhalten selbstredend alles andere als frei ist. Dies erklärt auch, weshalb Mollenhauer (1983/2008, S. 173) Erziehung als Zumutung bezeichnet. Von einer Zumutung kann einerseits gesprochen werden, da durch die Ansprüche der Erziehungsperson mitunter die Integrität der angesprochenen Person verletzt, zumindest gestört oder irritiert werden kann. Der angesprochene Mensch wird in seiner Freiheit eingeschränkt, soll tun, was ein anderer von ihm will – und sogar wollen, was ein anderer will. Das kann als verletzend empfunden werden.

Erziehung als Zumutung

Dass Erziehung eine Zumutung sein kann, wird schon an einem einfachen Beispiel aus dem Bereich der Elementarbildung bzw. der Pädagogik der frühen Kindheit deutlich: beim täglichen Zähneputzen. Es wäre natürlich unverantwortlich, einem kleinen Kind selbst die Entscheidung zu überlassen, ob es sich täglich die Zähne putzen will. Daher hofft man zunächst, dass das Kind selbst einsieht, wie wichtig das tägliche Zähneputzen ist. Putzt sich das Kind die Zähne dann freiwillig, sind die Erziehungspersonen fein raus, und man kann sagen: Das Kind ist einsichtig und vernünftig. Alles ist gut, alle Beteiligten sind zufrieden. Die Erziehung war erfolgreich, das Kind hat eine gewisse Mündigkeit erreicht. Putzt sich das Kind die Zähne jedoch nicht von selbst, so beginnt der Ärger bzw. zeigt sich das Problem der Erziehung, auf das Kant aufmerksam machen wollte. Denn auch wenn das Kind nicht einsieht, dass es wichtig ist, sich täglich die Zähne zu putzen, und zwar freiwillig, soll und muss es dies dennoch tun. Daher wird man – auf die eine oder andere Art – versuchen, das Kind dazu zu zwingen bzw. dazu zu bringen. Ob es dies freiwillig tut, ist dann zunächst zweitrangig; wichtig ist, dass geputzt wird. Und dennoch handelt es sich um eine Erziehungsmaßnahme, die gar keinen Sinn ergibt, wenn das Kind nicht doch irgendwann einsieht, dass es *freiwillig* die Zähne putzen *muss*. Denn die Erfahrung lehrt, dass wenig gewonnen ist, wenn das Kind nur so tut, als ob es freiwillig und gründlich seine Zähne putzt. Erziehung hat also mit Zwang zu tun, muss aber doch auf Freiheit und Einsicht zielen; mit Kant: auf Aufklärung und Mündigkeit.

Zähneputzen

Erziehungsmaßnahme

Einsicht

8.3 Disziplinierung, Kultivierung, Zivilisierung, Moralisierung

Das Beispiel des Zähneputzens – einer zwischen Freiheit und Zwang oszillierenden Praxis – macht es auch nachvollziehbar, warum Erziehung für Kant (1803, S. 20–23) vier zentrale Dimensionen umfasst: Disziplinierung, Kultivierung, Zivilisierung und Moralisierung. Zunächst braucht es eine gewisse Disziplin, um sich regelmäßig die Zähne zu putzen. Das regelmäßige Putzen diszipliniert aber auch, und so gewinnt das Kind nicht nur saubere Zähne, sondern darüber hinaus hoffentlich auch Einsicht in die Bedeutung einer disziplinierten Lebensführung, die bekanntlich weit über das Zähneputzen hinausreicht. Erziehung zielt also im Grunde – prinzipiell – auf Disziplinierung.

Disziplinierung

Darüber hinaus stellt das Zähneputzen, korrekt und sinnvoll ausgeführt, eine wichtige Kulturtechnik dar. Richtig Zähneputzen muss fraglos erst gelernt werden, wie Lesen, Schreiben, Rechnen, Laufen, Radfahren, Schwimmen etc. Deshalb übernehmen beim Baby oder Kleinkind zunächst – hoffentlich – die Erwachsenen die Verantwortung für die Zahnpflege. Mit fortschreitendem Lebensalter entwickelt das Kind in der Regel jedoch seine eigenen kognitiven und motorischen Fähigkeiten so weit, dass die Grundlagen ausgebildet sind, um das Zähneputzen selbst zu erlernen. Ab einem gewissen Entwicklungs- und Bildungsgrad kann – und muss – man den Kindern zumuten, sich die Zähne selbst zu putzen. Damit das Kind dies lernt, muss es jedoch dazu aufgefordert werden, muss es überhaupt die Möglichkeit bekommen – und eine gute Kinderzahnbürste, am besten auch Kinderzahnpasta. Auch braucht es guten Zuspruch: Du hast schon so viel gelernt, das kannst du jetzt auch lernen.

Das Gute an der Erziehung, an der Bildung und am Lernen ist, dass Kinder *eigentlich* auch selbstständig werden wollen. Zähneputzen ist daher nicht nur eine lästige Zumutung, sondern auch ein prima Angebot, das eigene Projekt der Emanzipation voranzutreiben. Mit Kant kann man daher festhalten: Erziehung zielt auf die Vermittlung von Kulturtechniken, auf die Kultivierung des Menschen. Dabei gilt sowohl in Hinblick auf die Disziplinierung wie die Kultivierung, dass es letztlich der Mensch selbst ist, der Disziplin lernen und sich die wichtigsten Kulturtechniken selbsttätig aneignen muss.

Kultivierung

Mit Mollenhauer (1983/2008) muss darüber hinaus daran erinnert werden, dass sich die Kultivierung nicht nur auf die Vermittlung instrumenteller Kulturtechniken beschränkt, sondern auch die Vermittlung von Kultur im umfassenden Sinne beinhalten muss. Lesen – und Sprache – lernt man nicht, indem man nur pragmatische Sach- und Textaufgaben im Stil der Schulleistungsstudie PISA löst, sondern vor allem, indem man ganze – und vor allem: gute, d.h. kulturell bedeutsame, inhaltlich anspruchsvolle und sprachlich niveauvolle – Bücher liest. Ähnlich wie Lesen kein Selbstzweck ist, verhält es sich auch mit allen anderen Kulturtechniken und Kulturgütern, die innerhalb eines Kulturzusammenhangs aus guten Gründen für bedeutsam erachtet werden.

Bereits im alltäglichen Familienleben können oft relativ banale, an die Kinder adressierte Zumutungen – neben dem Zähneputzen, je nach Alter, Entwicklungs- und Bildungsgrad etwa: nett zu anderen Kindern und Erwachsenen sein, nicht hauen, kratzen beißen, fremdes Spielzeug nicht mutwillig kaputtmachen oder verstecken, den Lego-Turm der Schwester nicht zerstören (vgl. Reichenbach 2018), Zimmeraufräumen, Tischdecken und Tischabräumen, nicht mit dreckigen Straßenschuhen über das neue Sofa laufen etc. – zu Situationen führen, die empirisch zeigen, dass die beteiligten Akteure, etwa Eltern und ihre Kinder, mitunter nicht nur unterschiedliche Intentionen haben, sondern die Intentionen des jeweiligen Gegenübers als geradezu unzumutbar empfinden. Es ist immer wieder verblüffend zu beobachten, wie geradezu aus heiterem Himmel der Familienfrieden aufgrund einer banalen Aufforderung stiften gehen und die Situation emotional und verbal auf teilweise extreme Art und Weise eskalieren kann.

Um derartigen Entwicklungen vorzubeugen, und Kinder vor allem die Probleme zu ersparen, die ein solches Verhalten insbesondere auch außerhalb der Familie – in Schule und Gesellschaft – mit sich bringen kann, betonte Kant, dass Erziehung auch die Zivilisierung der Kinder zum Ziel hat. „Während es bei der Kultivierung eher um sachbezogene Fähigkeiten geht, stehen bei der Zivilisierung *soziale* Kompetenzen und Haltungen im Vordergrund, die für das gesellschaftliche Zusammenleben erforderlich sind" (Koller 2012a, S. 36). Man müsse Kindern daher „Manieren, Artigkeit und eine gewisse Klugheit" (Kant 1803, S. 21) beibringen bzw. dafür Sorge tragen, dass sie sich die Fähigkeit aneignen, sozial erwünschtes Verhalten zu zeigen. Von großer Bedeutung sei dies insbesondere, da Menschen oft auf andere Menschen angewiesen sind, um ihre eigenen Zwecke zu verfolgen. Entsprechend tragisch ist es daher zu beobachten, wenn sich Kinder im Alltag gegenüber ihren Erziehungspersonen derart sozial unklug verhalten, dass sie ihren eigenen Interessen geradezu diametral entgegenarbeiten – und dann, aufgrund von einem als unzumutbar erachteten kindlichen Fehlverhalten und einer um Verhaltenskorrektur bemühten Erziehungsmaßnahme, beispielsweise darauf verzichten müssen, (wie eigentlich von den Kindern erhofft und erwartet sowie zuvor mit den Erwachsenen abgesprochen) vor dem Schlafengehen noch einen kurzen Spaziergang zu machen, mit dem Laufrad oder Skateboard einmal ums Eck zu fahren, noch einen kurzen Film zu sehen, ein Videospiel zu spielen, eine Geschichte vorgelesen zu bekommen etc.

Zivilisierung

Erst einige Jahrhunderte nach Kant ist man sich in der Erziehungswissenschaft darüber bewusstgeworden, dass sich die Aufgabe der Zivilisierung nicht nur auf die Adressaten des pädagogischen Handelns beschränkt, sondern auch die Erziehungspersonen im Prozess der Erziehung an ihrer eigenen Zivilisierung arbeiten müssen. Erziehungsmaßnahmen im Sinne der Aufklärung können nur dann sinnvoll sein, wenn gerade bei sogenannten Zwangsmaßnahmen und Sonderbehandlungen auch die Würde der Kinder gewahrt wird. Die Würde kann aber nur dann gewahrt werden, wenn die Erziehungsperson anerkennt, dass auch das Kind eigene Wünsche und Vorstellungen hat, die es prinzipiell anzuerkennen und zu respektieren gilt. Das Kind ist nicht nur Objekt der Erziehung, sondern vor allem auch Subjekt. Das leuchtet insofern ein, als Erziehung auf Bildung zielt, und Bildung nur als selbsttätige Leistung eines Subjekts denkbar ist. Daher betonte Mollenhauer bereits in den 1970er Jahren, dass Erziehung „ein Handeln mit ‚gebrochener Intention'" sei: „die Intentionen des Erziehenden müssen sich im Lichte der zu interpretierenden Intentionen des Educandus reflektieren" (Mollenhauer, zit. n. Nohl 2018, S. 124).

Würde

8.4 Fremdbestimmung

Selbst jede sinnvoll begründete Erziehungsmaßnahme droht daher ihren eigentlich intendierten Sinn zu verfehlen, wenn das Kind diese in erster Linie als Demütigung und übergriffige Fremdbestimmung erlebt. Dies kann einerseits zu rebellischem Verhalten führen, um die Selbstachtung wiederzugewinnen und sich Respekt zu verschaffen, oder aber auch zu Unterwürfigkeit und übermäßiger sozialer Anpassung. Als gescheitert muss die Erziehungsmaßnahme sowohl dann gelten, wenn das Kind aufgrund der erlittenen Kränkung künftig jede pädagogische Zumutung von außen als inakzeptabel zurückweist und nur noch den eigenen Gefühlen und Wünschen folgt, oder sich aber, um weitere Verletzungen zu vermeiden, jeder äußeren Zumutung künftig willenlos unterwirft und auf die Artikulation eigener Interessen und Gefühle verzichtet. Mit Schiller (1795/2009) gesprochen haben wir es im ersten Fall mit der Bildung von „Wilden", im zweiten mit der Bildung von „Barbaren" zu tun.

Demütigung

Kränkung

Um dies zu verhindern, müssen also auch die Erziehungspersonen ein kluges, artiges, sozial kompetentes und zivilisiertes Verhalten an den Tag legen, um das Selbstbewusstsein, das Selbstwertgefühl oder die Integrität und Identität der Adressaten des pädagogischen Handelns durch ein zu dominantes Auftreten nicht zu verletzten, die Person nicht zu kränken und auch nicht zu entwürdigen (vgl. Honneth 1992). Wie bereits Kant bemerkte, hängt es auch von der jeweiligen historischen und kulturellen Situation

Selbstwertgefühl

ab, wo die beteiligten Akteure die Grenzen zwischen legitimer und übergriffiger Zumutung verorten.

Moralisierung

Vor diesem Hintergrund wird deutlich, warum Kant der Moralisierung einen besonderen Stellenwert im Erziehungsprozess beimaß. Dabei bezieht sich dieser Begriff auf die Intentionen des Kindes, die sich eben an moralischen Grundsätzen ausrichten sollen. Damit ist wiederum gemeint, dass das Kind in Bezug auf seine Handlungen die Balance zwischen eigenen Interessen und denen seiner Bezugspersonen bzw. der Gesellschaft finden soll, sowie – darüber vermittelt – zwischen den eigenen Gefühlen und dem eigenen Verstand bzw. der eigenen Vernunft. Die Prinzipien des eigenen Handelns „sollen ‚gut' sein, d.h. von jedermann ‚gebilligt' und von jedermann *gleichzeitig* verfolgt werden können" (Koller 2012a, S. 36). Die Kinder sollen letztlich lernen, dem von Kant in seiner „Kritik der praktischen Vernunft" formulierten sogenannten kategorischen Imperativ zu folgen: „Handle so, daß die Maxime deines Willens jederzeit zugleich als Prinzip einer allgemeinen Gesetzgebung gelten könne" (Kant 1788, S. 54).

Da derartige moralische Handlungen auf Einsicht beruhen, und niemand zur Einsicht moralischer Prinzipien gezwungen werden kann, stellt sich die Frage, wie der Prozess der Moralisierung durch Erziehung gefördert werden kann. Dabei kann man zunächst festhalten, dass es, ganz ähnlich wie in Bezug auf den Aspekt der Zivilisierung, auch für die Moralisierung nur förderlich sein kann, wenn sich die Erziehungspersonen selbst an den kategorischen Imperativ halten und ihr Handeln an moralischen Prinzipien ausrichten. Da man aber am Verhalten einer Person nicht ablesen kann, was sie sich dabei denkt, müssen die Gründe – die eigene Gesinnung – gerade auch in Bezug auf Erziehungsmaßnahmen stets expliziert werden, oder zumindest prinzipiell moralisch zu rechtfertigen sein. Schon Mollenhauer betont, dass Kinder und Jugendliche erwarten können, „daß die ihnen angesonnenen Verhaltens- oder Handlungszumutungen rechtfertigungsfähig sind, und zwar nicht im Hinweis auf das bewährte Alte, sondern in bezug [sic] auf das gute Künftige" (Mollenhauer 2008, S. 173).

Übertragen auf die elementare Zumutung der alltäglichen Körperpflege bedeutet das: Wir müssen uns nicht täglich die Zähne putzen, weil das unsere Eltern und Großeltern auch immer so gemacht haben, sondern weil wir dann hoffentlich auch in Zukunft gesunde Zähne haben. Das kann und sollte man Kindern – grundsätzlich – erklären. Dann darf man aber auch erwarten, je nach Alter, Entwicklungs- und Bildungsgrad, dass sie das Prinzip verinnerlichen, da schon aus pragmatischen zeitlichen Gründen, ganz abgesehen von der emotionalen Belastung aller Beteiligten, nicht jeden Tag aufs Neue Grundsatzdiskussionen über banale Verhaltensanforderungen und Routinen geführt werden können.

Darüber hinaus muss man auch den Adressaten des pädagogischen Handelns zumuten, über die moralische Rechtfertigung ihrer Handlungen nachzudenken. Eine solche Zumutung ist insbesondere dann angebracht, wenn Zweifel an ihrer Gesinnung aufkommen, an ihren Motiven. Das ist etwa bei aggressivem Verhalten gegenüber anderen Personen sicherlich immer angebracht. Die Zumutung kann in einer solchen Situation darin bestehen, das aggressive Kind zur sozialen Übernahme der Perspektive der moralisch gekränkten Person aufzufordern. Wie Roland Reichenbach eindrücklich zeigt, ist der Erfolg bzw. die Erfolgsaussicht einer derartigen moralischen Erziehungsmaßnahme letztlich jedoch davon abhängig, ob das Kind einen anderen Menschen verletzen bzw. kränken will, oder nicht. „Es gibt, um es an einem scheinbar kleinen Beispiel zu konkretisieren, letztlich nur *einen* Grund, warum ich meiner Schwester den Lego-Turm nicht kaputt machen sollte, den sie mit den ganzen Klötzen so schön aufgebaut hat: *Sie würde sich dann gar nicht gut fühlen!*" (Reichenbach 2018, S. 149).

8.5 Perspektivenübernahme

Perspektivenübernahme

Zur sozialen Perspektivenübernahme kann man jemanden in dem beschriebenen Fall drängen, indem man etwa die Frage stellt, wie er sich selbst fühlen würde, wenn *ihm* jemand anderes einen subjektiv als wertvoll erachteten Gegenstand kaputt machen würde. Jedoch betont Reichenbach, dass die Feststellung, dass man sich selbst nicht schlecht fühlen will, noch lange nicht impliziert, dass man dies auch für eine andere Person nicht will. Dennoch müsse man in Hinblick auf die moralische Erziehung annehmen, dass das Kind *eigentlich* nicht will, dass andere Menschen sich schlecht fühlen – auch wenn es sich dessen noch nicht bewusst ist. „Das Argument oder die Aufforderung", sich in die moralisch und emotional verletzte Person hineinzuversetzen, „macht nur dann Sinn und ist auch nur dann wirksam, wenn schon klar ist, dass das Ich – zumindest ‚im Grunde' – nicht möchte, dass die Schwester sich schlecht fühlt. Ohne diese Unterstellung bzw. Bedingung wird das Ich moralisch nicht zu überzeugen sein" (ebd., S. 151). Jedoch beruhe Erziehung oftmals gerade darauf, etwas zu unterstellen, was (noch) nicht gegeben ist. „Einerseits ist es typisch für erzieherische Interventionen, den kindlichen Akteur auf ein Wollen hinzuweisen, welches ihm offenbar selber nicht bewusst ist und die es – ‚im Grunde genommen' – nicht möchte. Es handelt sich um den Fingerzeig auf eine *versäumte*, aber im Prinzip *mögliche* Perspektivenübernahme. Andererseits ist es natürlich eine mittlerweile klassische pädagogische Idee, wonach die Unterstellung das Unterstellte erst bewirkt oder hervorzubringen mithilft" (ebd.).

8.6 Moralische Erziehung und politische Bildung

moralische Erziehung

moralische Bildung

politische Bildung

Wenn Erziehung demnach immer auch moralische Erziehung ist, und auf moralische Bildung zielt, so kann man auch sagen, dass *politische Bildung* ein grundsätzliches Ziel einer an den Idealen von Mündigkeit, Aufklärung und Selbstbestimmung orientierten Erziehung ist. Dies lässt sich dadurch begründen, dass diese Ideale nicht nur während der Erziehung eingeübt und durch die Erziehung realisiert werden sollen, sondern der damit hoffentlich einmal erreichte Status der Mündigkeit, die Fähigkeit zur Selbstbestimmung und der gefasste Mut, sich auch in schwierigen Situationen seines eigenen Verstandes ohne Anleitung eines anderen zu bedienen, vor allem auch nach dem Ende der Erziehung, rechtlich betrachtet mit Erreichen der Volljährigkeit, der verantwortungsbewussten Teilhabe und Teilnahme am gesellschaftlichen Leben dienen sollen. Entsprechend betont Klafki, dass Bildung auf drei Grundfertigkeiten zielen müsse, auf die Fähigkeit zur Selbstbestimmung, die Fähigkeit zur Mitbestimmung und die Fähigkeit der Solidarität. Mit diesen Begriffen sind nicht nur zentrale Orientierungsmarken für die Gestaltung pädagogischer Beziehungen, Organisationen und Institutionen benannt, sondern auch die zentralen Orientierungspunkte für das politische Leben in demokratischen Gesellschaften. Was während der Erziehung im Rahmen von Familie, Freunden, Kindergarten und Schule etc. eingeübt werden soll, gilt es später auch im Erwachsenenleben zu beherzigen: Mündige Menschen sollen ihre eigenen Interessen gegenüber anderen – sozusagen: politisch – vertreten (Selbstbestimmung), sollen über gemeinsame Interessen diskutieren und gegebenenfalls konstruktiv streiten (Mitbestimmung) und dabei auch die Interessen jener berücksichtigen, die selbst nicht direkt an den politischen Auseinandersetzungen teilnehmen können, oder deren Stimme droht,

Selbstbestimmung

Mitbestimmung

Solidarität

von einer dominanten oder ignoranten Machtgruppe überhört zu werden (Solidarität).

politische Bildung

pädagogisches Berufsfeld

Während politische Bildung einerseits immer ein zentrales Moment von Allgemeinbildung ist, weil Bildung eben gar nicht anders als im Grunde politisch und moralisch denkbar ist, hat sich andererseits unter der Bezeichnung politische Bildung auch ein spezifisches pädagogisches Berufsfeld entwickelt. Dabei kann grundsätzlich zwischen politischer Bildung im Rahmen des Schulunterrichts und außerschulischer Bildungsangebote unterschieden werden. Inwiefern politische Bildung eine eigene Fachrichtung, Ausrichtung oder Subdisziplin der Erziehungswissenschaft darstellt, ist schwer zu sagen. In der Deutschen Gesellschaft für Erziehungswissenschaft (DGfE) gibt es derzeit jedenfalls keine Sektion oder Kommission mit der Bezeichnung Politische Bildung. Die Österreichische UNESCO-Kommission (Wintersteiner et al. 2014, S. 28–35) spricht dagegen von *politischen Pädagogiken*, zu denen neben der politischen Bildung auch Global Citizenship Education – übersetzt als „Politische Bildung für die Weltgesellschaft" –, Friedenspädagogik, Globales Lernen, Bildung für nachhaltige Entwicklung sowie Interkulturelles Lernen/Interkulturelle Pädagogik gezählt werden. Versteht man auch die Kritische Erziehungswissenschaft als eine Spielart politischer Bildung, die wiederum als Strömung der Allgemeinen Erziehungswissenschaft begriffen werden kann (vgl. u.a. Koller 2012a, S. 227–243), so eröffnet sich insgesamt ein weites Feld unter dem Oberbegriff der politischen Bildung. Zumindest diesem weiten Verständnis nach wird politische Bildung auf vielfache Art und Weise in Studiengängen der Erziehungswissenschaft und entsprechenden Studienrichtungen, Profilen, Modulen usw. mehr oder weniger explizit thematisiert, gelehrt oder zum Gegenstand der Auseinandersetzung gemacht.

Studienrichtungen

Landeszentralen und Bundeszentrale für politische Bildung

Politische Bildung – im engeren Sinne – wird in der Bundesrepublik Deutschland unter anderem von den nach dem Zweiten Weltkrieg gegründeten Landeszentralen und der Bundeszentrale für politische Bildung gefördert und vermittelt. Dabei war es das vordringliche Ziel, „die Demokratie im Bewusstsein der Menschen" (Krüger 2013, S. 9) zu verankern. Politisch Bildung „wurde als positive Form des Verfassungsschutzes verstanden" (ebd.). Stand zunächst vor allem die kritische Auseinandersetzung mit dem Nationalsozialismus im Fokus, sollte ab Ende der 1950er Jahre ebenso die kommunistische Ideologie durch Aufklärung und Bildung abgewehrt werden. „Politische Bildung sollte die Bevölkerung gegen totalitäre Versuchungen immunisieren. Hier manifestierte sich ein normatives, geradezu missionarisches Verständnis von politischer Bildung: Sie wurde als Instrument betrachtet, um antidemokratischen Gefährdungen vorzubeugen und Angriffe auf die freiheitlich-demokratische Grundordnung mit den Mitteln der Aufklärung und Bildung abzuwehren" (ebd.).

8.7 Ziele und Aufgaben der politischen Bildung

Den Zielen von Aufklärung und Bildung entsprechend ist es ein zentrales Ziel politischer Bildung, die Bürger dabei zu unterstützen, sich zu mündigen Bürgern zu bilden, die eigene Urteile über politische Sachverhalte und selbstbestimmte politische Entscheidungen fällen können. Dafür soll ihnen das nötige Wissen und sollen die nötigen Kompetenzen vermittelt werden. Obwohl die Adressaten der politischen Bildung demnach unterrichtet werden sollen, betont der Präsident der Bundeszentrale für politische Bildung Thomas Krüger (2013), dass dies nicht bedeute, vorformulierte Überzeugungen und Urteile weiterzugeben. Die je individuelle Urteilsbildung soll zwar auf einem soliden und vermittelbaren Fundament fußen, nicht jedoch mit Mitteln der Indoktrination politisch beeinflusst werden. Aus dieser Forderung lässt sich ein spezifischer Unterrichtsauftrag für die berufliche Tätigkeit im Bereich der politischen Bildung ableiten: „Der politische Bildner soll nicht Urteile und Überzeugungen vermitteln, sondern eine eigenständige Auseinandersetzung fördern" (ebd.).

individuelle Urteilsbildung

Indoktrination

Angesprochen wird hier gewissermaßen eine doppelte pädagogische Aufgabe, da es einerseits gilt, die Adressaten politischer Bildung in Hinblick auf deren Bildung politischer Urteile zu beeinflussen, ohne sie dabei jedoch zu indoktrinieren und ihnen die konkrete politische Urteilsbildung abzunehmen. Dies führt in den Fachdiskussionen zu der Feststellung, dass zwar ein gewisser Rahmen für legitime Formen politischer Urteile vorgegeben wird, der mit dem Begriff der Demokratie benannt wird, innerhalb dieses Rahmens jedoch die Pluralität kontroverser demokratischer Standpunkte gewahrt und gefördert werden soll. Die politische Bildung „ist einerseits unparteiisch darum bemüht, die Bandbreite politischer Positionen darzustellen und dem Einzelnen seine Entscheidungen zu überlassen; sie ist dabei aber nicht wertneutral, sondern fußt gleichzeitig auf der normativen Grundlage von Demokratie, Toleranz und Menschenrechten" (ebd., S. 9–10).

Pluralität kontroverser demokratischer Standpunkte

Aus dieser Aufgabenstellung ergibt sich wiederum eine doppelte pädagogische Aufgabe. Einerseits gelte es, Wissen und Kompe-

Wissen
Kompetenzen

tenzen zu vermitteln, und andererseits sollen die Adressaten motiviert werden, dieses Wissen und die Kompetenzen zu aktivieren, um politische Urteile zu fällen und sich politisch zu engagieren. „Politische Bildung ist nichts Statisches, sie muss vielmehr dazu beitragen, die Fähigkeit zur konstruktiven politischen Auseinandersetzung zu stärken und dafür neue demokratische Streitformen und neue Formen der öffentlichen Auseinandersetzung anregen und moderieren" (ebd., S. 10).

politische Aktivierung
politischer Aktivismus

Nach eigener Auskunft misst die Bundeszentrale für politische Bildung der politischen Aktivierung und damit dem politischen Aktivismus mittlerweile eine größere Bedeutung zu als zuvor üblich. „Die politische Bildung muss mitten im Leben stehen und die Menschen dabei unterstützen, Gestaltungsräume zu erkennen und wahrzunehmen. Dafür haben wir in den letzten Jahren einen Paradigmenwechsel vollzogen: Nicht mehr nur der Wissenstransfer steht im Mittelpunkt unserer Arbeit, sondern eine aktivierende politische Bildung, die vor Ort wirkt, Perspektiven erweitert, vernetzt und Aufmerksamkeit erregt, und deren Ziel die Partizipation und Handlungsfähigkeit der Bürgerinnen und Bürger ist" (ebd.).

Trotz dieser demnach staatlich erwünschten Förderung des politischen Aktivismus bleiben die Aufgaben der Wissens- und Kompetenzvermittlung zentrale Bestandteile der politischen Bildung. Um grundlegendes Wissen und grundlegende Kompetenzen vermitteln zu können, müssen die Akteure der politischen Bildung zunächst jedoch für sich selbst klären, „was ein politisch gebildeter Mensch wissen und können sollte" (ebd.). Eine spezifische Herausforderung scheint sich dadurch zu ergeben, dass derartige Klärungen mittlerweile nicht mehr vorrangig im nationalen Rahmen geführt werden, sondern auf europäischer Ebene. Genau betrachtet scheinen es spezifische Entwicklungen hin zu einer transnational, europäisch oder auch tendenziell global ausgerichteten Bildungsforschung und Bildungspolitik zu sein, die eine Klärung der Grundlagen politischer Bildung erforderlich machen. Diese stößt in diesem Rahmen jedoch auf spezifische Schwierigkeiten.

transnational
Bildungsforschung und Bildungspolitik

So scheint es etwa schwierig zu sein, sich auf europäischer Ebene und im Rahmen dieser spezifischen Form von Bildungsforschung und Bildungspolitik darauf zu verständigen, was Mündigkeit heute bedeutet. „Die Europäisierung der Bildungsforschung und der Bildungspolitik haben zu Debatten geführt, die bildungstheoretische und didaktische Ansätze der politischen Bildung in Deutschland unmittelbar betreffen. Es ist eine dringliche Aufgabe, allgemeine und spezifische Kompetenzdefinitionen für die politische Bildung zu finden, Möglichkeiten der Wirkforschung auszuloten, Modelle der Zertifizierung zu diskutieren und das Verhältnis von formaler und nicht-formaler politischer Bildung zu klären" (ebd.).

Auffällig ist an dieser Aufgabenbeschreibung, dass der Bereich Wissen gar nicht mehr genannt wird, sondern der Fokus allein auf die Definition, Vermittlung, Evaluation und Zertifizierung von Kompetenzen gerichtet wird. Damit liegt der Verdacht nahe, dass auch die Idee der Bildung aus dem Fokus gerät, mit der zumindest in der deutschsprachigen, aber auch europäischen Tradition versucht wird zu erklären, wie der Kompetenzerwerb (verstanden traditionellerweise insbesondere als die Fähigkeit selbstständig nachdenken und urteilen zu können) durch die Auseinandersetzung mit Wissen bzw. durch die Aneignung von Wissen (also von Welt und Kultur) vermittelt wird.

Wissen
Kompetenzen
Bildung

8.8 Berufsfelder der politischen Bildung

Betrachtet man die praktischen Berufsfelder der politischen Bildung, so muss zunächst zwischen schulischen und außerschulischen Berufsfeldern unterschieden werden. Das außerschulische Berufsfeld lässt sich wiederum in die Bereiche der Erwachsenenbildung einerseits und der außerschulischen Jugendbildung andererseits unterteilen. Nimmt man die wissenschaftlichen Fachdiskussionen über Berufe im Bereich der politischen Bildung zur Kenntnis, so zeigt sich jedoch, dass es teilweise durchaus umstritten ist, ob und inwieweit es überhaupt sinnvoll ist, hier von klar definierten Berufen zu sprechen. Während im Zuge der Etablierung des Schulfachs Politik – oder von Fächern wie Sozialkunde u.ä. – mit den entsprechenden schulischen Lehrberufen – also: Politiklehrer, Sozialkundelehrer etc. – relativ klar definierte Berufe geschaffen wurden, gibt es für den außerschulischen Bereich keine derart klare Berufsausbildung. Es gibt zwar Menschen, die sich als „politische Bildner" verstehen, und pädagogische Tätigkeitsbereiche, die man als Bereiche der politischen Bildung bezeichnen kann, doch gibt es an den Universitäten üblicherweise keine Studiengänge, die explizit und exklusiv auf die außerschulische politische Bildung ausgerichtet sind. Anders gesagt: Diverse universitäre Studiengänge mögen zwar auf die praktische Arbeit im Bereich der außerschulischen politischen Bildung vorbereiten, aber Studiengänge mit dem Namen „politische Bildung" sind unüblich und unbekannt.

Berufsfelder der politischen Bildung

schulische und außerschulische Berufsfelder

Erwachsenenbildung

Jugendbildung

Berufsausbildung

Um das gewissermaßen konfuse außerschulische pädagogische Berufsfeld der politischen Bildung zu ordnen, mag es zunächst hilfreich sein, auf die Entwicklung des Schulfachs Politik zu blicken. Denn zunächst gab es auch dieses Schulfach nicht, und entsprechend auch keine korrespondierenden Lehrangebote an den Universitäten. Die west- bzw. bundesdeutsche Kultusministerkonferenz (KMK) hatte jedoch in einem Beschluss aus dem Jahr 1950 politische Bildung als ein „Unterrichtsprinzip für alle Fächer und alle Schularten" (Detjen 2013, S. 34) bestimmt. Eine „besondere Verantwortung" (ebd.) sollte dabei der Geschichtsunterricht tragen. Darüber hinaus wurde den Bundesländern empfohlen, ab der 7. Klasse auch einen Fachunterricht einzuführen, dessen genaue Bezeichnung sie selbst bestimmen könnten – etwa „Gemeinschaftskunde, Bürgerkunde, Gegenwartskunde, Politik" (ebd.). Um diesen Fachunterricht qualifiziert durchführen zu können, sollten die dort eingesetzten Lehrkräfte entsprechend aus- und fortgebildet werden, weshalb an den (pädagogischen) Hochschulen und Universitäten mit Lehrerbildung entsprechende Lehrstühle und Dozenturen eingerichtet oder Lehraufträge für „Politik und Sozialwissenschaft" (ebd.) vergeben werden sollten.

Schulfach Politik

Während das Unterrichtsprinzip politische Bildung von den Behörden formal problemlos eingeführt werden konnte, da hierfür „keine zusätzlichen Unterrichtsstunden benötigt" (ebd., S. 34–35) wurden, stellte sich in Hinblick auf den Fachunterricht schnell heraus, dass es weder für diesen Unterricht qualifizierte Lehrer noch brauchbares Unterrichtsmaterial gab. Da die „überwältigende Mehrheit der im Fach eingesetzten Lehrkräfte gar nicht durch Universität oder Hochschule auf ihre Aufgaben vorbereitet worden war", wurde das Fach „mithin überwiegend von Autodidakten und Dilettanten unterrichtet. Bei diesen Lehrerinnen und Lehrern war elementares Sachwissen oft überhaupt nicht oder nur lückenhaft vorhanden" (ebd., S. 36). Dies wurde von Seiten der Ministerien jedoch angeblich nicht als gravierendes Problem wahrgenommen, da man zunächst durchaus auch fachfremde Lehrkräfte für den Politik- oder Sozialkundeunterricht einsetzen könne. Jeder demokratisch gesinnte Pädagoge, so die Argumentation, sollte als mündiger Staatsbürger fähig sein, die Grundlagen politischer Bildung zu vermitteln. Viele Lehrkräfte fühlten sich jedoch überfordert, und das Fach wurde aufgrund fehlender fachlicher Fundierung geringgeschätzt (ebd., S. 36–37) .

Unterrichtsprinzip politische Bildung

Fachunterricht

Autodidakten und Dilettanten

„Schließlich betrachteten viele Lehrkräfte das neue Fach mit einer gehörigen Portion Misstrauen. Sofern sie nicht ganz jung waren, hatten sie Erfahrungen mit vier aufeinander folgenden politischen Ordnungen gemacht. Der Entnazifizierungsschock in Verbindung mit der als Oktroi empfundenen ‚Re-Education'-Politik der Siegermächte hatte insbesondere bei der älteren Lehrergeneration zu einer gefühlsbestimmten Distanzierung gegenüber dem Anliegen der politischen Bildung geführt. Sie zeigten sich abwartend, wenn nicht zurückhaltend gegenüber der Sozialkunde, die sie mit der Gefahr einer Ideologisierung der Schule identifizierten" (ebd., S. 37).

Politikwissenschaft

Wie Joachim Detjen zeigt, war es dann vor allem die „junge Politikwissenschaft" (ebd., S. 39), die versuchte sich zunächst in die Weiterbildung von Lehrern im Bereich „Sozialkunde" einzubringen, und später dann auch maßgeblich zur akademischen Ausbildung von professionellen „Sozialkundelehrer/-innen" (ebd.). Mit diesem neuen Tätigkeitsfeld sollte sowohl die eigene Professionalisierung vorangetrieben und sollten neue Professorenstellen geschaffen werden. „Dies nicht zuletzt deshalb, weil ihre Bemühungen nicht vorankamen, in der universitären Ausbildung der Beamten des höheren Verwaltungsdienstes als wissenschaftliches Ausbildungsfach anerkannt zu werden und damit das Juristenmonopol zu brechen" (ebd.).

Sozialkunde

Sozialkundelehrer

Die Aufgabe der schulischen politischen Bildung bzw. der Sozialkundelehrer wurde von dem Politikwissenschaftler Arnold Bergstraesser darin gesehen, den Schülern jene Grundbegriffe zu vermitteln, mit denen diese dann die Welt sozusagen politisch begreifen können, um auf dieser Grundlage eigenständige politische Urteile zu fällen. Um diese Grundbegriffe den Schülern zu vermitteln, müssten die angehenden Lehrkräfte aber zunächst selbst ein entsprechendes Wissen – Bergstraesser sprach von synoptischem Wissen, also von Überblickswissen – erwerben.

synoptisches Wissen

Lehrer wie Schüler „müssten in die Lage versetzt werden, von einem an exemplarischen Erfahrungen ausgebildeten Begriffsnetz her aktuelle politische Probleme zu erfassen und zu einem begründeten Urteil in der Diskussion mit anderen zu kommen. Vier Elemente bestimmten das synoptische Wissen: die Gegenwartsanalyse der modernen Gesellschaft, die Kenntnisse des politischen Gemeinwesens, insbesondere seiner Form der Willensbildung, Kenntnisse über die internationale Politik und schließlich die Einsicht in die letzten Begründungen des politischen Handelns. Dieser Struktur des Lehrwissens entspreche die Gliederung der Politikwissenschaft in soziologische Grundlagen der Politik, Innere Politik, Internationale Politik und Politische Theorie bzw. Staats- und Sozialphilosophie" (ebd., S. 41).

Die unterschiedlichen Fachwissenschaften waren sich durchaus nicht über die Beteiligung der jeweiligen Disziplinen an der akademischen Ausbildung von Politik- bzw. Sozialkundelehrern einig. In diesem Zusammenhang bedeutsam sind auch Diskussionen über die Einführung eines Schulfachs „Gemeinschaftskunde“, das als „didaktische Klammer für die Fächer Geschichte, Geographie und Sozialkunde“ (ebd., S. 41) angedacht war. In Bezug auf die Ausbildung von Sozialkundelehrern wurde dann insbesondere diskutiert, welchen Anteil die Politikwissenschaft, die Soziologie sowie die Rechts- und Wirtschaftswissenschaften haben sollten. Dass Sozialkundelehrer über synoptisches Wissen aus diesen Bereichen verfügen sollen, wird seitdem jedoch nicht mehr bestritten. „Die von Arnold Bergstraesser entwickelte Konzeption der Politikwissenschaft als synoptische Wissenschaft mit ihrer Zusammenschau der verschiedenen Aspekte politischer Sachverhalte und dem abschließenden politischen Urteil gibt bis heute die Folie ab für den grundlegenden Denkvorgang im politischen Bildungsprozess“ (ebd., S. 47).

Gemeinschaftskunde

Während sich im Bereich der Schule demnach mit Schulfächern wie Sozialkunde oder Politik sowie mit spezifisch dafür ausgebildeten Sozialkunde- oder Politiklehrern ein relativ klar umrissenes professionelles schulpädagogisches Berufsfeld entwickelt hat, das auf politische Bildung zielt, gibt der außerschulische Bereich der politischen Bildung ein deutlich unklareres Bild ab. In Hinblick auf eine Liste von Merkmalen, die eine Profession laut dem gängigen professionstheoretischen Verständnis zu einer Profession machen, kommt Helle Becker (2013) zu dem Schluss, dass die außerschulische politische Bildung zumindest „nicht alle dieser Kriterien“ (ebd., S. 50) erfüllt: „Weder gibt es eine allgemein akzeptierte Berufsbezeichnung, noch einen geregelten Zugang zur Tätigkeit, ein großer Teil der Tätigen arbeitet als pädagogische oder fachliche Laien oder ehrenamtlich, ein ebenso großer in prekären Beschäftigungs- oder Entlohnungsverhältnissen. Dies hängt damit zusammen, dass das gesellschaftliche Ansehen dieser Tätigkeit gering ist und kein gesicherter gesellschaftlich und politisch abgesicherter Funktionsbereich existiert, was es wiederum schwierig macht, die Gesamtheit der Praxis und/oder des fachlichen Know-hows zu bestimmen“ (ebd.).

außerschulischer Bereich der politischen Bildung

Festhalten kann man jedoch, dass es faktisch Arbeit und Arbeitsplätze im Bereich der außerschulischen Jugend- und Erwachsenenbildung gibt, dass diese im Fall der Ausrichtung auf politische Bildung „denselben thematischen Bezugspunkt hat (‚Politik‘ und ‚das Politische‘)“ (ebd.), dass die dort Tätigen ein gewisses Engagement bzw. eine „,Berufung'" (ebd.) teilen sowie „gemeinsame Werte (‚Berufsethos')" (ebd.) „– aber schon bei der Frage, welche thematischen Umrisse die Arbeit haben sollte (Was ist noch Politik, was politisch?), scheiden sich die Geister wieder" (ebd.). Daher schlägt Becker vor, die „Rede von ‚der Profession politische Bildung' als eine symbolische Konstruktion" (ebd.) zu begreifen. „Die Rede von der Profession kennzeichnet das Bemühen, Fachlichkeit, Rollenverständnis und gesellschaftliche Akzeptanz anzumahnen und dafür auch immer wieder zu beantworten, was politische Bildung sein soll und was die dafür Tätigen tun und können sollen" (ebd., S. 50–51).

Profession politische Bildung

Um den gegenwärtigen Zustand des Berufsfeldes der außerschulischen politischen Bildung verständlich zu machen, rekapituliert Becker zentrale Momente der Geschichte dieses pädagogischen Arbeitsbereichs. Dabei beginnt sie ihre Erzählung mit der „sogenannten ‚Re-Education'-Politik der Alliiertem nach dem 2. Weltkrieg" (ebd., S. 51), die im Kern auf die Verbreitung und Festigung demokratischer Einstellungen unter der deutschen Bevölkerung zielte. Neben der Schule sollten die demokratischen Erziehungs- und Bildungsziele durch spezifische Erziehungs- und Bildungsprogramme sowie die Gründung von unabhängigen und pluralen Institutionen und Organisationen der Jugend- und Erwachsenenbildung erreicht werden. „Sie förderten die (Neu-) Gründung von Jugendgruppen und Jugendorganisationen, Arbeitsgemeinschaften und Bildungseinrichtungen und organisierten deren Kommunikation über Ziele, Interessen und Wertorientierungen. Sie regten deren demokratische Zusammenarbeit in Gremien und Verbänden an, die nach der Leitidee ‚Zivilgesellschaft vor Staat' eine wachsende Selbstorganisation nach Prinzipien demokratischen Handelns erlaubten" (ebd.).

Zustand des Berufsfeldes

Während viele Programme zunächst noch von amerikanischen und britischen „Jugend- und Erziehungsoffizieren" (ebd.) durchgeführt wurden, versuchte man zunehmend den Deutschen wieder selbst die Verantwortung für die Erziehungs- und Bildungsarbeit zu übertragen. Daher wurden Einrichtungen der Jugend- und Erwachsenenbildung etabliert, die wiederum pädagogische Fachkräfte wie beispielsweise Jugendleiter schulten, damit diese im Sinne von Multiplikatoren in der demokratisch orientierten Jugend- und Erwachsenenbildung tätig werden konnten. Versucht wurde auch, bei dem Neuaufbau einer politisch orientierten Jugend- und Erwachsenenbildung an „reformpädagogische, bündische, kirchliche oder soziale, gewerkschaftliche und politische Traditionen der Weimarer (teilweise der wilhelminischen) Zeit anzuknüpfen" (ebd., S. 52). So entwickelte sich laut Becker bis Ende der 1950er Jahre nicht nur eine „plurale Infrastruktur“ von Organisationen – „z.B. Jugendorganisationen, Parteien, Gewerkschaften, Vereinen, Arbeitsgemeinschaften“ (ebd.) – und Institutionen der Jugend- und Erwachsenenbildung – „z.B. Volkshochschulen, Heimvolkshochschulen, Akademien, Jugendbildungsstätten“ (ebd.), sondern auch eine zunehmende Diskussion unter den beteiligten Akteuren über das Selbstverständnis, die Ziele und die Aufgaben der politischen Bildung.

Das Bedürfnis der Akteure nach Austausch und Verständigung über das Profil ihres Arbeitsgebiets führte zusammen mit neuen gesetzlichen Rahmungen, die nicht zuletzt finanzielle Fördermaßnahmen vorsahen, in der Zeit von etwa 1950 bis 1960 zur Bildung von Zusammenschlüssen der in der politischen Bildung aktiven Organisationen und Institutionen: „Schon 1947 hatten sich die Evangelischen Akademien in einem Arbeitskreis organisiert. Der Bundesarbeitskreis Arbeit und Leben (BAK AL) und die Arbeitsgemeinschaft katholisch-sozialer Bildungswerke (AKSB) formierten sich 1952, 1953 wurde der Deutsche Volkshochschul-Verband (DVV) gegründet und 1959 der Arbeitskreis Jugendbildungsstätten e.V., der sich später zum Arbeitskreis deutscher Bildungsstätten umbenannte (AdB)“ (ebd., S. 53). Vom Staat finanziell gefördert wurden nun politische Bildungsangebote für Erwachsene über die 1952 gegründete Bundeszentrale für Heimatdienst, die 1963 in Bundeszentrale für politische Bildung umbenannt wurde (ebd., S. 54). „Mit der Einrichtung des ersten Bundesjugendplans 1950 wurden zunächst die Jugendverbände und internationale Jugendbegegnung gefördert, ab 1957 gab es ein Programm für die Förderung politischer Jugendbildung außerhalb der Jugendverbände“ (ebd.). Aufgrund der neuen Fördermöglichkeiten galt es einerseits, nicht zuletzt in Hinblick auf die Auswahlkriterien, zu klären, welche qualitativen Anforderungen an die politische Bildung gestellt werden sollen. Darüber hinaus ermöglichte es die Förderung, nun auch feste und vor allem bezahlte Arbeitsstellen zu schaffen. Beide Entwicklungen, so Becker, förderten die Professionalisierung der außerschulischen politischen Bildung.

Zur weiteren Professionalisierung trug im Zeitraum 1960 bis 1970 der Einsatz von sogenannten Jugendbildungsreferenten bei, die von sogenannten Bundestutoren unterstützt wurden. Darüber hinaus weist Becker (ebd., S. 55) auf den ersten Kongress zur politischen Bildung hin, der 1966 in Bonn stattfand, und zu einer gemeinsamen, das Selbstverständnis klärenden Schlusserklärung führte. „Aus dem Kongress ging außerdem der ‚Arbeitsausschuss politische Bildung (AApB) hervor, der 2002 zum ‚Bundesau[s]schuss politische Bildung (bap)' umbenannt wurde. Damit hatte die außerschulische politische Jugend- und Erwachsenenbildung einen trägerübergreifenden Zusammenschluss geschaffen, der seitdem gemeinsame Anliegen formuliert und vertritt" (ebd., S. 56).

Bemerkenswert erscheint Becker an der Schlusserklärung von 1966, dass sich hier ein spezifisches und bis heute prägendes Selbstverständnis der außerschulischen politischen Bildung abzeichnete. Charakteristisch sei die Distanz zum Staat sowie die Fokussierung auf die Selbsttätigkeit der Bürger. „Die Erklärung bildet [...] schon ein eigenes Verständnis ab, das sich von staatstragenden oder politischen Belehrungskonzepten distanziert und dafür Selbstbildung, Offenheit und, wie man es heute nennen würde, Partizipation der Bürgerinnen und Bürger zu Grundprinzipien erhebt. Sogar das – in der Folge strittige – Prinzip der Handlungsorientierung wird bereits betont" (ebd.).

Selbstverständnis der außerschulischen politischen Bildung

Um das Selbstverständnis der außerschulischen politischen Bildung zu verstehen, scheint es wichtig darauf hinzuweisen, dass die in dieser Schlusserklärung angesprochenen Themen bis heute von den Akteuren selbst kontrovers diskutiert werden. „Genau um diese Fragen herum, nämlich was Gegenstand politischer Bildung sein solle, inwieweit politische Bildung zur politischen Aktion befähigen und auffordern sollte und wie offen sie sein muss für ‚neue Inhalte und Formen', eröffnet sich mit den späten 60er Jahren bis heute eine Dauerdebatte, die je nach Herkunft der Akteure und nach Geltungsbereich ihrer Aktivitäten unterschiedlich und teilweise heftig geführt wird" (ebd.). Zum Selbstverständnis gehört es demnach ganz elementar, sich selbst über das Verständnis politischer Bildung zu verständigen. Dies geschieht jedoch nicht nur intern, also trägerintern und trägerübergreifend, sondern auch im Dialog mit der Politik sowie unter Rekurs auf „praktische Erfahrungen und politische Überzeugungen" (ebd., S. 57), seit dem Ende der 1960er Jahre zunehmend auch unter (kritischer) Bezugnahme auf wissenschaftliche „Positionen der Politik-, Geschichts-, Gesellschafts-, Sozial- und Erziehungswissenschaften" (ebd.). Festhalten lässt sich demnach, dass die außerschulische politische Bildungsarbeit von unterschiedlichsten Trägern organisiert wird, deren Selbstverständnis mitunter wiederum auch ihr Verständnis von politischer Bildung maßgeblich prägen und – in Auseinandersetzung mit den jeweils virulenten wissenschaftlichen und öffentlichen Diskussionen – durchaus in Konflikt mit dem Selbstverständnis anderer Akteure geraten kann.

Für das Selbstverständnis der außerschulischen politischen Bildung prägend erscheinen Becker auch die Diskussionen aus den

Erwachsenen- bzw. Weiterbildung

1970er Jahren über den Status der Erwachsenen- bzw. Weiterbildung. Der Deutsche Bildungsrat hatte damals vorgeschlagen, die „Weiterbildung zu einer vierten Säule des Bildungssystems auszubauen" (ebd., S. 58). Damit wären jedoch auch „didaktische und curriculare Auflagen verbunden gewesen, die in der außerschulischen Debatte hart umstritten waren" (ebd.). Diese Form staatlicher Vereinnahmung wollten Vertreter der außerschulischen politischen Bildung demnach verhindern. Hier scheint sich bereits ein Selbstverständnis der außerschulischen politischen Bildung zu artikulieren, das die politische Bildung innerhalb der Schule tendenziell mit den Interessen des Staates verbunden wähnt, während man selbst eher die Interessen der Lernenden vertreten will.

Diese Gegenüberstellung unterschiedlicher pädagogischer Ambitionen passt auch zu den insgesamt stark politisierten und polarisierten gesamtgesellschaftlichen Debatten der 1970er Jahre. Die grundsätzliche Frage, ob pädagogische Maßnahmen die Gesellschaftsordnung eher stabilisieren oder vielmehr transformieren sollten, führte zur Frontstellung zwischen konservativen und progressiven pädagogischen Positionen. „Eine kritisch-emanzipatorische Erziehungswissenschaft stellte Bildung als Fähigkeit zur Kritik an den herrschenden Verhältnissen und die (Um-)Gestaltung ungerechter gesellschaftlicher und politischer Zustände in den Mittelpunkt eines gesellschaftlichen Fortschrittsprojekts und eines pädagogischen Fortschrittsglaubens. Politische Bildung soll weniger die gegebenen Verhältnisse stabilisieren, als, wo nötig, Menschen in die Lage zu versetzen, diese zu verändern" (ebd.).

Beutelsbacher Konsens

Für die Professionalisierung der politischen Bildung stellte der sogenannte *Beutelsbacher Konsens* von 1976 sicherlich einen wichtigen Schritt dar, da gerade aufgrund der „aufgewühlten Debatten der 70er Jahre um die gesellschaftlich-politische Rolle politischer Bildung" (ebd., S. 59) die Verständigung über ein gemeinsames Grundanliegen eine gewisse Verbundenheit unter den Tätigen erzeugen konnte, bei allen individuellen politischen Differenzen. Vor allem dient dieser Konsens bis heute als „eine Art berufsethische Grundlage" (ebd.) und als Orientierung für die Gestaltung legitimer Formen politischer Bildung. Dazu trägt zunächst das sogenannte Überwältigungsverbot bei. Demnach sei es „nicht erlaubt, den Schüler – mit welchen Mitteln auch immer – im Sinne erwünschter Meinungen zu überrumpeln und damit an der ‚Gewinnung eines selbstständigen Urteils' zu hindern. Hier genau verläuft nämlich die Grenze zwischen Politischer Bildung und Indoktrination. Indoktrination aber ist unvereinbar mit der Rolle des Lehrers in einer demokratischen Gesellschaft und der –

rundum akzeptierten – Zielvorstellung von der Mündigkeit des Schülers“ (Beutelsbacher Konsens 2011). Darüber hinaus bestehe ein sogenanntes *Kontroversitätsgebot*: „Was in Wissenschaft und Politik kontrovers ist, muss auch im Unterricht kontrovers erscheinen“ (Becker 2013, S. 59). Den dritten Gesichtspunkt des Beutelsbacher Konsenses fasst Becker mit dem Begriff „Befähigung“ (ebd.) zusammen. Dabei geht es in erster Linie um die *Vermittlung operationaler Fähigkeiten*, die den Schüler in die Lage versetzen sollen, „eine politische Situation und seine eigene Interessenlage zu analysieren sowie nach Mitteln und Wegen zu suchen, die vorgefundene politische Lage im Sinne seiner Interessen zu beeinflussen“ (ebd.).

In den 1970er und 80er Jahren wurden nicht nur Einrichtungen und Angebote der Erwachsenenbildung ausgebaut, wie Becker schreibt, sondern mit dem Aufkommen neuer sozialer Bewegungen auch neue Tätigkeitsfelder politischer Bildung: „Nun waren es auch Frauenbuchläden und Wissenschaftsläden, alternative Bildungswerke und soziokulturelle Zentren, die politische Bildungsangebote machten. Geschlechterverhältnisse, Ökonomie und Umwelt, Frieden und ‚Dritte Welt‘ werden nicht mehr (nur) als Teil staatlicher Politik, sondern als gesellschaftspolitische und zivilgesellschaftliche Anliegen diskutiert“ (ebd., S. 60).

Ab den 1990er Jahren wurde laut Becker auch für den Bereich der politischen Bildung gefordert, „Effizienz und Effektivität“ (ebd.) durch die Einführung eines Bildungsmanagements nachzuweisen und zu erhöhen: „Qualitätsmanagementsysteme, Marketing und Funding hielten Einzug in den Alltag von Organisationen und Einrichtungen. Erneut änderten sich damit die Professionsbilder von politischen Bildnerinnen und Bildnern“ (ebd.).

Bildungsmanagement

Zusammenfassend hält Becker in Bezug auf die Frage, was die Profession der außerschulischen politischen Bildung sei, fest, dass weder ein eigenständiger Ausbildungsweg etabliert und institutionalisiert werden konnte noch ein spezifisches Feld wissenschaftlicher Forschung. Gewendet könne man es jedoch als Spezifikum dieser Profession bezeichnen, dass sie „ihr Professionswissen aus verschiedenen wissenschaftlichen Disziplinen und gesellschaftspolitischen Perspektiven“ (ebd., S. 61) gewinne. Dies sei wiederum insofern bedeutsam, als bei der Generierung des Professionswissen auf eine Pluralität an Wissensbeständen zurückgegriffen werde, die wiederum von unterschiedlichen Organisationen und Einrichtungen hervorgebracht werden, und somit selbst ein „Abbild pluralen, zivilgesellschaftlichen Engagements“ (ebd.) darstellen. Entscheidend sei letztlich die „hohe Kunst“ der politischen Bildner unterschiedlichster Herkunft, „Erfahrungs- und Bildungsgelegenheiten zu schaffen, an denen sich Menschen politisch bilden können“ (ebd.).

Erwachsenenbildung

Auch Christine Zeuner (2013) kommt in ihrer Auseinandersetzung mit dem Zusammenhang von Erwachsenenbildung und Profession zu dem Schluss, dass Erwachsenenbildung insofern als eine Form politischer Bildung verstanden werden müsse, als Bildungsmaßnahmen im Bereich der Erwachsenenbildung eigentlich auf nicht weniger als „gesellschaftliche und individuelle Emanzipation durch Bildung“ (ebd., S. 93) zielten. Daher steht sie auch der zunehmenden Fokussierung auf die „nachholende Vermittlung“ (ebd., S. 92) von sogenannten Schlüsselkompetenzen skeptisch gegenüber. „Es greift zu kurz, separierte Kompetenzen zu vermitteln, wenn dabei der übergreifende Anspruch der Erwachsenenbildung, Bildungsprozesse Erwachsener anzuregen, als Zentralwert verlorengeht. Vergessen wird damit auch das Selbstverständnis der Erwachsenenbildung, Teil einer sozialen (Bildungs-)Bewegung[...] zu sein, was mehr bedeutet [als] als ‚Lernermöglicher‘ individuelle Lernprozesse zu unterstützen“ (ebd., S. 93).

Emanzipation durch Bildung

8.9 Pädagogik der Unterdrückten

Dass Lehren und Lernen sowie Schul- und Erwachsenenbildung nicht zwingend zu emanzipatorischen Formen von Bildung führen müssen, war auch ein zentraler Gedanke des brasilianischen Pädagogen Paulo Freire (1921–1997). Auch er sah die Gefahr, dass bestimmte Formen der Erziehung geradezu auf *Unmündigkeit* zielen und daher als Instrumente der *Unterdrückung* begriffen werden müssen. Um derartigen Formen der Erziehung entgegenzuwirken, entwickelte Freire in der Mitte des 20. Jahrhunderts seine weltweit bekannt gewordene „Pädagogik der Unterdrückten“ (Freire 1973), die im deutschsprachigen Raum insbesondere in den 1970er und 1980er Jahren unter gesellschaftskritischen und progressiven Pädagogen und Erziehern – nicht zuletzt in der Erwachsenen- und Jugendbildung bzw. in der außerschulischen politischen Bildung – populär wurde. Bildung, so auch nachzulesen im Untertitel der deutschsprachigen Ausgabe, wird hier von Freire als „Praxis der Freiheit“ begriffen.

Bildung als Praxis der Freiheit

Bereits der Titel von Freires „Pädagogik der Unterdrückten“, macht zwei wichtige Punkte deutlich. Einerseits präsentiert er hier eine Pädagogik, eine Theorie der Erziehung, die Lehrkräften und außerschulischen pädagogischen Kräften in ihrer Arbeit Orientierung bieten will. Darüber hinaus wird jedoch auch betont, dass diese Pädagogik von den Unterdrückten selbst, also von den Adressaten des pädagogischen Handelns, ausgehen muss. Es ist ihre Pädagogik, es ist die Pädagogik der Unterdrückten. Denkt man an die Überlegungen Kants zurück, so ist diese doppelte Ausrichtung insofern nachvollziehbar, als Erziehung zwar immer intentional von Erziehern ausgeht und damit auch mit einer gewissen Form von *Zwang* einhergeht, dabei aber nur sinnvoll sein kann, wenn sie auf *Freiheit* zielt und sich die Adressaten letztlich selbst bilden bzw. emanzipieren oder befreien. Im Sinne der Aufklärung zielt Erziehung immer auf Emanzipation und damit letztlich auf die Aufhebung des asymmetrischen Erziehungsverhältnisses.

Emanzipation

Es überrascht daher nicht, dass Freire die Beziehung zwischen Lehrern und Schülern bzw. zwischen den Erziehern und den Adressaten des pädagogischen Handelns analysierte und betonte, wie wichtig der Beziehungsaspekt bzw. der Aufbau einer im engeren Sinne pädagogischen Beziehung für das Gelingen von Erziehung sei. Um diesen Aspekt zu verdeutlichen, stellte er zwei Formen von Erziehung gegenüber, das sogenannte *Bankiers-Konzept der Erziehung*, das er scharf kritisierte, und das von ihm propagierte Konzept, die problemformulierende Bildungsarbeit, in der „Bildung als Praxis der Freiheit“ (ebd., S. 66) begriffen wird. Den entscheidenden Unterschied zwischen beiden Konzepten sieht Freire darin, dass im Bankiers-Konzept Erziehung als ein Verhältnis zwischen einem aktiven *Subjekt* (den Lehrkräften und Pädagogen) und einem passiven *Objekt* (den Schülern und pädagogischen Adressaten) gedacht wird, während in seinem Konzept auch den Adressaten des pädagogischen Handelns eine aktive Rolle zugeschrieben wird. Als Subjekt-Objekt-Relation könne Erziehung dann bezeichnet werden, wenn hierbei Wissen allein von einem wissenden Subjekt an unwissende Objekte übermittelt werde. „Übermittlung, bei der der Lehrer als Übermittler fungiert, führt die Schüler dazu, den mitgeteilten Inhalt mechanisch auswendig zu lernen. Noch schlimmer aber ist es, daß sie dadurch zu ‚Containern‘ gemacht werden, zu ‚Behältern‘, die vom Lehrer ‚gefüllt‘ werden müssen. Je vollständiger er die Behälter füllt, ein desto besserer Lehrer ist er. Je williger die Behälter es zulassen, daß sie gefüllt werden, um so bessere Schüler sind sie“ (ebd., S. 57).

problemformulierende Bildungsarbeit

Bildung als Praxis der Freiheit

Das Problem besteht für Freire nun darin, dass die Schüler hierbei gewissermaßen als „Anlage-Objekte“ fungieren, in denen die Lehrer ihr Wissen einlagern – wie Finanzinvestoren ihr

Praxis

Forschung

Geld in Investitionsobjekten anlegen. Dieses Wissen mag zwar den Lehrern selbst etwas bedeuten, bleibt den Schülern jedoch fremd und äußerlich. Wissen im engeren Sinne könne nur dort entstehen, wo der einzelne Mensch sich selbst mit der Welt auseinandersetzt, selbst forscht, kreativ wird und Dinge hinterfragt: Erkenntnisse gewinnt man letztlich nur, wenn man selbst etwas erkennt, begreift und versteht. Dafür ist es jedoch auch notwendig, dass man zunächst Fragen hat und überhaupt etwas wissen will. Diese Suche bzw. dieses Streben nach Erkenntnis bezeichnet Freire als Praxis. „Denn ohne selbst zu forschen, ohne Praxis, können Menschen nicht wahrhaft menschlich sein. Wissen entsteht nur durch Erfindung und Neuerfindung, durch die ungeduldige, ruhelose, fortwährende, von Hoffnung erfüllte Forschung, der die Menschen in der Welt, mit der Welt und miteinander nachgehen“ (ebd., S. 58).

Dialog

Rollenverständnis

Lehrer-Schüler Schüler-Lehrer

Freire betont daher, dass im Erziehungsprozess einerseits eine gewisse Autonomie der Adressaten gewahrt, andererseits die Autonomie der Lehrkräfte relativiert werden müsse. Lehrkräfte könnten nicht für ihre Schüler denken, aber sie können mit ihnen in Dialog treten und sie bei ihrer Auseinandersetzung mit der Welt unterstützen bzw. sich gemeinsam mit ihnen mit der Welt auseinandersetzen. Die Rollen von Lehrern und Schülern sollen nicht ganz aufgelöst werden, denn dann gäbe es streng genommen gar keine pädagogische Beziehung mehr; aber dennoch müsse anerkannt werden, dass die Schüler sich ihr Wissen über die Welt im Grund selbst aneignen, dass sie sich sozusagen in gewissem Maße selbst belehren müssten. Die Pädagogen wiederum müssten daher anerkennen, dass sie zwar in vielfacher Hinsicht mehr wissen als ihre Schüler, ihnen das spezifische Selbst- und Weltverhältnis ihrer Adressaten aber nur insoweit zugänglich ist, als diese in einem offenen Gespräch Einblick in ihr Denken und Fühlen gewähren. Um dieses Rollenverständnis begrifflich zu fassen spricht Freire nicht mehr von Lehrern und Schülern, sondern von Lehrer-Schülern und Schüler-Lehrer. „Das Denken des Lehrers gewinnt seine Echtheit nur durch die Echtheit des Denkens des Schülers. Der Lehrer kann nicht für seine Schüler denken, noch kann er ihnen sein Denken aufnötigen. Echtes Denken, ein Denken, das mit der Wirklichkeit zu tun hat, findet nicht im Elfenbeinturm der Isolierung statt, sondern nur im Vorgang der Kommunikation. Wenn es wahr ist, dass Denken nur Sinn hat, sofern es durch das Handeln an der Welt entsteht, dann wird die Unterordnung der Schüler unter die Lehrer unmöglich“ (ebd., S. 62).

Freire geht davon aus, dass die Welt bildungstheoretisch betrachtet nicht unabhängig von den Menschen existiert. Menschen können sich demnach nicht die Welt im objektiven Sinne aneignen, sondern stets nur eine spezifische, sprachlich vermittelte Weltansicht gewinnen. Laut Freire bilden die Menschen ein Bewusstsein von der Welt. In diesem Sinne gibt es die Welt nur insoweit, als sie unserem Bewusstsein zugänglich ist. „Echte Reflexion denkt weder über einen abstrakten Menschen nach noch über eine Welt ohne Menschen, sondern über Menschen in ihren Beziehungen mit der Welt. In diesen Beziehungen sind Bewußtsein und Welt simultan" (ebd., S. 66).

Bewusstsein

Welt

Reflexion

Entsprechend betont Freire, dass auch die Bildungsgegenstände bzw. Erkenntnisobjekte in der pädagogischen Arbeit als Material verstanden werden müssten, über das gemeinsam nachgedacht werden soll und das es zu entdecken gilt. „Der Lehrer legt das Material den Schülern zur eigenen Überlegung vor und überlegt seine früheren Überle[...]gungen neu, während die Schüler die ihren formulieren" (ebd., S. 65). Dabei sollen die Bildungsgegenstände nicht nur der Vermittlung von Welt dienen, sondern auch der Vermittlung zwischen Schülern und Lehrern bzw. zwischen Schüler-Lehrern und Lehrer-Schülern. Die am Erziehungsprozess beteiligten Akteure sollen sich demnach bewusstwerden, dass sie durch die gemeinsame Auseinandersetzung mit einem Gegenstand eine Vorstellung von der Welt hervorbringen. Die Welt ist also nicht als etwas Statisches und Vorgegebenes zu begreifen, sondern als etwas, das sozusagen erst im Prozess der Auseinandersetzung entsteht bzw. ins Bewusstsein tritt. Dadurch sollen sich die Adressaten des pädagogischen Handelns als geschichtliche Wesen begreifen lernen, die durch Nachdenken, Begreifen und Verstehen – durch ihre Bildung – permanent an ihrem Selbst- und Weltverständnis arbeiten. „Bildung wird so fortwährend in der Praxis neu gemacht. Um zu sein, muß sie werden" (ebd., S. 68).

Bildungsgegenstände

Menschen begreifen nach Freire die Welt nicht isoliert, sondern im Dialog mit anderen Menschen. Dabei betont er, dass für ihn das „Wesen des Dialogs [...] das Wort" (ebd., S. 71) ausmacht. Das Wort sei jedoch nicht nur ein Instrument, das den Dialog ermögliche, sondern darüber hinaus ein Zusammenhang von Reflexion und Aktion, den Freire als Handeln bzw. als Praxis bezeichnet. „Es gibt kein wirkliches Wort, das nicht gleichzeitig Praxis wäre [...]. Ein wirkliches Wort sagen heißt daher, die Welt verändern" (ebd.). Demgegenüber verwandle ein „unechtes Wort" (ebd.) die Welt nicht. Dies sei etwa beim Verbalismus der Fall, bei dem „das Wort

das Wort

Reflexion und Aktion

Praxis

Verbalismus

Aktionismus

in leeres Geschwätz verkehrt“ werde, oder beim Aktionismus, bei dem „die Aktion auf Kosten der Reflexion betont wird“ (ebd.).

Die von Freire im Zuge der Artikulation angestrebte Veränderung von Welt ergibt sich nicht nur dadurch, dass die Welt durch die Benennung begriffen wird, sondern auch dadurch, dass die Benennung – also das Sprechen über die Welt – ein Problem offenbart. „Menschlich existieren heißt die Welt benennen, sie verändern. Einmal bei Namen benannt, erscheint die Welt wiederum den Benennern als Problem und verlangt von ihnen neue Benennung“ (ebd.). Durch die Benennung werden also Probleme formuliert, weshalb Freire auch von einer problemformulierenden Bildungsarbeit spricht. Entscheidend ist für ihn dabei, dass die Menschen gemeinsam über die Welt sprechen, dass die Welt also im Dialog benannt wird. Das bedeutet aber wieder, dass alle am Dialog beteiligten Personen ihre eigene Weltansicht artikulieren dürfen und niemandem das Recht abgesprochen werden darf, sein Wort zu äußern. „Dialog ist die Begegnung zwischen Menschen, vermittelt durch die Welt, um die Welt zu benennen“ (ebd., S. 72). Dabei kann das pädagogische Moment darin gesehen werden, dass die Menschen in diesem Dialog lernen, eine eigene Stimme zu haben sowie das Recht, diese Stimme – wie alle anderen Personen auch – zur Artikulation der eigenen Weltansicht bzw. des eigenen Selbst- und Weltverständnisses zu erheben. Da aber alle am Dialog Beteiligten ihr Wort sagen dürfen, auch sollen oder, damit der Dialog gelingen kann, sogar müssen, fördert dieser Dialog die Verständigung über die Welt – und über die Probleme dieser Welt.

problemformulierende Bildungsarbeit

Die politische Dimension der Pädagogik Freires wird erst richtig deutlich, wenn man den gesellschaftlichen Kontext in den Blick nimmt, der im Hintergrund seiner Überlegungen stand. Denn Freire sah, dass in seinem Herkunftsland Brasilien einem Teil der Bevölkerung das Recht auf Bildung – auf die Bildung eigener Urteile, auf die Artikulation eigener Standpunkte, sogar auf Alphabetisierung etc. – in einem grundsätzlichen Maße abgesprochen wurde. Dies führte er wiederum auf die extremen sozialen und ökonomischen Ungleichheiten zurück, die dazu führten, dass der Großteil der (armen) Bevölkerung von einer (reichen) Minderheit in vielfacher Hinsicht abhängig war. Auf den Punkt gebracht beschrieb Freire daher die sozialen Verhältnisse mit einer Dialektik der Unterdrückung: Auf der einen Seite verortete er die (reichen) Unterdrücker, auf der anderen die (armen) Unterdrückten. Als dialektisch kann dieses Verhältnis zunächst insofern bezeichnet werden, als beide Bevölkerungsgruppen hinsichtlich ihres sozialen Status bzw. ihrer sozialen Rollen voneinander abhängig waren.

gesellschaftlicher Kontext

Dialektik der Unterdrückung

Nicht nur der Reichtum der einen hing mit der Armut der anderen zusammen, sondern auch deren Selbstverständnis.

Als politisch ist die Pädagogik von Freire daher vor allem deshalb zu bezeichnen, da sie nicht nur darauf zielt, dass die Unterdrückten sich bilden, sondern dass sie im Zuge ihrer Bildung und eines dadurch gestärkten Selbstbewusstseins letztlich die herrschende soziale Ordnung grundlegend verändern. Dies erschien Freire schon deshalb wünschenswert, da für ihn sowohl die Unterdrückten als auch die Unterdrücker durch die herrschenden sozialen Verhältnisse entmenschlicht würden. Diese Entmenschlichung führt Freire in Anlehnung an Hegel auf ein falsches Bewusstsein zurück. Im Falle der Unterdrücker spricht er von einem Unterdrücker-Bewusstsein, im Fall der Unterdrückten vom Bewusstsein der Unterdrückten. Dabei gibt er jedoch zu bedenken, dass zunächst weder den Unterdrückten noch den Unterdrückern bewusst sei, dass sie füreinander (bzw. aus der Perspektive des jeweils anderen) Unterdrücker und Unterdrückte sind. Vielmehr nehmen beide Gruppen die soziale Welt als gegeben hin und halten es sozusagen für normal, dass – aus deren Perspektive – ein Teil der Gesellschaft reich, gebildet und autonom ist, der andere arm, ungebildet und abhängig. Der Zusammenhang bleibt allen unbewusst, und damit verkennen beide Gruppen die gesellschaftliche Wirklichkeit. Sie verstehen sozusagen die Welt nicht, in der sie leben; und sie verstehen auch sich selbst nicht. In der Konsequenz werden laut Freire die Unterdrückten fatalistisch, die Unterdrücker hingegen selbstgerecht, überheblich und arrogant.

Entmenschlichung

falsches Bewusstsein

Für Freire sind, wieder in Anlehnung an die Dialektik von Herrschaft und Knechtschaft Hegels, sowohl die Unterdrückten als auch die Unterdrücker fremdbestimmt und entfremdet, insofern sie von ihrem jeweiligen sozialen Gegenpart abhängig sind und durch die ihnen zugetragene Rolle gewissermaßen subjektiviert werden. Diese Situation gegenseitiger Entmenschlichung könne jedoch nur dadurch grundlegend verändert werden, dass sich zunächst die Unterdrückten ihrer Unterdrückung und Entfremdung bewusstwerden. Daher wendet sich die Pädagogik Freires an die Unterdrückten, und nicht an die Unterdrücker, die, bei allen Problemen, die mit einem selbstgerechten Lebenswandel einhergehen, mit der vorherrschenden Situation doch insoweit gut zurechtkommen, als sie zumindest ein einigermaßen komfortables Leben führen können.

Herrschaft und Knechtschaft

8.10 Kontroversität und Diskursivität

Extreme soziale Unterschiede und damit verbundene Formen der Benachteiligung bestehen bis heute nicht nur in Lateinamerika, sondern lassen sich auch in anderen Gesellschaften und Weltregionen sowie zwischen dem Globalen Süden und Norden beobachten. Darüber hinaus gibt es natürlich auch in wohlhabenden Gesellschaften soziale Ungleichheiten, und auch andere einschränkende Bedingungen, die in den Fokus einer problemformulierenden politischen Bildungsarbeit rücken, und die pädagogische Arbeit orientieren können. Klafki (1985/1996) spricht in diesem Zusammenhang von epochaltypischen Schlüsselproblemen, die in den Mittelpunkt des Schulunterrichts gestellt werden sollen. Dazu zählen für ihn (1.) die Friedensfrage, (2.) die Umweltfrage, (3.) die gesellschaftlich produzierte Ungleichheit, (4.) Gefahren und Möglichkeiten der neuen Medien und (5.) der Komplex Liebe, Sexualität und Geschlechterverhältnisse (ebd., S. 56–69). Ähnlich wie Freire begründet er das Bildungspotenzial dieser Themenfelder damit, dass diese Probleme sowohl individuell als auch gesellschaftlich von großer Bedeutung sind. Die Themen betreffen einen selbst, sie verbinden einen mit anderen Menschen, indem man mit ihnen über diese Themen diskutiert, und sie stellen für die Gesamtgesellschaft eine zentrale Herausforderung dar, die es zu bewältigen gilt. Da diese Probleme alle Menschen betreffen, begreift er sie als Medien des Allgemeinen. Für die Bestimmung eines zeitgemäßen Begriffs von Allgemeinbildung seien die Schlüsselprobleme insofern von großer Bedeutung, als Allgemeinbildung „einen verbindlichen Kern des Gemeinsamen haben und insofern *Bildung im Medium des Allgemeinen* sein" (ebd., S. 53) soll. Jedoch kann man sich auch die Frage stellen, wie bedeutsam diese Schlüsselprobleme für Kinder und Jugendliche wirklich sind. Vielleicht haben sie auch ganz andere Probleme (vgl. Koller 2012a, S. 111–116).

epochaltypische Schlüsselprobleme

Bildung im Medium des Allgemeinen

In anderen aktuellen Beiträgen der Erziehungswissenschaft wird mit den Begriffen Behinderung, Gender, Klasse, Migrationshintergrund und Religion auf Themenfelder verwiesen, die sich nicht nur auf gesellschaftliche Macht- und Ungleichheitsverhältnisse beziehen, sondern vor allem auch in der pädagogischen Kommunikation eine zentrale Rolle spielen können (Dirim/Mecheril 2018). Dabei ist die Idee leitend, dass die Sprache, die Sprechweise und die Wortwahl der Pädagoginnen und Pädagogen bestimmte Vorstellungen von gesellschaftlicher Normalität transportiert. Problematisch ist dies dann, wenn durch diese

Sprache

Vorstellungen Menschen als unnormal markiert oder adressiert werden, und diese in der Folge stigmatisiert, diskriminiert und ausgeschlossen werden. Der machtreflexive Umgang mit Sprache kann als Chance gesehen werden, die vorherrschenden Normalitätsvorstellungen in Frage zu stellen, zu transformieren und zu öffnen. Ziel ist die Inklusion von benachteiligten Gruppen und der Abbau von Benachteiligung. Auch in dieser Pädagogik sind es gesellschaftliche Probleme, deren gemeinsame Bearbeitung zur individuellen wie kollektiven Emanzipation und Bildung beitragen sollen.

Normalitätsvorstellungen

Vergleicht man die neueren Beiträge zur problemformulierenden politischen Bildung mit der Pädagogik Freires, so kann ein zentraler Unterschied daran festgemacht werden, dass es für Freire im Kern ein zentrales gesellschaftliches Problem gab, während in den neueren Beiträgen viele verschiedene Themenbereiche und Problemfelder parallel angesprochen und behandelt werden. Bei dieser Unterscheidung gilt es jedoch einschränkend zu bedenken, dass Freire bei den konkreten Problemen der einzelnen Menschen ansetzt, und sicherlich auch in Brasilien nicht alle Menschen exakt die gleichen Probleme hatten. Vielmehr sollen die Adressaten der Pädagogik der Unterdrückten erkennen, dass ihre individuellen und lokalen Probleme letztlich auf ein zentrales gesellschaftliches Gesamtproblem verweisen, das Freire mit der Dialektik von Unterdrückern und Unterdrückten beschreibt.

individuelle Probleme

gesellschaftliches Gesamtproblem

Während für Freire die Gesellschaft insgesamt in die Gruppen der Unterdrücker und Unterdrückten gespalten ist, vermitteln aktuelle machtkritische Pädagogiken ein deutlich differenzierteres Bild, indem auf verschiedene Merkmale hingewiesen wird, anhand deren sich Macht- und Diskriminierungsverhältnisse festmachen lassen. In diesem Sinne kann beispielsweise das Verhältnis von Frauen und Männern, von Reichen und Armen, von Menschen mit und ohne Behinderung macht- und gesellschaftskritisch in den Blick genommen werden.

Macht- und Diskriminierungsverhältnisse

Für die politische Bildung ist diese Differenzierung insofern aufschlussreich, als sie auch darauf verweist, dass ihre Adressatinnen und Adressaten mitunter selbst in unterschiedlicher Art und Weise von diesen Macht- und Diskriminierungsverhältnissen betroffen sind, und sie sich deshalb vielleicht auch politisch unterschiedlich positionieren und engagieren. Während bei Freire die Unterdrückten zunächst über kein politisches Bewusstsein verfügen, und dies durch die problemformulierende Bildungsarbeit erst geweckt werden soll, muss die politische Bildung in aktuellen Kontexten damit rechnen, dass in ihren Veranstaltungen

kontroverse politische Positionen

kontroverse politische Positionen aufeinandertreffen. Daher stellt sich die Frage, wie mit kontroversen politischen Perspektiven und Einstellungen umgegangen werden soll (vgl. Drerup 2021).

Identitätspolitik

Das Thema Kontroversität wird in aktuellen Beiträgen der politischen Bildung oftmals unter Verweis auf die sogenannte Identitätspolitik diskutiert (vgl. u.a. Sander 2021; Berendsen/Cheema/Mendel 2021; Scheller 2021; Fukuyama 2019). Von Identitätspolitik kann dann gesprochen werden, wenn die Interessen einer spezifischen gesellschaftlichen Gruppe durchgesetzt werden sollen, deren Mitglieder über ein gemeinsames Merkmal identifiziert werden. „Vor allem geht es um Gruppen und Minderheiten, die durch Geschlecht, sexuelle Orientierung, ethnische Herkunft und Religion verbunden sind" (Sander 2021, S. 299). Charakteristisch ist für diese Identitätspolitik, dass diese Gruppen „diskriminiert werden, sich als diskriminiert betrachten oder denen ein solches Selbstverständnis von identitätspolitischen Akteuren zugeschrieben wird" (ebd.). Für Wolfgang Sander zeichnet sich die Identitätspolitik dadurch aus, dass nicht nur von gemeinsamen politischen Interessen aller Betroffenen ausgegangen wird, sondern auch von einer gemeinsamen Weltsicht bzw. Identität. „Für diese Identität wird Geltung beansprucht in dem Sinn, dass deren Authentizität und die damit begründeten Ansprüche von anderen nicht in Frage gestellt werden dürfen" (ebd.).

Für die politische Bildung stellt sich angesichts dieser Beschreibung von Identitätspolitik die Frage, wie damit umzugehen ist, wenn Teilnehmer nicht nur ihre politische Meinung äußern oder die Interessen spezifischer Gruppen vertreten, sondern auch fordern, dass ihre Sichtweise nicht in Frage gestellt werden darf und daher kontroverse Standpunkte nicht geäußert werden dürfen. Sander spricht in diesem Zusammenhang von der Forderung nach einem Diskurverbot.

Diskurverbot

Beutelsbacher Konsens

Kontroversitätsgebot

Grenzen der Kontroversität

Unter Verweis auf den Beutelsbacher Konsens erinnert Sander daran, dass in der politischen Bildung zwar grundsätzlich das Kontroversitätsgebot gelte, dies jedoch nicht bedeute, dass es keine Grenzen der Kontroversität gebe. Derartige Grenzen begründen sich einerseits unter Verweis auf wissenschaftliche Erkenntnisse, andererseits unter Bezug auf extremistische politische Positionen. „So dürfen beispielsweise im Unterricht keine als widerlegt geltenden Tatsachenbehauptungen verbreitet, wissenschaftliche Forschungsergebnisse und Theorien unzutreffend dargestellt, Fachbegriffe dauerhaft falsch gebraucht oder für den jeweiligen Gegenstand bedeutsame wissenschaftliche Erkenntnisse willkürlich ausgeblendet werden" (ebd., S. 295). Werden derartige Positionen von Schülern vertreten, habe der „Unterricht eine Korrekturaufgabe" (ebd.). Darüber hinaus dürften extremistische politische Positionen, die auf der Ablehnung von demokratischer Kultur und Grundordnung beruhen, nicht in gleicher Weise zur Debatte gestellt werden, wie solche politischen Positionen, die sich innerhalb des demokratischen Spektrums bewegen. Im Falle von „Rechtsextremismus, Linksextremismus, Islamismus sowie Antisemitismus und Rassismus" sollten „die pädagogischen Intentionen" daher „auf Prävention, Problematisierung und so weit wie möglich auch Überwindung durch neue Bildungserfahrungen zielen. Hier kann in normativer Hinsicht von einer symbolischen ‚roten Linie' gesprochen werden, deren Legitimität im hier diskutierten Zusammenhang einer diskursiven Didaktik sich gerade aus der Verteidigung von Diskursivität ergibt" (ebd., S. 297).

Auch wenn in Bezug auf politischen Extremismus den professionellen Pädagoginnen und Pädagogen die Aufgabe zukommt, derartige Positionen richtig und begründet als antidemokratisch einzuordnen, bedeute dies demnach nicht, dass deshalb das Gespräch mit pädagogischen Adressaten, die Sympathien für derartige Positionen artikulieren, abgebrochen werden sollte. Ganz ähnlich müsse auch mit Vertretern identitätspolitischer Positionen und deren Forderungen nach Diskursverboten umgegangen werden. „Gerade im Sinne der intendierten Förderung von politischer Mündigkeit und Urteilsfähigkeit der Schüler dürfen sich Lehrer von Versuchen, identitätspolitisch begründete Tabus zu errichten und Diskursräume einzuengen, nicht beeindrucken lassen. Ganz im Gegenteil ist es ihre Aufgabe, als Wächter über Diskursivität im Unterricht zu fungieren und Angriffen auf sie entschieden entgegenzutreten – ob sie nun im Gewand des Rassismusvorwurfs, der Verdächtigung einer Quelle als ‚Lügenpresse' oder der Verweigerung einer Lektüre als ‚haram' erscheinen" (ebd., S. 303). Während den identitätspolitischen Forderungen nach Einschränkung des Raums freier Meinungsäußerung demnach entschieden entgegengetreten werden müsse, sollten die Vertreter derartiger Positionen und ihr Anspruch auf Bildung fraglos ernst genommen werden. Professionelle Pädagogen sollten daher laut Sander nicht nur „Diskursivität [...] gewährleisten und die dafür erforderlichen Regeln" (ebd., S. 304) durchsetzen, sondern „als Erwachsene zugleich Repräsentanten eines Erwachsenenseins sein [...], die jungen Menschen vorleben, was Engagement für eine Sache jenseits eines narzisstischen Ich-Kults sein kann" (ebd.).

Wächter über Diskursivität

In Bezug auf das Verständnis von politischer Bildung und kritischer Pädagogik ist die These Sanders aufschlussreich, dass Bildung und Diskursivität aufeinander angewiesen sind. Bildung sei nur möglich, wenn eigene Sichtweisen geäußert werden dürfen und über kontroverse Positionen gemeinsam diskutiert werde. Dies schließt insofern an Freire an, als damit daran erinnert wird, dass jeder Mensch im Kern selbst die Welt begreifen und sie dazu problematisieren muss, und die bloße Übernahme fremder Weltansichten keine Erkenntnis impliziert. „Aber umgekehrt erfordern Pflege und Erhaltung von sozialen Räumen für Diskursivität auch ein Mindestmaß an Bildung der an Diskursen Beteiligten" (ebd.). Demnach zielt Bildung nicht nur auf die politische Emanzipation von einschränkenden sozialen Verhältnissen, sondern damit verbunden und verwoben auch auf die Aneignung jener kulturellen Grundlagen und Wissensbestände, die mit gutem Recht in einem spezifischen historischen und gesellschaftlichen Kontext zur Allgemeinbildung gezählt werden. Dieser Zusammenhang sollte sowohl in der Theorie als auch in der Praxis bedacht werden, sowie im Studium der Erziehungswissenschaft und bei der Arbeit in pädagogischen Berufsfeldern.

Emanzipation

Allgemeinbildung

Fragen

1. Welcher Zusammenhang besteht zwischen moralischer Erziehung und politischer Bildung?
2. Wie lässt sich das Selbstverständnis der politischen Bildung in Bezug auf außerschulische Handlungsfelder beschreiben?
3. Inwiefern kann es problematisch sein, politische Bildung auf problemformulierende Bildung zu reduzieren?

Weiterführende Literatur

Dillinger, Lisa/Drerup, Johannes/Knobloch, Phillip D. Th./Nielsen-Sikora, Jürgen (2023): Jim Knopf, Gonzo und andere Aufreger. Zur Analyse und Kritik engagierter Pädagogiken. Berlin: J.B. Metzler. – Aktuelle Analysen und Orientierungsvorschläge in Bezug auf kontroverse Auseinandersetzungen über politisierte Kulturprodukte.

Drerup, Johannes (2021): Kontroverse Themen im Unterricht. Konstruktiv streiten lernen. Ditzingen: Reclam. – Praktische Orientierungshilfen zum Umgang mit kontroversen Themen angesichts gesellschaftlicher Polarisierungstendenzen.

Fukuyama, Francis (2022): Der Liberalismus und seine Feinde. Hamburg: Hoffmann und Campe. – Debattenbeitrag zur Frage nach Perspektiven für die offene Gesellschaft im Zeichen der Krise liberaler Gesellschaften.

McWhorter, John (2022): Die Erwählten. Wie der neue Antirassismus die Gesellschaft spaltet. Hamburg: Hoffmann und Campe. – Kontrovers diskutierter Debattenbeitrag über Polarisierungstendenzen in den USA.

Scheller, Jörg (2021): Identität im Zwielicht. Perspektiven für eine offene Gesellschaft. München: Claudius. – Rhetorisch versierter Essay über identitätspolitische Kontroversen, der an die Bedeutung von Ästhetik, Fantasie, Spiel und Ironie erinnert.

Zitierte Literatur

Adick, Christel (2008): Vergleichende Erziehungswissenschaft. Eine Einführung. Stuttgart: Kohlhammer.

Adick, Christel (2014): Der methodologische Nationalismus und Kulturalismus in der Vergleichenden Erziehungswissenschaft. In: Rühle, Sarah/Müller, Annette/Knobloch, Phillip D. Th. (Hrsg.): Mehrsprachigkeit – Diversität – Internationalität. Erziehungswissenschaft im transnationalen Bildungsraum. Münster u.a.: Waxmann, S. 225–241.

Alexopoulou, Maria (2020): Deutschland und die Migration. Geschichte einer Einwanderungsgesellschaft wider Willen. Ditzungen: Reclam jun. Verlag.

Allemann-Ghionda, Cristina (2004): Einführung in die Vergleichende Erziehungswissenschaft. Weinheim, Basel: Beltz.

Allemann-Ghionda, Cristina (2013): Bildung für alle, Diversität und Inklusion: Internationale Perspektiven. Paderborn: Schöningh.

Altermann, André/Lange, Mirja/Menke, Simone/Rosendahl, Johannes/Steinhauer, Ramona/Weischenberg, Julia: Bildungsbericht Ganztagsschule NRW 2018. Im Internet: https://www.qua-lis.nrw.de/cms/upload/aktuelles/BiGa_2018-11-19_final.pdf (20.03.2023)

Althans, Birgit/Audehm, Kathrin (2019): Bildung, Kultur, ästhetische Erfahrung? Eine Einladung zur begrifflichen Reflexion. In: ZfK – Zeitschrift für Kulturwissenschaften, Jg. 12, H.2, S. 9–15.

Altrichter, Herbert/Maag Merki, Katharina (2016): Steuerung der Entwicklung des Schulwesens. In: Dies. (Hrsg.): Handbuch Neue Steuerung im Schulsystem. Wiesbaden: Springer VS, S. 1–27.

Amos, Karin (2009): ‚Bildung' in der Spätmoderne. Zur Intersektion von Educational Governance und Gouvernementalität. In: Tercium Comparationis, Jg. 15, H. 2, S. 81–107.

Amos, S. Karin/Radtke, Frank-Olaf (2007): Editorial zum Themenheft: Die Formation neuer Bildungsregime: Zur Durchsetzung von Regimetechniken in der post-nationalen Konstellation – The Formation of New Educational Regimes: On the Penetration of Governance Techniques in the post national Constellation. In: Tercium Comparations, Jg. 13, H. 2, S. 143–156.

Autor:innengruppe Bildungsberichterstattung (2022): Bildung in Deutschland 2022. Ein indikatorengestützter Bericht mit einer Analyse zum Bildungspersonal. Bielefeld: wbv.

Autorengruppe Fachkräftebarometer (2021): Fachkräftebarometer Frühe Bildung 2021. München: Weiterbildungsinitiative Frühpädagogische Fachkräfte. https://www.fachkraeftebarometer.de/fileadmin/Redaktion/Publikation_FKB2017/Publikation_FKB2021/WiFF_FKB_2021_web.pdf (21.10.2022)

BAMF (2020): Zulassungskriterien für Lehrkräfte in Integrationskursen. https://www.bamf.de/SharedDocs/Anlagen/DE/Integration/Integrationskurse/Lehrkraefte/matrix-zulassung-lehrkraefte-integrationskurse-ab-01102020.pdf;jsessionid=730BB60B075B3D41CD841A7997132C84.intranet662?__blob=publicationFile&v=7 (21.10.2022)

Becker, Helle (2013): Wir Kellerkinder? Zur Geschichte der „Profession politischer Bildung" in der außerschulischen Jugend- und Erwachsenenbildung. In: Hufer, Klaus-Peter/Richter, Dagmar (Hrsg.): Politische Bildung als Profession. Verständnisse und Forschungen. Perspektiven politischer Bildung. Bonn: bpb, S. 49–63.

Berendsen, Eva/Cheema, Saba-Nur/Mendel, Meron (Hrsg.) (2021): Trigger Warnung. Identitätspolitik zwischen Abwehr, Abschottung und Allianzen. Bonn: bpb.

Beutelsbacher Konsens (2011): https://www.bpb.de/die-bpb/ueber-uns/auftrag/51310/beutelsbacher-konsens/ (21.03.2023).

Böhm, Winfried (1995): Theorie und Praxis. Eine Einführung in das pädagogische Grundproblem. Würzburg: Königshausen & Neumann.

Böhm, Winfried (2004): Geschichte der Pädagogik. Von Platon bis zur Gegenwart. München: C.H. Beck.

Böhm, Winfried/Schiefelbein, Ernesto/Seichter, Sabine (2019): Projekt Erziehung. Eine Einführung in das pädagogische Grundproblem. 6. Aufl. Paderborn: Schöningh.
Bourdieu, Pierre (1987): Die feinen Unterschiede. Kritik der gesellschaftlichen Urteilskraft. Frankfurt a.M.: Suhrkamp.
Brezinka, Wolfgang (1968): Von der Pädagogik zur Erziehungswissenschaft. Vorschläge zur Abgrenzung. In: Zeitschrift für Pädagogik, 14. Jg., Nr. 4, S. 317–334.
Caruso, Marcelo (2019): Geschichte der Bildung und Erziehung. Medienentwicklung und Medienwandel. Paderborn: Schöningh.
Castro Varela, María do Mar/Mecheril, Paul (2010): Grenze und Bewegung. Migrationswissenschaftliche Klärungen. In: Mecheril, Paul/Castro Varela, María do Mar/Dirim, Inci/Kalpaka, Annita/Melter, Claus: Migrationspädagogik. Weinheim, Basel: Beltz, S. 23–53.
Comenius, Johann Amos (1658): Orbis sensualium pictus. http://www.hs-augsburg.de/~harsch/Chronologia/Lspost17/Comenius/com_0000.html (21.03.2023)
Detjen, Johannes (2013): Vom Dilettantismus zur Professionalität – der Beitrag der Politikwissenschaft zur wissenschaftlichen Ausbildung der Politiklehrkräfte. In: Hufer, Klaus-Peter/Richter, Dagmar (Hrsg.): Politische Bildung als Profession. Verständnisse und Forschungen. Perspektiven politischer Bildung. Bonn: bpb, S. 33–48.
Dirim, Inci/Mecheril, Paul (2010): Die Sprache(n) der Migrationsgesellschaft. In: Mecheril, Paul/Castro Varela, María do Mar/Dirim, Inci/Kalpaka, Annita/Melter, Claus: Migrationspädagogik. Weinheim, Basel: Beltz, S. 99–120.
Dirim, Inci/Mecheril, Paul (2018): Heterogenität, Sprache(n), Bildung. Bad Heilbrunn: Klinkhardt.
Dietrich, Cornelie/Krinninger, Dominik/Schubert, Volker (2013): Einführung in die Ästhetische Bildung. Weinheim, Basel: Beltz Juventa.
Drerup, Johannes (2021): Kontroverse Themen im Unterricht. Konstruktiv streiten lernen. Ditzingen: Reclam.
Freire, Paulo (1973): Pädagogik der Unterdrückten. Bildung als Praxis der Freiheit. Reinbek bei Hamburg: Rowohlt.
Fuchs, Max (2023): Entwicklungen und Paradigmenwechsel in der Kulturellen Bildung. Notizen und Hinweise zu einer wissenschaftstheoretischen Entwicklungstheorie Kultureller Bildung. In: Kulturelle Bildung Online. https://www.kubi-online.de/artikel/entwicklungen-paradigmenwechsel-kulturellen-bildung (21.03.2023).
Fuhrmann, Manfred (2006): Bildung. Europas kulturelle Identität. Stuttgart: Reclam.
Fukuyama, Francis (2019): Identität. Wie der Verlust der Würde unsere Demokratie gefährdet. Hamburg: Hoffmann und Campe.
Gekeler, Moritz (2012): Konsumgut Nachhaltigkeit. Zur Inszenierung neuer Leitmotive in der Produktkommunikation. Bielefeld: transcript.
Gesellschaft für Medienpädagogik und Kommunikationskultur/Sektion Medienpädagogik (2017): Studiengänge für Medienpädagogik und Erziehungswissenschaft. URL: https://www.gmk-net.de/wp-content/t3archiv/fileadmin/pdf/studiengaenge_medienpaedagogik_medienwissenschaften_erziehungswissenschaften.pdf (13.02.2023).
Gödde, Petra (2014): Globale Kulturen. In: Iriye, Akrira (Hrsg.): Geschichte der Welt. 1945 bis heute – Die globalisierte Welt. Bonn: bpb, S. 535–669.
Gräsel, Cornelia (2015): Was ist Empirische Bildungsforschung? In: Reinders, Heinz/Ditton, Hartmut/Gräsel, Cornelia/Gniewosz, Burkhard (Hrsg.): Empirische Bildungsforschung. Strukturen und Methoden. Wiesbaden: Springer VS, S. 15–30.
Herder, Johann Gottfried (1774/2007): Auch eine Philosophie der Geschichte zur Bildung der Menschheit. Stuttgart: Reclam.
Honneth, Axel (1992): Kampf um Anerkennung. Zur moralischen Grammatik sozialer Konflikte. Frankfurt a.M.: Suhrkamp.
Hornberger, Barbara (2019): Schön und gut? Über den Status des Populären in der kulturellen Bildung. In: ZfK – Zeitschrift für Kulturwissenschaften, Jg. 12, H. 2, S. 41–54.

Humboldt, Wilhelm von (1793/1959): Theorie der Bildung des Menschen (Bruchstück). In: Ders.: Bildung und Sprache. Eine Auswahl aus seinen Schriften. Besorgt von Clemens Menze. Paderborn: Schöningh, S. 24–28.

Humboldt, Wilhelm von (1959a): Bildung und Sprache. Eine Auswahl aus seinen Schriften. Besorgt von Clemens Menze. Paderborn: Schöningh.

Humboldt, Wilhelm von (1959b): Natur und Beschaffenheit der Sprache überhaupt. In: Ders.: Bildung und Sprache. Eine Auswahl aus seinen Schriften. Besorgt von Clemens Menze. Paderborn: Schöningh, S. 89–100.

Humboldt, Wilhelm von (1792/1851): Ideen zu einem Versuch, die Gränzen der Wirksamkeit des Staats zu bestimmen. Breslau: Eduard Trewendt. https://www.deutschestextarchiv.de/book/show/humboldt_grenzen_1851 (02.09.2023).

Jörissen, Benjamin/Marotzki, Winfried (2009): Medienbildung – Eine Einführung. Bad Heilbrunn: Klinkhardt.

Kalpaka, Annita/Mecheril, Paul (2010): „Interkulturell". Von spezifischen kulturalistischen Ansätzen zu allgemein reflexiven Perspektiven. In: Mecheril, Paul/Castro Varela, María do Mar/Dirim, Inci/Kalpaka, Annita/Melter, Claus: Migrationspädagogik. Weinheim, Basel: Beltz, S. 77–98.

Kant, Immanuel (1784/2004): Was ist Aufklärung. In: UTOPIE kreativ, H. 159, S. 5–10.

Kant, Immanuel (1788): Kritik der praktischen Vernunft. Riga: Hartknoch. https://www.deutschestextarchiv.de/book/show/kant_pvernunft_1788 (02.09.2023).

Kant, Immanuel (1803): Über Pädagogik. Königsberg: Friedrich Nicolovius. https://www.deutschestextarchiv.de/book/show/kant_paedagogik_1803 (02.09.2023).

Klafki, Wolfgang (1985/1996): Neue Studien zur Bildungstheorie und Didaktik. Zeitgemäße Allgemeinbildung und kritisch-konstruktive Didaktik. Weinheim, Basel: Beltz.

KMK (2022): Gemeinsamer Rahmen der Länder für die frühe Bildung in Kindertageseinrichtungen. https://www.kmk.org/fileadmin/veroeffentlichungen_beschluesse/2004/2004_06_03-Fruehe-Bildung-Kindertageseinrichtungen.pdf (21.10.2022)

Knobloch, Phillip D. Th. (2016): Die Konstituierung der Vergleichenden Erziehungswissenschaft im kulturellen Kontext von modernity/coloniality. In: Hummrich, Merle/Pfaff, Nicole/Dirim, Inci/Freitag, Christiane (Hrsg.): Kulturen der Bildung. Kritische Perspektiven auf erziehungswissenschaftliche Verhältnisbestimmungen. Wiesbaden: Springer VS, S. 19–28.

Knobloch, Phillip D. Th. (2017): (Globale) Kultur(en) und kulturelle Diversität: Perspektiven kulturwissenschaftlicher Hermeneutik. In: Vierteljahrsschrift für wissenschaftliche Pädagogik, Jg. 93, H. 1, S. 12–27.

Knobloch, Phillip D. Th. (2018a): Die Sprache(n) der Dinge verstehen. Eine kulturwissenschaftliche Revision der Hermeneutik Schleiermachers. In: Vierteljahrsschrift für wissenschaftliche Pädagogik, Jg. 94, H. 3, S. 419–435.

Knobloch, Phillip D. Th. (2018b): Die Disziplin(en) der Erziehungswissenschaft(en) in Argentinien. In: Glaser, Edith/Koller, Hans-Christoph/Thole, Werner/Krumme, Salome (Hrsg.): Räume für Bildung – Räume der Bildung. Beiträge zum 25. Kongress der Deutschen Gesellschaft für Erziehungswissenschaft. Opladen u.a.: Budrich, S. 64–69.

Knobloch, Phillip D. Th. (2019): Kultur. In: Drerup, Johannes/Schweiger, Gottfried (Hrsg.): Handbuch Philosophie der Kindheit. Berlin: J.B. Metzler, S. 137–144.

Knobloch, Phillip D. Th. (2021): Konsumästhetische Bildung und Bildungsforschung. In: Heidkamp-Kergel, Birte/Kergel, David (Hrsg.): Handbuch interdisziplinäre Bildungsforschung. Weinheim, Basel: Beltz Juventa, S. 255–271.

Koerrenz, Ralf/Kenklies, Karsten/Kauhaus, Hanna/Schwarzkopf, Matthias (2017): Geschichte der Pädagogik. Paderborn: Schöningh.

Koller, Hans-Christoph (2012a): Grundbegriffe, Theorien und Methoden der Erziehungswissenschaft. Eine Einführung. Stuttgart: Kohlhammer.

Koller, Hans-Christoph (2012b): Bildung anders denken. Einführung in die Theorie transformatorischer Bildung. Stuttgart: Kohlhammer.

Krüger, Heinz-Hermann/Rauschenbach, Thomas (Hrsg.) (2012): Einführung in die Arbeitsfelder des Bildungs- und Sozialwesens. 5., grundlegend erweiterte und aktualisierte Auflage. Opladen & Toronto: Barbara Budrich.

Krüger, Thomas (2013): Vorwort. In: Hufer, Klaus-Peter/Richter, Dagmar (Hrsg.): Politische Bildung als Profession. Verständnisse und Forschungen. Perspektiven politischer Bildung. Bonn: bpb, S. 9–10.

Luhmann, Niklas (1996): Jenseits von Barbarei. In: Miller, Max/Soeffner, Hans-Georg (Hrsg.): Modernität und Barbarei: Soziologische Zeitdiagnosen am Ende des 20. Jahrhunderts. Frankfurt a.M.: Suhrkamp, S. 219–230.

Mattig, Ruprecht (2019): Wilhelm von Humboldt als Ethnograph. Bildungsforschung im Zeitalter der Aufklärung. Weinheim, Basel: Beltz Juventa.

Mecheril, Paul (2010a): Migrationspädagogik. Hinführung zu einer Perspektive. In: Mecheril, Paul/Castro Varela, María do Mar/Dirim, Inci/Kalpaka, Annita/Melter, Claus: Migrationspädagogik. Weinheim, Basel: Beltz, S. 7–22.

Mecheril, Paul (2010b): Die Ordnung des erziehungswissenschaftlichen Diskurses in der Migrationsgesellschaft. In: Mecheril, Paul/Castro Varela, María do Mar/Dirim, Inci/Kalpaka, Annita/Melter, Claus: Migrationspädagogik. Weinheim, Basel: Beltz, S. 54–76.

Meyer, John W. (2005a): Die Europäische Union und die Globalisierung der Kultur. In: Ders.: Weltkultur. Wie die westlichen Prinzipien die Welt durchdringen. Frankfurt a.M.: Suhrkamp, S. 163–178.

Meyer, John W. (2005b): Weltkultur. Wie die westlichen Prinzipien die Welt durchdringen. Frankfurt a.M.: Suhrkamp.

Mollenhauer, Klaus (1983/2008): Vergessene Zusammenhänge. Über Kultur und Erziehung. Weinheim und München: Juventa.

Nohl, Arnd-Michael (2018): Zur intentionalen Struktur des Erziehens. Eine praxeologische Perspektive. In: Zeitschrift für Pädagogik, Jg. 64, H. 1, S. 121–138.

Nohl, Arnd-Michael (2019): AdressatInnen und Handlungsfelder der Pädagogik. Opladen, Toronto: Budrich.

Nohl, Arnd-Michael (2020): Einleitung: Rekonstruktive Erziehungsforschung. In: Ders. (Hrsg.): Rekonstruktive Erziehungsforschung. Wiesbaden: Springer VS, S. 1–13.

Parreira do Amaral, Marcelo (2007): Regimeansätze – Annäherungen an ein weltweites Bildungsregime. In: Tercium Comparations, Jg. 13, H. 2, S. 157–182.

Parreira do Amaral, Marcelo (2011): Educational Governance und Regimetheorie. Die Emergenz eines Internationalen Bildungsregimes. In: Amos, Karin/Meseth, Wolfgang/Proske, Matthias (Hrsg.): Öffentliche Erziehung revisited. Wiesbaden: Springer VS, S. 195–222.

Parreira do Amaral, Marcelo (2016): Neue Akteure der Governance des Bildungssystems – Typen, Einflussmöglichkeiten und Instrumente. In: Altrichter, Herbert/Maag Merki, Katharina (Hrsg.): Handbuch Neue Steuerung im Schulsystem. Wiesbaden: Springer VS, S. 455–477.

Radke, Frank-Olaf (2015): Methodologischer Ökonomismus. Organische Experten im Erziehungssystem. In: Erziehungswissenschaft, Jg. 26, H. 50, S. 7–16.

Reckwitz, Andreas (2017): Die Gesellschaft der Singularitäten. Zum Strukturwandel der Moderne. Berlin: Suhrkamp.

Reichenbach, Roland (2018): Ethik der Erziehung und Bildung. Paderborn: Schöningh UTB.

Rittelmeyer, Christian/Parmentier, Michael (2006): Einführung in die pädagogische Hermeneutik. Darmstadt: WBG.

Roth, Hans-Joachim (2018): Interkulturelle Bildung als Allgemeine Bildung. In: Enzyklopädie Erziehungswissenschaft Online. DOI: 10.3262/EEO06180389 (21.03.2023).

Sander, Wolfgang (2021): Identität statt Diskurs? Diskursivität in der politischen Bildung und ihre Gefährdungen. In: Pädagogische Rundschau, Jg. 75, H. 3, S. 293–306.

Scheller, Jörg (2021): Identität im Zwielicht. Perspektiven für eine offene Gesellschaft. München: Claudius.

Schiller, Friedrich (1795/2009): Über die ästhetische Erziehung des Menschen. Kommentar von Stefan Matuschek. Frankfurt a.M.: Suhrkamp.

Schleiermacher, Friedrich Daniel Ernst (1838/1977): Hermeneutik und Kritik. Frankfurt a.M.: Suhrkamp.

Schrader, Josef/Schmid, Josef/Amos, Karin/Thiel, Ansgar (Hrsg.) (2015): Governance von Bildung im Wandel. Interdisziplinäre Zugänge. Wiesbaden: Springer VS.

Sektion Medienpädagogik (2017): Orientierungsrahmen für die Entwicklung von Curricula für medienpädagogische Studiengänge und Studienanteile. In: MedienPädagogik, 04.12.2017, S. 1–7. https://doi.org/10.21240/mpaed/00/2017.12.04.X (13.02.2023).

Speck, Karsten (2020): Schulsozialarbeit. In: Bollweg, Petra/Buchna, Jennifer/Coelen, Thomas/Otto, Hans-Uwe (Hrsg.): Handbuch Ganztagsbildung. Wiesbaden: Springer VS, S. 631–646.

Terhart, Ewald (2012): „Bildungswissenschaften": Verlegenheitslösung, Sammeldisziplin, Kampfbegriff? In: Zeitschrift für Pädagogik, 58. Jg., H. 1, S. 22–39.

Trabant, Jürgen (2018): Befreundung. Für eine gebildete europäische Mehrsprachigkeit. In: Mattig, Ruprecht/Mathias, Miriam/Zehbe, Klaus (Hrsg.): Bildung in fremden Sprachen? Pädagogische Perspektiven auf globalisierte Mehrsprachigkeit. Bielefeld: transcript, S. 171–193.

VHS Köln (2022): VHS. Das Programm. Januar bis Juli 2022. Heute nachhaltig für morgen lernen.

Waterkamp, Dietmar (2006): Vergleichende Erziehungswissenschaft. Ein Lehrbuch. Münster u.a.: Waxmann.

Welsch, Wolfgang (1994): Transkulturalität. Lebensformen nach der Auflösung der Kulturen. In: Luger, Kurt/Renger, Rudi (Hrsg.): Dialog der Kulturen. Die multikulturelle Gesellschaft und die Medien. Wien/St. Johann im Pongau: Österreichischer Kunst- und Kulturverlag, S. 147–169.

Wigger, Lothar (1999): Zur gegenwärtigen Situation des Ausbildungswissens in erziehungswissenschaftlichen Studiengängen. Eine Problemskizze. In: Zeitschrift für Pädagogik, Jg. 45, H. 5, S. 741–748.

Wintersteiner, Werner/Grobbauer, Heidi/Diendorfer, Gertraud/Reitmair-Juárez, Susanne (2014): Global Citizenship Education. Politische Bildung für die Weltgesellschaft. Wien: Österreichische UNESCO-Kommission.

Zeuner, Christine (2013): Erwachsenenbildung und Profession. In: Hufer, Klaus-Peter/Richter, Dagmar (Hrsg.): Politische Bildung als Profession. Verständnisse und Forschungen. Perspektiven politischer Bildung. Bonn: bpb, S. 81–95.

Zirfas, Jörg (2011): Der Geschmack an der Nachhaltigkeit. Ästhetische Bildung als Propädeutik und Regulativ einer Bildung für nachhaltige Entwicklung. In: Sorgo, Gabriele (Hrsg.): Die unsichtbare Dimension. Bildung für nachhaltige Entwicklung im kulturellen Prozess. Wien: Forum Umweltbildung, S. 35–52.

Zirfas, Jörg (2018): Einführung in die Erziehungswissenschaft. Paderborn: Schöningh UTB.

Zirfas, Jörg/Knobloch, Phillip D. Th. (2016): Die Kultur des Konsums und die ästhetische Bildung. Grundlegende Perspektiven am Beispiel nachhaltiger Lebensmittel. In: Fuchs, Max/Braun, Tom (Hrsg.): Die Kulturschule und kulturelle Schulentwicklung. Grundlagen, Analysen und Kritik. Band 2. Zur ästhetischen Dimension von Schule. Weinheim, Basel: Beltz Juventa, S. 170–183.

Antworten zum Weiterdenken

Kapitel 1: Zum Selbstverständnis der Erziehungswissenschaft

1. In der Erziehungswissenschaft gibt es unterschiedliche Vorstellungen davon, was unter Erziehungswissenschaft zu verstehen ist. Die Auseinandersetzung mit dem Wissenschafts- und Selbstverständnis der Erziehungswissenschaft lässt sich dem Fachgebiet der Wissenschaftstheorie zuordnen. Die Auseinandersetzung mit unterschiedlichen Konzepten von Erziehungswissenschaft ist in Hinblick auf erziehungswissenschaftliche Studienrichtungen und Berufsfelder hilfreich, da vom jeweiligen Standpunkt aus eventuell auch die Bestimmung von Studienrichtungen und Berufsfeldern unterschiedlich ausfällt.
2. Im Text werden wissenschaftstheoretische Überlegungen von Wolfgang Brezinka, Christel Adick und Hans-Christoph Koller behandelt. Brezinka unterscheidet u.a. begrifflich zwischen der Erziehungswissenschaft und der Pädagogik. Die Erziehungswissenschaft ist für ihn eine empirische Wissenschaft, die versucht Wahrheiten und Tatsachen im Bereich der Erziehung zu erforschen. Die Pädagogik setzt sich dagegen mit Zielen und Normen des pädagogischen Handelns auseinander, die im strengen Sinne nicht wahr, sondern, je nach pädagogischem Standpunkt, erstrebenswert sind, oder auch nicht. Adick unterscheidet begrifflich zwischen unterschiedlichen Wissensformen in der Erziehungswissenschaft, die sie mit den Wörtern Erziehung, Pädagogik, Erziehungswissenschaft und Wissenschaftstheorie bezeichnet. Gemeint sind damit unterschiedliche Gegenstandsbereiche, auf die sich die Erziehungswissenschaft beziehen kann. Die Bereiche der Erziehung und der Pädagogik ordnet sie dem Erziehungssystem, die Bereiche der Erziehungswissenschaft und der Wissenschaftstheorie dem Wissenschaftssystem zu. Koller unterscheidet zwischen Grundbegriffen, Theorien und Methoden der Erziehungswissenschaft. Die zentralen Grundbegriffe lauten für ihn Erziehung, Bildung und Sozialisation. Eine wesentliche Aufgabe der Erziehungswissenschaft besteht daher in der Auseinandersetzung mit Erziehungs-, Bildungs- und Sozialisationstheorien. In Hinblick auf unterschiedliche wissenschaftstheoretische Konzepte innerhalb der Erziehungswissenschaft bzw. Methoden der Erkenntnisgewinnung unterscheidet Koller zwischen der empirischen Erziehungswissenschaft, dem hermeneutischen Ansatz und dem Ansatz der Kritischen Erziehungswissenschaft.
3. Greift man den Ansatz von Koller auf, so dient die Auseinandersetzung mit unterschiedlichen Methoden sowie insbesondere mit den zentralen Grundbegriffen der Erziehungswissenschaft dazu, sich unterschiedliche Vorstellungen von u.a. Erziehung, Bildung und Sozialisation anzueignen. Auf dieser Grundlage lässt sich dann die Erziehungswirklichkeit deuten, und es kann über sinnvolle Handlungsmöglichkeiten nachgedacht werden.

Kapitel 2: Erziehungs- und Bildungswissenschaft, Bildungs- und Erziehungsforschung

1. Die Frage, ob Bildungswissenschaft (nur) ein Synonym für Erziehungswissenschaft ist, oder ob es wichtige Unterschiede zwischen diesen Wissenschaften gibt, ist derzeit umstritten und Gegenstand anhaltender wissenschaftstheoretischer Diskussionen. Festhalten kann man daher zunächst vor allem, dass es stets darauf ankommt, welche Bedeutung diesen Begriffen zugeschrieben wird. Entsprechend können diese Begriffe synonym verwendet werden, oder auch in mehr oder weniger scharfer Abgrenzung voneinander. In diesem Zusammenhang wird in diesem Kapitel auf einen Text von Terhart verwiesen, der unterschiedliche Bedeutungszuschreibungen vorstellt und ihre Sinnhaftigkeit diskutiert. Er unterscheidet zwischen drei Varianten des Begriffsgebrauchs, und zwar der Verwendung als Verlegenheitslösung, als Sammeldisziplin und als Kampfbegriff.
2. Auch diese Frage lässt sich nicht generell beantworten, da den Begriffen Bildungswissenschaft und Bildungsforschung ebenfalls unterschiedliche Bedeutungen zugeschrieben werden können. Entsprechend können die beiden Begriffe synonym verwendet werden, oder aber in Abgrenzung voneinander. Verwendet man den Begriff der Bildungswissenschaft beispielsweise im Sinne Terharts als „Kampfbegriff", also als Bezeichnung für eine spezifische Form empirischer Bildungsforschung, lassen sich die Begriffe Bildungswissenschaft und Bildungsforschung synonym verwenden. Dabei kann jedoch auch noch zwischen unterschiedlichen Formen empirischer Bildungsforschung unterschieden werden. Denn als empirisch gelten zunächst alle Wissenschaften, die wesentliche Erkenntnisse aus der Erfahrung ableiten. Dabei können sowohl qualitative und hermeneutische als auch quantitative und statistische Forschungsmethoden eine Rolle spielen. Die sogenannte Empirische Bildungsforschung kann daher als eine spezifische Form empirischer Bildungsforschung bezeichnet werden, da hier nahezu ausschließlich quantitative Forschungsmethoden zum Einsatz kommen.
3. Zwischen empirischer und Empirischer Erziehungswissenschaft besteht insofern ein Unterschied, als das Adjektiv „empirisch" im ersten Fall anzeigt, dass hier von einer empirischen Wissenschaft die Rede ist. Wie zuvor erwähnt, lässt sich eine Wissenschaft dann als empirisch bezeichnen, wenn sie wesentliche Erkenntnisse aus der Erfahrung gewinnt. Bei dem Ausdruck „Empirische Erziehungswissenschaft" handelt es sich demgegenüber um einen Eigennamen, weshalb „Empirisch" hier großgeschrieben wird. Dieser Eigennamen wird derzeit in der Erziehungswissenschaft vor allem dann verwendet, wenn man sich auf erziehungswissenschaftliche Forschungsbeiträge bezieht, die sich (ausschließlich) auf quantitative empirische Forschungsmethoden stützen, also vor allem auf statistische Erhebungen und Auswertungen. Diese Begriffsverwendung entspricht dann dem Verständnis von Empirischer Bildungsforschung, das von

Gräsel skizziert wurde. Im Sinne Terharts könnte man hier auch von einer spezifischen Form der Bildungswissenschaft sprechen; Terhart spricht hier von der Verwendung des Begriffs Bildungswissenschaft als Kampfbegriff. Ob man die Begriffe Empirische Bildungsforschung und Empirische Erziehungswissenschaft synonym verwenden will oder soll, ist jedoch derzeit umstritten. Darauf verweist etwa Gräsel insofern, als für sie die Empirische Bildungsforschung nicht als Teilbereich der Erziehungswissenschaft verstanden werden sollte.

Kapitel 3: Erziehungswissenschaft, Globalisierung und Weltkultur

1. Die Vergleichende Erziehungswissenschaft kann als eine Subdisziplin bzw. Fachrichtung der Erziehungswissenschaft bezeichnet werden, die sich traditionellerweise vor allem mit nationalen Bildungsentwicklungen und Bildungssystemen auseinandersetzt und entsprechend eine internationale Vergleichsperspektive verfolgt. Mittlerweile wird jedoch auch die Bedeutung von anderen Vergleichskategorien betont, die etwa über oder oberhalb der nationalen Ebene verortet werden können. Als aufschlussreich erweist sich gegenwärtig insbesondere die Auseinandersetzung mit der globalen Ebene, da dadurch Globalisierungsphänomene im Erziehungs- und Bildungsbereich analysiert und diskutiert werden können. Unter Rückgriff auf Globalisierungstheorien kann etwa gezeigt werden, dass die unterschiedlichsten Akteure Einfluss auf die Bildungspolitik und die Bildungspraxis nehmen. Die Erziehungswissenschaft kann dabei als ein Akteur unter anderen wahrgenommen werden. Zu den wichtigen Akteuren zählen darüber hinaus natürlich vor allem Menschen – etwa Lehrer und Schüler –, aber u.a. auch Staaten oder Organisationen wie beispielsweise die OECD oder die Vereinten Nationen. Dazu lassen sich auch andere Wissenschafts- und Forschungsdisziplinen zählen, beispielsweise die Empirische Bildungsforschung oder die Educational Governance-Forschung. Deutlich wird aus einer solchen Perspektive, wie die Erziehungswissenschaft mit anderen Akteuren vernetzt ist. Daher kann auch über die Auseinandersetzung mit solchen Netzwerken ein Verständnis von Erziehungswissenschaft erschlossen werden.
2. In Anlehnung an die sogenannte Weltkulturtheorie kann unter Weltkultur eine Kultur verstanden werden, die auf die sogenannte westliche oder europäische Kultur zurückgeht und sich (angeblich) zunehmend weltweit verbreitet. Diesem Verständnis nach beruht diese Weltkultur nicht auf konkreten kulturellen Artefakten, beispielsweise aus den Bereichen Kunst, Literatur oder Musik, sondern auf kulturellen Prinzipien. Laut John W. Meyer sind damit spezifische Vorstellungen und Überzeugungen gemeint, die sich im Zuge der kulturellen Globalisierung weltweit verbreiten würden. Dabei handelt es sich vor allem um die Überzeugung, dass es (1.) Menschrechte gibt und diese weltweit einzuhalten seien, dass sich (2.) alle Gesellschaften marktwirtschaftlich weiterentwickeln sollten und (3.) Umweltschutz wichtig ist und gefördert werden sollte. In Hin-

blick auf das Studium der Erziehungswissenschaft und auf pädagogische Arbeitsfelder ist das Konzept der Weltkultur u.a. deshalb interessant, da man fragen kann, inwieweit auch hier derartige Prinzipien verbreitet und legitimiert werden, und gewissermaßen eine grundlegende pädagogische Orientierung stiften. Da sich die Weltkultur selbst (angeblich) gewissermaßen als alternativlos präsentiert bzw. als eine Art Naturgesetz, ist insbesondere auch die kritische Auseinandersetzung mit diesem Kulturbegriff sinnvoll.

3. Vergleicht man das im dritten Kapitel vorgestellt Konzept der Weltkultur mit gängigen Konzepten von Nachhaltigkeit, so lässt sich zeigen, dass beide Konzepte auf den gleichen, oder zumindest auf ähnlichen Annahmen beruhen. Beiden Konzepten liegt die Vorstellung zugrunde, dass sich Gesellschaften ökonomisch, sozial und ökologisch – nachhaltig und erfolgreich – entwickeln sollen. Als wichtig gelten demnach in weltkulturell sowie nachhaltig ausgerichteten Gesellschaften (bzw. in Gesellschaften, die sich so präsentieren) Marktwirtschaft, Menschenrechte und Umweltschutz. Zu der auf Europa bzw. den Westen zurückführbaren kulturellen Globalisierung gehört in diesem Sinne auch die weltweite Verbreitung des Konzepts der Nachhaltigkeit. Die Erziehungswissenschaft, insbesondere die Vergleichende Erziehungswissenschaft, untersucht solche Phänomene und deren Auswirkungen im Bildungsbereich, und kann dabei selbst zum Gegenstand derartiger Analysen werden. Aufschlussreich ist darüber hinaus auch, inwieweit sich diese Form der kulturellen Globalisierung auf die unterschiedlichen pädagogischen Berufsfelder auswirkt, und wie im Studium der Erziehungswissenschaft darauf reagiert wird.

Kapitel 4: Über erziehungswissenschaftliche Studienrichtungen und entsprechende Berufsfelder

1. Studiengänge der Diplompädagogik können als Vorläufer heutiger Bachelor- und Masterstudiengänge der Erziehungswissenschaft betrachtet werden. Gegliedert waren die Diplomstudiengänge in ein Grund- und ein Hauptstudium. Im Hauptstudium konnte man spezifische Studienrichtungen für eine Vertiefung des Studiums wählen. Angeboten wurden etwa die Studienrichtungen Erwachsenenbildung/Weiterbildung, Sonderpädagogik, Sozialpädagogik, Pädagogik der frühen Kindheit und Schulpädagogik. Während das Grundstudium allgemeinpädagogisch bzw. allgemein pädagogisch ausgerichtet war, sollte das Studium der Studienrichtungen der Vorbereitung und Qualifizierung für spezifische pädagogische Berufsfelder dienen. Durch diese Studiengangsarchitektur sollte gewährleistet werden, dass das Studium der Diplompädagogik sowohl wissenschaftlich als auch berufsfeldbezogen ausgerichtet war.
2. Zunächst erscheint der Gedanke plausibel, dass das Studium erziehungswissenschaftlicher Studienrichtungen für die pädagogische Arbeit in entsprechenden Berufsfeldern qualifiziert. So kann man etwa davon ausgehen, dass das Stu-

dium der Studienrichtung Erwachsenenbildung für die pädagogische Arbeit im Bereich der Erwachsenenbildung qualifiziert. Betrachtet man jedoch die Vielzahl an Studienrichtungen, auf die man sich innerhalb eines Studiums der Erziehungswissenschaft spezialisieren kann, so zeigt sich, dass etlichen Studienrichtungen gar kein pädagogisches Berufsfeld korrespondiert. Dies ist etwa bei Studienrichtungen wie Bildungsphilosophie oder Empirische Bildungsforschung der Fall. Darüber hinaus fällt beispielsweise bei dem Berufsfeld der Erwachsenenbildung auf, dass viele der in diesem Bereich angesiedelten Kursangebote nur durch Zusatzqualifikationen qualifiziert durchgeführt werden können. Diese ist beispielsweise in vielen Volkshochschulkursen der Fall, z.B. bei Computer-, Tanz- oder Gartenbaukursen, aber etwa auch in vielen Sprach- und Integrationskursen. Betrachtet man spezifische pädagogische Berufsfelder wie beispielsweise die Schulsozialarbeit bzw. die Ganztagsbildung, so fällt auf, dass diese Berufsfelder mitunter unterschiedlichen Studienrichtungen zugeordnet werden können – etwa den Studienrichtungen Sozialpädagogik, Soziale Arbeit, Pädagogik der frühen Kindheit, Sonderpädagogik, Schulpädagogik etc. In diesen Fällen kann zwar von einer durch das Studium erlangten Qualifizierung für dieses pädagogische Berufsfeld gesprochen werden. Dennoch erweist sich die Vorstellung, jedes Berufsfeld hänge mit genau einer, mitunter sogar gleichlauten Studienrichtung zusammen, als irreführend.

3. Die Erziehungswissenschaft hat sich mittlerweile in eine Vielzahl an Fachgebieten, Subdisziplinen und Forschungsrichtungen ausdifferenziert. Alle derartigen Spezialisierungen können im Studium der Erziehungswissenschaft eine mehr oder weniger bedeutende Rolle spielen und, je nach Angebot, gewählt und vertieft studiert werden. Alle Spezialisierungen stellen daher zumindest potenzielle Studienrichtungen bzw. Fachstudienrichtungen der Erziehungswissenschaft dar. Geht man davon aus, dass in allen derartigen Studienrichtungen trotz der thematischen Variationen eine vertiefte Auseinandersetzung mit zentralen Bezugspunkten wie Pädagogik und Erziehungswissenschaft (Wissenschaftstheorie) oder Erziehung und Bildung (Grundbegriffe) stattfindet, kann daraus geschlossen werden, dass stets auch allgemeine pädagogische und erziehungswissenschaftliche Kenntnisse gewonnen werden, die dann wiederum zur Orientierung in unterschiedlichsten pädagogischen Berufsfeldern dienen können.

Kapitel 5: Medienpädagogik und Medienbildung

1. Generell kann man behaupten, dass es keine allgemeingültige Definition des Begriffs Medien gibt. Ein Medium ist zunächst ein Mittel, mit dem etwas vermittelt werden kann. Dies können beispielsweise Informationen oder Bedeutungen sein, die von einem Menschen mit Hilfe von Medien – etwa mit der Sprache, mit Bildern oder mit Texten und Büchern – von einem Menschen zu einem anderen Menschen übermittelt werden. Vermittelt werden können aber auch Klänge,

etwa durch Musik, oder Praktiken, wie Tanzen, Malen, Trommeln oder Schreiben. An diesen Beispielen zeigt sich, dass eine Vielzahl an Medien im Bereich der Erziehung und Bildung eine Rolle spielen können. So können Menschen als Bildungs- und Erziehungsmedien bezeichnet werden (z.B. Lehrer, Tänzer, Maler etc.), oder auch deren beobachtbare Praktiken, etwa in Form eines vorgeführten Tanzes oder eines vorgespielten Liedes. Ebenso kann man die Praktik des Nachahmens als Erziehungs- und Bildungsmedium bezeichnen, beispielsweise das Nachtanzen eines Tanzes oder Nachspielen eines Musikstückes. Allgemein kann man festhalten, dass Erziehungs- und Bildungsmedien der Erziehung und Bildung dienen sollen. Ebenso plausibel ist die Feststellung, dass Erziehung und Bildung ohne Medien eigentlich gar nicht vorstellbar sind. Was unter Erziehung und Bildung konkret verstanden wird, wäre hierfür aber noch zu diskutieren.

2. Von einer doppelten pädagogischen Bedeutung von Medien kann insofern gesprochen werden, als einerseits gewisse Kompetenzen zur kompetenten Mediennutzung notwendig sind, um dann andererseits durch die Nutzung der Medien etwas zu lernen bzw. sich durch die Mediennutzung zu bilden. Die Nutzung vieler Medien baut demnach auf gewissen Voraussetzungen auf, die erst durch Lernen und Bildung geschaffen werden. So kann beispielsweise ein Text oder ein Buch nur dann gelesen, interpretiert und verstanden werden, wenn die jeweilige Person Lesen gelernt hat. Grundlegende Lesekompetenzen können daher als notwendige Voraussetzung gelten, um sich durch die eigene Lektüre von Texten oder Büchern zu bilden. Texte oder Bücher stellen in diesem Sinne in doppelter Hinsicht Erziehungs- und Bildungsmedien dar: Mit Hilfe von Texten und Büchern kann man Lesen lernen, und durch das Lesen von Texten und Büchern kann man sich bilden.
3. Versteht man in Anlehnung an Wilhelm von Humboldt unter Bildung die Bildung aller menschlicher Kräfte bzw. Fähigkeiten durch die Auseinandersetzung mit der Welt, so stellt die Welt zunächst das zentrale Medium der Bildung dar. Fraglos kann man sich mit der Welt auf die unterschiedlichste Art und Weise auseinandersetzen, etwa sinnlich-körperlich, wie etwa beim Spielen mit Sand, beim Schwimmen, Malen oder Musikhören. Der Sprache kann jedoch insofern eine zentrale Rolle für Bildungsprozesse zugeschrieben werden, als das Nachdenken über die Welt und über die eigene Auseinandersetzung mit der Welt nur im Medium der Sprache möglich ist. Sprechen muss aber erst gelernt werden, ebenso wie (sprachliches) Denken. Dabei spricht vieles dafür, dass diese verschiedenen Lern- und Bildungsprozesse – die Bildung von Weltansicht, Sprache und Denken – in der Regel miteinander verbunden und aufeinander angewiesen sind. Begreift man das Verhältnis zur Welt in diesem Sinne als in erster Linie sprachlich verfasst, liegt es nahe, die Sprache als ein wichtiges Bildungsmedium zu bezeichnen. Ob es sinnvoll ist, die Sprache als wichtigstes Bildungsmedium zu bezeichnen, ist jedoch insofern fragwürdig, als Sprache niemals isoliert von anderen Menschen, Dingen, Eindrücken oder Wahrnehmungen existieren könnte, und damit stets in einem komplexen Medienzusammenhang analysiert werden muss.

Kapitel 6: Ästhetische und Kulturelle Bildung

1. Die Begriffe Ästhetische Bildung und Kulturelle Bildung können synonym verwendet werden, oder aber in unterschiedlicher Bedeutung. Unabhängig von der Begriffswahl lassen sich unterschiedliche Konzepte und Verständnisweisen unterscheiden. In einem allgemeinen Sinne kann unter Kultureller Bildung die Aneignung von Kultur verstanden werden. Geht man von einem weiten Kulturbegriff aus, so kann eigentlich jede Form der Bildung als eine Art Kultureller Bildung bezeichnet werden. Lesen, Schreiben, Rechnen, Malen und Schwimmen können beispielsweise als Kulturtechniken bezeichnet werden, und entsprechend kann das Lernen dieser Techniken in den Bereich der Kulturellen Bildung eingeordnet werden. Versteht man unter Kultur nur den Bereich von Kunst und Ästhetik, also etwa Musik, Dichtung, Literatur, Film, Tanz, Malerei etc., so wird auch die Bedeutung von Kultureller Bildung entsprechend enger. Gemeint ist dann die Aneignung von Kenntnissen und Fertigkeiten der Rezeption und bzw. oder Produktion von Kunst- und Kulturwerken aus diesen Bereichen. Unterscheiden lassen sich diese Formen der Kulturellen Bildung von der Ästhetischen Bildung insofern, als man unter Kultureller Bildung die Aneignung von Wissen, von praktischen Fertigkeiten und die Bildung des Geschmacks verstehen kann, während man in Bezug auf die Ästhetische Bildung auf den Bildungswert der ästhetischen Erfahrung selbst verweisen kann. Als die vermutlich wichtigste ästhetische Erfahrung kann die Erfahrung von Schönheit bezeichnet werden, die sich laut Schiller durch ein harmonisches Gleichgewicht von Verstand und Sinnlichkeit auszeichnet, und mit dem Gefühl des Schönen, also mit einem schönen Gefühl, einhergeht. Dieser ästhetisch induzierten Ganzheitserfahrung wird eine positive Wirkung auf die Charakterbildung nachgesagt, da sich gerade angespannte Menschen in diesem Zustand entspannen und ein Gefühl von Freiheit erleben, enthoben von den Zwängen und Sorgen des Alltags. Als eine weitere, klassische ästhetische Erfahrung gilt die hier nicht diskutierte Erfahrung des Erhabenen, die insbesondere in Hinblick auf die moralische Bildung als bedeutsam erachtet wird.
2. Versteht man unter Kultureller Bildung eine Form der Bildung, die es im engeren Sinne mit Kunst, Kultur und Ästhetik zu tun hat, so lassen sich beispielsweise Musikschulen, Kunstateliers, Tanzschulen, Chöre, Kunst- und Designmuseen, Literaturkreise, Theaterworkshops oder literarische Schreibwerkstätten als Institutionen begreifen, die sich auf Kulturelle Bildung spezialisiert haben. Eine Spezialisierung der Institutionen sowie der dort arbeitenden Menschen ist insofern sinnvoll, als mit steigendem Anspruchsniveau der Bildungsangebote auch höhere Qualifikationen in den jeweiligen Kulturbereichen notwendig sind. Neben einem spezifischen inkorporierten kulturellen Kapital auf Seiten der Kulturvermittler ist mitunter aber auch ein spezifisches objektiviertes kulturelles Kapitel für die Durchführung von kulturellen Bildungsmaßnahmen notwendig, beispielsweise passende Räume, Instrumente, Materialien etc.

3. Das Studium der Erziehungswissenschaft sollte vor allem allgemeine Einsichten in den Zusammenhang von Erziehung, Bildung und Kulturvermittlung vermitteln. An fachliche Grenzen stoßen Absolventen der Erziehungswissenschaft daher dann, wenn sie Bildungsangebote durchführen wollen oder sollen, für die sie keine ausreichenden fachlichen Qualifikationen besitzen. Ein Studium der Erziehungswissenschaft qualifiziert in der Regel beispielsweise nicht für die Erteilung von Trompeten- oder Klavierunterricht. An fachliche Grenzen kann man aber auch schon auf viel niedrigerem Niveau stoßen. Obwohl alle Akademiker lesen können, bedeutet das noch nicht, dass man automatisch auch ein packender Vorleser ist, der beispielsweise Kinder durch die gekonnte Art des Vorlesens in den Bann ziehen und gewissermaßen verzaubern kann. Auch bei dem Besuch eines Kunstmuseums mit einer Jugendgruppe mag der notwendige kunsthistorische Hintergrund fehlen, um eine faszinierende und aufschlussreiche Auseinandersetzung mit den Kunstwerken anzuregen. Will man dennoch im Bereich der Kulturellen Bildung qualifiziert arbeiten, kann daraus folgen, dass man sich autodidaktisch oder durch den Besuch von spezifischen Weiterbildungsmaßnamen selbst weiterqualifiziert. Darüber hinaus kann es angeraten sein, mit anderen und anders qualifizierten kulturellen und künstlerischen Fachkräften und Institutionen zusammenzuarbeiten. Für die Koordination derartiger Netzwerke der Kulturellen Bildung dürfte das Studium der Erziehungswissenschaft aber wiederum eine solide Grundlage bilden. Auf jeden Fall sollte man selbst an Kunst und Kultur sowie an der eigenen kulturellen Bildung und Weiterbildung interessiert sein, insbesondere auch, um diese Faszination in der pädagogischen Arbeit mit Freude weitervermitteln zu können.

Kapitel 7: Interkulturelle Pädagogik und interkulturelle Bildung

1. Im Ausdruck „interkulturelle Bildung“ wird interkulturell als Adjektiv verwendet. Damit wird angezeigt, dass hier von einer Form von Bildung der Rede ist, die als interkulturell bezeichnet werden kann. Demgegenüber stellt der Ausdruck „Interkulturelle Bildung“ einen Eigennamen dar. Üblicherweise wird der Ausdruck „Interkulturelle Bildung“ derzeit synonym zum Ausdruck „Interkulturelle Pädagogik“ verwendet. Gemeint ist damit meist eine Fach- oder Subdisziplin der Erziehungswissenschaft, die sich auf pädagogische Kontexte bezieht, in denen Menschen unterschiedlicher kultureller Prägung oder Herkunft aufeinandertreffen, oder die durch eine – etwa aufgrund von Einwanderung oder Kolonialismus etc. – kulturell heterogene Gesellschaft geprägt werden. Unter interkultureller Bildung kann in solchen Kontexten eine Form der Bildung verstanden werden, die auf derartige Phänomene kultureller Vielfalt Bezug nimmt, bzw. durch die Auseinandersetzung mit unterschiedlichen Kulturen oder kulturellen Phänomen unterschiedlicher Herkunft charakterisiert werden kann. Bezieht man die Ausdrücke aufeinander, so kann man die Interkulturelle Bildung auch

als die Theorie interkultureller Bildung bezeichnen, die dann wiederum als eine Praxis verstanden werden kann. Was dann genau unter interkultureller Bildung verstanden wird, hängt wiederum von der jeweiligen Bildungstheorie ab. Das Verhältnis von Theorie und Praxis kann allgemein als ein Grundproblem der Pädagogik bezeichnet werden.

2. Der vormoderne Kulturbegriff zeichnet sich dadurch aus, dass Kultur hier stets mit Genitiv verwendet wird, es also immer um die Kultivierung, Pflege oder Verehrung von etwas geht. Diese Begriffsverwendung ist auch heute noch üblich, wie sich beispielsweise an Begriffen wie Agrikultur, Körperkultur, Esskultur, Konsumkultur oder Geisteskultur zeigen lässt. Erst ab der Frühen Neuzeit wird der Begriff Kultur auch ohne Genitiv verwendet. Unter Kultur versteht man nun die gesamte Lebensform einer Gemeinschaft oder Gesellschaft. Dieser moderne Kulturbegriff ermöglicht den Kulturvergleich. Im Zuge der sogenannten Entdeckung Amerikas wurden beispielsweise amerikanische und europäische Kulturen verglichen, um deren Eigentümlichkeiten herauszustellen. Dabei dürfte es vor allem dieser interkulturelle Vergleich gewesen sein, der den modernen Kulturbegriff schärfte. Was in einem spezifischen Fall konkret unter der einen oder anderen Kultur verstanden wird, zeigt sich demnach erst durch den Vergleich. Daher wird in diesem Zusammenhang auch von der Erfindung von Kultur gesprochen. Damit ist gemeint, dass erst durch den Vergleich eine konkrete Vorstellung von unterschiedlichen Kulturen und deren Eigentümlichkeiten entsteht, auch wenn es die verglichenen kulturellen Artefakte, Praktiken und Traditionen etc. natürlich schon vor dem Vergleich und dem modernen Verständnis von Kultur gab; sie wurden zuvor jedoch nicht als kulturelle Phänomene wahrgenommen. Interkulturell vergleichen lässt sich auf diese Art so gut wie alles, beispielsweise Sprachen, Hütten, Töpfe oder Religionen (vgl. Luhmann 1996). Als problematisch wird die Rede von Kultur im modernen Sinne – und analog: von Interkulturalität – insofern bezeichnet, als ein Kulturvergleich suggerieren kann, dass es sich bei den verglichenen Kulturen um statische Gebilde handelt, die unabhängig von der menschlichen Imagination existieren. Problematisch ist vor allem, wenn Personen mit spezifischen, mehr oder weniger homogen und separiert imaginierten Kulturen identifiziert werden. Denn dadurch können kulturelle Unterschiede betont, Zuschreibungen von Fremdheit gefördert und Menschen benachteiligt und diskriminiert werden.

3. Grundsätzlich spricht nichts gegen die Auseinandersetzung mit der Kulturgeschichte, da kulturelle und kulturgeschichtliche Bildung prinzipiell unterstützt und gefördert werden sollte. Dabei sollte jedoch der Konstruktionscharakter von Kultur und Geschichte stets bedacht und wenn möglich auch thematisiert und problematisiert werden. Weder die Kultur bzw. die Kulturen noch die Geschichte sind Tatsachen oder Gegenstände, die wie Naturphänomene beobachtet, beschrieben und analysiert werden könnten. Vielmehr handelt es sich um geistige Vorstellungen, die immer erst gebildet werden müssen. Erst durch Bildung entsteht ein kulturelles und historisches Verständnis der Welt. Daher wird in

Hinblick auf kulturelle und historische Phänomene auch von einer doppelten Historizität und Kulturalität gesprochen. Damit ist zum einen gemeint, dass die jeweils betrachteten Gegenstände – seit der Frühen Neuzeit etwa amerikanische oder europäische Kulturerzeugnisse – nur in ihrem jeweiligen historischen und kulturellen Kontext verstanden bzw. gedeutet werden können. Zum anderen findet jede Auseinandersetzung mit diesen Gegenständen selbst wieder unter spezifischen historischen und kulturellen Bedingungen statt. Diese Bedingungen sind dem jeweiligen Betrachter nicht zwingend transparent und bewusst, und können mitunter zum jeweiligen Zeitpunkt und vom jeweiligen Standpunkt aus auch gar nicht umfassend begriffen werden. Jede Vorstellung, die wir uns von einer bestimmten Kultur bilden, kann daher prinzipiell auch problematisiert, kritisiert, revidiert, storniert oder transformiert werden. Dies gilt ebenso für alle Geschichtserzählungen, die stets nur eine Möglichkeit bzw. einen Vorschlag präsentieren, die Vergangenheit sinnvoll zu ordnen und zu begreifen. Derzeit wird beispielsweise von manchen kritisiert, dass die dominanten Geschichtserzählungen und Kultur- bzw. Bildungsgeschichten insofern eurozentrisch und unvollständig seien, als die außereuropäische Kolonialgeschichte und der kulturelle Beitrag ehemaliger Kolonien zur globalen Kultur- und Bildungsgeschichte unzureichend berücksichtigt bzw. sogar ignoriert würden. Im Zuge einer sogenannten epistemischen Dekolonialisierung werden daher neue und anders ausgerichtete Erzählungen über die Moderne entwickelt. Es spricht daher vieles dafür, dass beispielsweise in Europa bestehende Konzepte interkultureller Bildung künftig um Perspektiven dekolonialer Bildung erweitert werden.

Kapitel 8: Politische Bildung

1. Seit der Aufklärung kann Mündigkeit als das Ziel der Erziehung gelten. Dieses Ziel ist erreicht, wenn die Erziehung überflüssig wird, weil die ehemaligen Adressaten der Erziehung nun fähig sind, ihr Leben selbstbestimmt und vernünftig zu gestalten, ohne Anleitung durch andere Menschen. Sie übernehmen nun sozusagen selbst die Verantwortung über ihr eigenes Leben. Zuvor wird die Verantwortung mehr oder weniger von den Erziehern getragen, die sich um das Kind und seine Bildung und Erziehung kümmern. Von Mündigkeit kann aber erst dann gesprochen werden, wenn ein Mensch nicht nur in Hinblick auf seine eigenen Interessen über sein Leben möglichst frei bestimmt, sondern dabei auch auf die Interessen der anderen Menschen und auf das Gemeinwohl Rücksicht nimmt. Entsprechend bestimmt Klafki Bildung als die Befähigung zu Selbstbestimmung, Mitbestimmung und Solidarität. Die Ausbildung dieser Fähigkeiten kann auch als Ziel der moralischen Erziehung nach Kant begriffen werden. Menschen sollen demnach lernen, sich ihres Verstandes ohne Leitung eines anderen zu bedienen, und ihr Handeln an moralischen und daher vernünftigen Prinzipien auszurichten. Als moralisch gilt eine Handlung nach Kant

dann, wenn sie sich mit dem kategorischen Imperativ rechtfertigen lässt. Damit haben die moralische Erziehung und die politische Bildung letztlich das gleiche Ziel: Mündigkeit.

2. Mit dem Begriff der politischen Bildung kann ein schulisches sowie außerschulisches pädagogisches Arbeitsfeld bezeichnet werden. Während es im schulischen Bereich klar definierte Fächer wie Sozialkunde oder Politik und entsprechend ausgebildete Lehrer gibt, ist dies im außerschulischen Bereich nicht der Fall. Weder gibt es eine einheitliche Berufsausbildung noch ein einheitliches Verständnis von politischer Bildung. Entsprechend steht auch das Selbstverständnis der außerschulischen politischen Bildung immer wieder zur Diskussion. Eine Möglichkeit zur Bestimmung des eigenen Selbstverständnisses wird jedoch darin gesehen, dies durch die Abgrenzung zur schulischen politischen Bildung zu konturieren. Während demnach die Schule und die Lehrer vorwiegend die Interessen des Staates vertreten, würden sich die außerschulischen politischen Bildner vom Staat eher distanzieren und den Fokus auf die Interessen und Initiativen der Lernenden richten. Darüber hinaus identifiziert man sich jedoch sowohl in schulischen sowie außerschulischen Feldern der politischen Bildung mit dem sogenannten Beutelsbacher Konsens, insbesondere mit dem dort formulierten Überwältigungsverbot, dem Kontroversitätsgebot sowie mit der Aufgabe der Vermittlung operationaler Fähigkeiten.
3. Bildung, verstanden als ein auf Mündigkeit zielender selbsttätiger Prozess, scheint nur möglich zu sein, wenn die Beteiligten die Möglichkeit haben, ihre eigene Sicht auf die Welt zu artikulieren und mit anderen insbesondere über gesellschaftliche Probleme zu diskutieren. Demgegenüber scheint die unreflektierte Übernahme fremder Weltansichten diesem emanzipatorischen Bildungsverständnis entgegenzustehen. Begründen lässt sich dies zum einen dadurch, dass durch den Dialog die insbesondere auch für pädagogische Beziehungen charakteristische hierarchische Rollenaufteilung zumindest tendenziell oder zeitweilig aufgehoben wird. Die Lehrer- und Schülerrollen werden in der problemformulierenden Bildungsarbeit insofern aufgehoben, als in Hinblick auf die Lösung gemeinsamer Probleme die Sichtweise jeder einzelnen Person von Bedeutung ist und zum Gegenstand kollektiver Beratung werden kann. In diesem Sinne können alle von allen lernen. Alle Beteiligten arbeiten zwar an ihrer eigenen Bildung, aber dabei stehen sie in engem Kontakt und Austausch miteinander. Problematisch kann die Fokussierung auf gesellschaftliche Probleme in der politischen Bildung werden, wenn dadurch andere Dimensionen von Bildung aus dem Blick geraten. Wenn beispielsweise eine einzelne Person Schwierigkeiten mit der Rechtschreibung hat oder nichts mit Goethes Gedichten anfangen kann, macht es sicherlich keinen Sinn, hier von einem politisch relevanten gesellschaftlichen Problem zu sprechen. Dennoch kann sprachliche und kulturelle Bildung den Horizont erweitern und als Bereicherung erfahren werden. Ein möglichst elaboriertes Sprach- und Kulturverständnis kann sich darüber hinaus aber auch positiv auf das Niveau politischer Diskussionen auswirken.

In diesem Sinne kann (elementare) Bildung mit Sanders als Voraussetzung für Diskursivität verstanden werden. Sollte sogar ein großer Teil der Bevölkerung über eine geringe oder unzureichende sprachliche und kulturelle Bildung verfügen, kann daraus durchaus ein politisches und gesellschaftliches Problem erwachsen. Dann bietet es sich an, die sprachliche und kulturelle Grundbildung zum Gegenstand problemformulierender Bildungsarbeit zu machen.

Glossar

Empirische Erziehungswissenschaft: Als empirisch werden Forschungsansätze und Teilbereiche der Erziehungswissenschaft bezeichnet, welche die Bildungs- oder Erziehungswirklichkeit mit quantitativen oder qualitativen Methoden der Sozialforschung untersuchen. Während Studien, die (beispielsweise bei groß angelegten Schulleistungsstudien) statistische Methoden einsetzen, mittlerweile meist dem Wissenschaftsbereich der Empirischen Bildungsforschung zugeordnet werden, stehen rekonstruktive und qualitative Studien und Forschungsansätze immer noch der hermeneutischen Tradition nahe. Statt von empirischer Erziehungswissenschaft wir hier immer öfter von qualitativer oder rekonstruktiver Erziehungs- und Bildungsforschung gesprochen.

Hermeneutik: Der Begriff geht auf das Griechische zurück und bedeutet Auslege- und Deutungskunst. Als Gegenstände der Interpretation werden vor allem Texte, sprachliche Äußerungen und Kunstwerke in den Blick genommen. Die pädagogische Hermeneutik unterscheidet zwischen Text-, Bild- und Dinghermeneutik. In der Erziehungswissenschaft werden Methoden der sozialwissenschaftlichen Hermeneutik herangezogen, um die Erziehungswirklichkeit pädagogisch zu interpretieren. Zur Bestimmung hermeneutischer Methoden kann auf den Unterschied zwischen Verstehen und Erklären verwiesen werden. Während hermeneutische Methoden herangezogen werden, um Bedeutungen zu rekonstruieren (Verstehen), zielen naturwissenschaftliche oder bestimmte empirische Methoden auf Erkenntnis von Gesetzen (Erklären).

Historiographie der Erziehung: Die Historiographie der Erziehung stellt einen Teilbereich der Erziehungswissenschaft dar, der sich der Geschichtsschreibung über Erziehung und Bildung widmet. Dabei können sowohl die Geschichtsschreibung als auch geschriebene Geschichten zum Gegenstand der Analyse werden. Darüber hinaus lässt sich auch der Entwurf von Geschichten der Erziehung und Bildung sowie der Disziplin Erziehungswissenschaft und der Pädagogik diesem Bereich zuordnen. Mittlerweile hat sich im deutschsprachigen Raum der Begriff Historische Bildungsforschung durchgesetzt.

Metatheorie: Als Metatheorie werden Theorien bezeichnet, die eine oder mehrere Theorien oder Theoriebereiche untersuchen oder ordnen. Dabei muss es sich bei den Gegenständen nicht zwangsweise um wissenschaftliche Theorien handeln. Metatheoretische Überlegungen können sich in der Erziehungswissenschaft auch auf Alltagswissen oder praktisches Wissen beziehen sowie auf pädagogische Theorien, unabhängig von deren wissenschaftstheoretischem Status. In den Bereich der Metatheorie lassen sich Forschungsbeiträge einordnen, die unterschiedliche Wissensformen und Reflexionsebenen unterscheiden und ordnen.

Methodologie: Der Begriff geht auf die griechischen Wörter méthodos (Weg) und logos (Lehre) zurück. Darunter werden Aussagen gefasst, die beschreiben, mit welchen Mitteln und unter welchen Bedingungen bestimmte Ziele erreicht werden können. Dies ist sowohl in Hinblick auf die Bestimmung von geeigneten Forschungsmethoden als auch in Hinblick auf Fragen der Erkenntnisgewinnung relevant.

Pädagogik: Das Begriff Pädagogik stammt vom griechischen Wort paideia ab und bezeichnet ursprünglich die Lehre von der menschlichen Bildung. Als Pädagogik wird im deutschsprachigen Raum sowohl das pädagogische bzw. erzieherische Handeln als auch die Theorie der Erziehung oder die Erziehungswissenschaft bezeichnet. Diese doppelte Bedeutung verweist auf den Zusammenhang pädagogischer Theorie und Praxis. Streng unterschieden wird zwischen Pädagogik und Erziehungswissenschaft dort, wo die Pädagogik der Philosophie und demgegenüber die Erziehungswissenschaft den empirisch orientierten Sozialwissenschaften zugeordnet wird.

Philosophie der Erziehung: Die Philosophie der Erziehung umfasst den gesamten Bereich der philosophisch begründeten Erziehungs- und Bildungstheorie. Neben der pädagogischen Anthropologie und der pädagogischen Ethik lässt sich auch die Wissenschaftstheorie diesem Bereich zuordnen. Im Gegensatz zu deskriptiven und empirischen Ansätzen der Erziehungswissenschaft nehmen hier auch normative Fragen eine zentrale Stellung ein. Mittlerweile hat sich im deutschsprachigen Raum der Begriff Erziehungs- und Bildungsphilosophie durchgesetzt.

Theorie und Praxis: In der Erziehungswissenschaft spielt das Verhältnis von pädagogischer Theorie und erzieherischer Praxis eine zentrale Rolle. Dabei wird insofern von einer engen Beziehung ausgegangen, als in der erzieherischen Praxis die pädagogische Theorie Orientierung liefern soll. Die Begriffe teoria (von griech.: theorein = Schauen, Betrachten) und praxis (von griech.: prattein = Handeln) gehen auf die Antike und insbesondere auf Schriften von Aristoteles zurück. Zusammen mit dem Begriff poiesis (von griech.: poiein = Herstellen) bezeichnen sie die drei menschlichen Grundaktivitäten und Formen der Lebensgestaltung.

Wissenschaftstheorie: In der Wissenschaftstheorie wird die Wissenschaft selbst zum Gegenstand der Forschung. Geklärt werden soll, welche Formen der Erkenntnisgewinnung als wissenschaftlich gelten können und wie dies begründet werden kann. Dabei wird auch über den Stellenwert und die Geltung unterschiedlicher wissenschaftstheoretischer Konzepte geforscht. In der Erziehungswissenschaft wird dabei u.a. diskutiert, inwieweit pädagogische Theorien einen Anspruch auf Wissenschaftlichkeit erheben können, oder inwiefern die Empirische Bildungsforschung der Erziehungswissenschaft zuzuordnen ist.